Mm Nn

Pp Qq Rr

Ss Tt Uu

Vv Ww Xx

Yy Zz

新装版
キッズクラウン英和辞典

KIDS CROWN

SANSEIDO'S
ENGLISH -
JAPANESE
DICTIONARY

下 薫＋三省堂編修所 編

三省堂

SANSEIDO'S
KIDS CROWN
ENGLISH - JAPANESE
DICTIONARY

First Edition 2003
This Edition 2017

© Sanseido Co., Ltd. 2017
Printed in Japan

編者	下 薫、三省堂編修所
原稿執筆	下 薫
編集協力	佐藤令子
英文校閲	アイエック
校正	鈴木喜久恵、古俣真希
本文イラスト	ツダ タバサ、しばいあきこ、すみもとななみ、片岡修壱
	池部吉昭、藤田ヒロコ、ナカムラユキ、ARI
本文デザイン	児玉一成
装丁	吉野 愛
装画	阿部伸二(カレラ)
CD企画	東京オーディオ・ミュージックレコード株式会社
声の出演	Ruth Ann Rees, Dominic Allen, Bianca Allen, Edith Kayumi, ほか
編集・構成	株式会社 童夢

この辞典の特色

見て，聞いて，歌って，話して，楽しみながら英語が身につく，次世代型の小学英和辞典

「総合的な学習の時間」に対応し，国際理解にも役立つ内容です。

新学習指導要領で導入された「総合的な学習の時間」に対応して，小学英語の現場に密着した言葉と表現を厳選しました。また「世界のあいさつ」「barrier-free」など国際理解や福祉・環境問題にも役立つ内容を多くもりこみました。

収録語数は小学英和辞典最大級。会話に役立つ用例を厳選しました。

小学生向け英和辞典として最大級の約2,400語を収録。重要な語や用例は，複数の項目で繰り返し収録しているので，知識の定着に効果的です。また小学生にとって身近な内容で，自己表現に役立つ用例を厳選しましたので，会話にもすぐに応用できます。

豊富なCD音源で耳からも英語を覚えられます。

この辞典の中には，英単語の意味や文だけでなく，会話例，リズム読み，歌，チャンツなどCD音源がある表現も多く収録しています。CDを聞くことにより，リスニングや発音の力もつき，同時に文字を見ることによって，知識を正確に定着させることができます。

リズム読みで，楽しく自然に，正確な発音を身につけられます。

この辞典の大きな特色として，3つの単語や表現をリズムよく言える「リズム読み」という用例を収録しています。この「リズム読み」ができる用例はすべてCD音源を備えていますので，CDを聞きながら，歌うように自然に正確な発音を身につけ，語彙を増やすことができます。

お父さん，お母さん，先生にも役立つ小学英語のデータベースです。

この辞典を親子で活用していただくことにより，お子さんが学んだ英語の内容をご家庭でもいっしょに理解することができます。また，学校や塾で先生が学習計画をたてられる際にも，この辞典の豊富な音源や用例を役立てていただけます。

この辞典のしくみと使い方

●**見出し語**
1,361語

●**発音記号・カナ発音**
見出し語の発音は、発音記号とカナ発音を併記しました（関連語はカナ発音のみ）。原則として、アメリカ英語（米語）の発音をしめしました。
（→「カナ発音について」、「発音記号とカナ発音」[p.6]参照）

●**言葉の意味**
基本の意味のほか、別の語で言いかえた意味や、別の語をつけ加えた意味は、（　）でしめしています。また品詞が異なる場合は「;」(セミコロン) で区切ってしめしています。
例）たくさん（の）
　　…たくさん；たくさんの
　　私は（が）
　　…私は、私が

●*
新学習指導要領での中学校必修語(100語)

●**柱**
見開きの最初の見出し語と最後の見出し語を表示しています。

●**カナ発音**
（→「カナ発音について」参照）

※この紙面は見本です。

●**用例**
小学生が日常的に話したり聞いたりする内容で、ぜひ覚えてほしい表現を選びました。

●**類義語・似た意味を持つ言葉**
見出し語と似た意味を持つ言葉や表現は●でしめしました。

●**反対語・対になる言葉**
見出し語と反対の意味の言葉や対で覚えたい言葉は⇔でしめしました。

●**変化形**
見出し語になっている不規則動詞のうち、特に覚えておきたい過去形などの変化形は▶でしめしました。

●**テーマページ**
見出し語の中でテーマページを参照してほしい語は、右側にマークを入れました。数字はページ数をしめします。

●**関連語**
見出し語と意味やつづりが関連する言葉をいっしょにしめしました（約1,050語）。イラストでは複数のものが表示されている場合でも、つづりは基本的に単数形をしめしました。

テーマページ

●**テーマページ**
A〜Zの本文の後に、付録として、テーマ別のページを設けました。1テーマごとに見開きで構成されており、全部で10テーマあります。見開きの中には、テーマに関連した単語を数多く集め、本文ではアルファベット順にバラバラになっている単語を、ひとつのテーマの中で関連して覚えることができます。

●**テーマページ　リード文**
テーマページ各見開きの右ページ上部に、そのテーマの中の単語を使った表現をリード文としてしめし、CD音源をつけました。このリード文は、そのテーマの中の他の単語に言いかえて、応用して表現することもできます。

CD音源との対応

CD音源がある箇所
ベージ色を引いた部分は，CDに音源があることをしめしています。CDマークの数字はCDのトラック番号です（01〜74）。音源がある部分にはカナ発音はついていないので，CDを聞いて正確な発音を確かめてください。

●歌とチャンツ（トラック番号01〜30）
CDには英語の歌とチャンツを30曲収録しました（1トラック1曲）。本文ではその歌詞の一部分（短い曲は全体）を日本語訳とともにしめしています。巻末の歌詞のページ（p.252〜260）には，すべての曲の歌詞全部と日本語訳をまとめてトラック順に収録しています。

●会話（トラック番号31〜45）
質問と答えがひとつずつの会話のほか，複数の会話や長い会話もあります。CDでは，その会話例がふくまれる見出し語を，アルファベットごとにまとめて，1トラックとしています。それぞれのトラックの中では，その会話例がある本文のページ数と見出し語がしめされたあとで，会話例が始まります。
例）＜会話例がふくまれる見出し語＞best, birthday, brother →「B」でまとめてトラック31に収録

●リズム読み（トラック番号46〜63）
4拍のリズムにのせて読むことができる，3つの単語や表現をならべてしめしました。CD音源にならってリズムよく言ってみることにより，正確な発音や単語の知識を自然に身につけることができます。音源は，そのリズム読みがふくまれる見出し語を，アルファベットごとにまとめて，1トラックとしています。それぞれのトラックの中では，そのリズム読みがある本文のページ数と見出し語がしめされたあとで，リズム読みが始まります。
例）＜リズム読みがふくまれる見出し語＞again, around, away →「A」でまとめてトラック46に収録

●テーマページ　リード文（トラック番号64〜73）
テーマページ（p.232〜251）では，それぞれのテーマに関連した表現を3文ずつリード文としてしめしました。CDでは，1テーマごとに1トラックとしています。

●フォニックス（トラック番号74）
フォニックス（p.262〜263）で，アルファベット26文字の発音と単語を結びつけて言えるジングルを収録しました。CDを聞いて，リズムよく正確に発音する練習ができます。

歌とチャンツ 01
ABC Song
A B C D E F G,
H I J K L M N O P,
Q R S T U V,
W X, Y and Z.
A B C D E F G,
H I J K L M N O P,
Q R S T U V,
W X, Y と Z。 (→p.252)

会話 31
What animals do you like best?
いちばん好きな動物は？
— I like pandas best.
私はパンダがいちばん好き。

リズム読み 46
turn around
ぐるりと回る
look around
まわりを見る
around the world
世界中

カナ発音について

●はじめに
＊この辞典では，発音記号になれていない人のために，カナ文字による発音表記（カナ発音）をつけました。けれども，カナ文字では完全に正確な英語の音を表すことはできません。カナ発音は，あくまでも英語の発音に近づくための「手がかり」として使ってください。この辞典には，豊富な音源がCDに収録されていますので，ぜひCDを活用して実際の英語の音にふれていただきたいと思います。
＊CDに音源がある用例については，カナ発音をつけていません。

●カナ発音のしくみ
＊太字は強く発音する音節（アクセント）をしめします。
＊カタカナと平仮名による書き分けは，違う音であることをしめします。
　例）「ス」と「す」　bus バス，bath バす
＊強く発音しない「ル」，および語末の「ト」「ド」については，特に注意すべき音として，小さな字で表記しました。
　例）all オール，cat キャット，old オウルド

●用例のカナ発音について
＊用例のカナ発音については，リズムよく読むための「区切り」をつけました。
＊原則として，ひとつのチャンク（ひとまとまりで発音すべき音のかたまり）に1か所のアクセント（太字で表記）をしめしました。
＊用例中の単語は，前後の音の連なりによって音が変化する場合があります。これを「リンキング」といいますが，この辞典の用例では一般的なリンキングをしめしました。
　例）Can I　キャン＋アイ　→　キャンナイ
＊リンキングにともなって，音を省略した箇所があります。
　例）absent today　アブセント　トゥデイ　→　アブセン　トゥデイ

発音記号とカナ発音

* 母音（ぼいん）とは、日本語の「ア・イ・ウ・エ・オ」のように、口の中で舌・くちびる・歯などにじゃまされないで出てくる、声をともなった音（おん）のこと、子音（しいん）とは、のどから出る息や声が、口の中のどこかでじゃまされて出てくる音のことです。
* [ˊ]は、その音を強く発音するしるし、アクセント記号です。
* [ː]は、その前の音を長くのばして発音することを表します。
* この辞典では、発音記号になれていない人のために、カナ文字発音をそえました。けれども、カナ文字では完全に正確な音を表せません。たとえば[æ] [ɑ] [ʌ] [ə]はカナ発音はみな[ア]ですが、実際はみなちがう音です。くわしくは、5ページの「カナ発音について」を読んでください。

母音	例
[iː イー]	eat [íːt イート]
[i イ]	ink [íŋk インク]
[e エ]	egg [ég エッグ]
[æ ア]	apple [ǽpl アプル]
[ɑː アー]	father [fάːðər ふァーだ]
[ɑ ア]	on [ɑn アン]
[ɔː オー]	all [ɔ́ːl オール]
[u ウ]	book [búk ブック]
[uː ウー]	food [fúːd ふード]
[ʌ ア]	up [ʌ́p アップ]
[əːr アー]	early [ə́ːrli アーリ]
[ə ア]	America [əmérikə アメリカ]
[ə エ]	absent [ǽbsənt アブセント]
[ə イ]	beautiful [bjúːtəfəl ビューティふル]
[ə オ]	of [əv オヴ]
[ə ウ]	beautiful [bjúːtəfəl ビューティふル]
[ei エイ]	cake [kéik ケイク]
[ai アイ]	ice [áis アイス]
[au アウ]	out [áut アウト]
[ɔi オイ]	boy [bɔ́i ボイ]
[ou オウ]	go [góu ゴウ]
[iər イア]	ear [íər イア]
[ɛər エア]	air [éər エア]
[uər ウア]	poor [púər プア]

子音	例
[p ブ]	up [ʌ́p アップ]
[b ブ]	job [dʒɑ́b ヂャップ]
[t ト]	it [it イット]
[d ド]	hand [hǽnd ハンド]
[k ク]	cook [kúk クック]
[g グ]	egg [ég エッグ]
[f ふ]	half [hǽf ハふ]
[v ヴ]	have [hǽv ハヴ]
[θ す]	bath [bǽθ バす]
[ð ぢゥ]	with [wíð ウィぢゥ]
[s ス]	bus [bʌ́s バス]
[z ズ]	as [əz アズ]
[ʃ シュ]	fish [fíʃ ふィッシュ]
[ʒ ジュ]	television [téləviʒən テレヴィジョン]
[tʃ チ]	teach [tíːtʃ ティーチ]
[dʒ ヂ]	large [lɑ́ːrdʒ ラーヂ]
[ts ツ]	cats [kǽts キャッツ]
[dz ヅ]	cards [kɑ́ːrdz カーヅ]
[h ホ]	hat [hǽt ハット]
[m ム, ン]	name [néim ネイム]
[n ヌ, ン]	noon [núːn ヌーン]
[ŋ ング]	song [sɔ́ːŋ ソーング]
[l ル]	milk [mílk ミルク]
[r (う)る]	red [réd うれッド]
[j イ]	yes [jés イェス]
[w ウ]	wood [wúd ウッド]

a*
[ə ア]
ひとつの，ひとりの，1ぴきの

a new hat
ひとつの新しいぼうし

● an old hat
ひとつの古いぼうし

able
[éibl エイブル]
～できる

Kent is able to swim.
ケントは泳げる。

● can ～できる

about*
[əbáut アバウト]
およそ，～について

about fifty people
およそ50人

How about playing dodge ball?
ドッジボールしない？

above
[əbÁv アバヴ]
～の上に

Lisa sleeps above Sally.
リサはサリーの上でねる。

⇔ below ～の下に

absent
[ǽbsənt アブセント]
休んで，欠席している

Kent is absent today.
ケントは今日休んでいる。

⇔ present 出席している

accessory
[əksésəri アクセソり]
アクセサリー

What's your favorite accessory?
あなたのお気にいりのアクセサリーはなに？

accident
[ǽksədənt アクスィデント]
事故

acorn
[éikɔːrn エイコーン]
ドングリ

across*
[əkrɔ́ːs アクろース]
〜を横切って

go across the street
道を横切る

act
[ǽkt アクト]
演じる，ふるまう

act the part of Cinderella
シンデレラの役を演じる

actor 俳優

address
[ǽdres アドレス]
住所，あて先

This is my address.
これが私の住所です。

zip code 郵便番号

stamp
切手

Sato Kent

2-22-14 Misaki-cho, Chiyoda-ku

Tokyo 101-8371

JAPAN

Ms. Julie Simon

15 Green St.

North Sydney, NSW 1060

Australia

住所の書き方
左上に自分の名前，自分の住所を書く。中央に相手の名前と住所を書く。相手の名前の前にはMr.(男の人) Ms.(女の人)などの敬称をつける。住所は①丁目，番地(号) ②区，市，郡 ③都道府県 ④郵便番号 ⑤国名の順番に書く。

adventure
[ədvéntʃər アドヴェンチャ]
ぼう険

afraid
[əfréid アふれイド]
こわがって

ドウントビー アふれイド
Don't be afraid.
こわがらないで。

Africa
[ǽfrikə アふりカ]
アフリカ

after*
[ǽftər アふタ]
〜のあとに

アふタスクール
after school
放課後

ビふォー まえ
⇔ before 〜の前に

afternoon
[ǽftərnúːn アふタヌーン]
午後

グッド アふタヌーン
Good afternoon. こんにちは。

グッド モーニング
Good morning. おはよう。

グッド イーヴニング
Good evening. こんばんは。

ヌーン しょうご
noon 正午

again
[əgén アゲン]
もう一度，また

🔊 46

Try again.
もう一度やってごらん。
Once again.
もう一回。
See you again.
またあとで。

ago
[əgóu アゴウ]
〜前に

トゥー デイズ アゴウ
two days ago
2日前に

アローング ローング タイム アゴウ
A long, long time ago...
むかしむかし
昔々…

agree
[əgríː アグりー]
賛成する

アイ アグリー ウィず ケント
I agree with Kent.
私はケントに賛成です。

air

[éər エア]
空気, 空

バーズ フライ ハイ インでィエア
Birds fly high in the air.
とり そらたか と
鳥が空高く飛ぶ。

airplane

[éərplein エアプレイン]
ひこうき
飛行機

airport

[éərpɔːrt エアポート]
くうこう
空港

passenger
乗客

pilot
パイロット

flight attendant
客室乗務員

album

[ǽlbəm アルバム]

アルバム

フォウトウ アルバム
photo album
しゃしん
写真のアルバム

alive

[əláiv アライヴ]
い
生きて

イズダバード デッド オーアライヴ
Is the bird dead or alive?
とり し い
その鳥は死んでいるの生きているの？

⇔ dead 死んでいる

all*

[ɔːl オール]

すべて(の)

オール ウライト
All right.
いいよ。

ダッツ オール
That's all.
いじょう
以上です。

オーロヴ ダボイズ
all of the boys
おとこ こ ぜんいん
男の子全員

オール デイ ローング
all day long
いちにちじゅう
一日中

alligator

[ǽləgeitər アリゲイタ]

(アメリカや中国産の)ワニ

クラコダイル
crocodile (アフリカ産の)ワニ

alone

[əlóun　アロウン]

ひとりで

リーヴミー　アロウン
Leave me alone.
ひとりにして（ほおっておいて）。

マイグらンマだ　リヴズ　アロウン
My grandmother lives alone.
祖母はひとり暮らしをしている。

along

[əlɔ́:ŋ　アローング]

いっしょに，～に沿って

スィンガローング
sing along
いっしょに歌う

ウォーカローング　だストリート
walk along the street
道に沿って歩く

aloud

[əláud　アラウド]

声を出して

うリード　アラウド
read aloud
声に出して読む

alphabet

[ǽlfəbet　アるふァベット]

アルファベット

🔊 01

ABC Song

A B C D E F G,
H I J K L M N O P,
Q R S T U V,
W X, Y and Z.

A B C D E F G,
H I J K L M N O P,
Q R S T U V,
W X, YとZ。

(→p.252)

already

[ɔ:lrédi　オーるれディ]

すでに，もう

アイハヴ　オーるれディ　ハッド　ランチ
I have already had lunch.
私はもうお昼ごはんを食べました。

also

[ɔ́:lsou　オーるソウ]

～もまた

アイライク　ドーグズ
I like dogs.
イヌが好き。

アイオールソウ　ライク　キャッツ
I also like cats.
ネコも好き。

always

[ɔ́ːlweiz オールウェイズ]

いつも

アイ オールウェイズ プレイ テニス
I always play tennis.
私はいつもテニスをする。

 always
いつも

 often
しばしば

 sometimes
時々

 never
一度もない

am*

[弱 əm アム, 強 ǽm アム]

～である, ～にいる

アイ アム ハピ
I am happy.
うれしいです。

アム アイ うローング
Am I wrong?
間違ってますか？

アイ アム ナット ハングリ
I am not hungry.
おなかがすいてません。

アイ アム ドリンキング チュース ナウ
I am drinking juice now.
今, ジュースを飲んでいるところです。

ambulance

[ǽmbjuləns アンビュランス]

救急車

America

[əmérikə アメリカ]

アメリカ

デューナイテッド ステイツォヴ アメリカ
the United States of America
アメリカ合衆国

アメリカン
American   アメリカ人；アメリカ(人)の

among*

[əmʌ́ŋ アマング]

～の間(中)に

スィット アマング マイ ふれンヅ
sit among my friends
友だちの中にすわる

スィット ビトウィーン マイ ふれンヅ
sit between my friends
友だちの間にすわる

amusement park
[əmjúːzmənt pàːrk　アミューズメント　パーク]
遊園地

- haunted house　お化け屋しき
- balloon　風船
- Ferris wheel　観覧車
- merry-go-round　メリーゴーランド
- popcorn　ポップコーン
- roller coaster　ジェットコースター
- whirling teacups　コーヒーカップ
- cotton candy　綿アメ
- stand　売店

an*
[ən　アン]
ひとつの，ひとりの，1ぴきの

an apple and an old man
ひとつのリンゴとひとりのおじいさん

angry
[ǽŋgri　アングり]
おこった

Mom got angry at me.
お母さんが私をおこりました。

and*
[弱 ən アン, 強 ǽnd アンド]
〜と〜，そして

the sun, the moon and stars
太陽，月と星

animal
参照 248

[ǽnəməl　アニマル]
動物

farm animals　農場の動物(→p.71)

pet animals　ペット(→p.144)

wild animals　野生動物(→p.248)

another*
[ənʌ́ðər アナだ]

もうひとつの(もの)，もうひとりの(人)

I don't like this hat.
このぼうしは気にいりません。

Show me another.
ほかのを見せてください。

answer
[ǽnsər アンサ]

答える；答え

answer the question
質問に答える

answer the phone
電話に出る

ant
[ǽnt アント]

アリ

any
[éni エニ]

いくらかの〜，(否定文で)少しも〜ない，どれでも

Do you have any sisters?
姉妹はいますか？

— No, I don't.
いいえ，いません。

anyone*
[éniwʌn エニワン]

だれか

Is anyone there?
だれかそこにいるの？

● anybody   だれか

anything*
[éniθiŋ エニすィング]

何か

Anything else?
ほかに何か？

anyway
[éniwei エニウェイ]

とにかく

Anyway, I'll call you later.
とにかく，あとで電話するわ。

apartment house
[əpá:rtmənt háus アパートメント ハウス]

アパート，マンション

● mansion   大ていたく

apple
[ǽpl　アプル]
リンゴ

April
[éiprəl　エイプリル]
4月

apron
[éiprən　エイプロン]
エプロン

aquarium
[əkwéəriəm　アクウェアリアム]
水族館

are*
[弱 ər　ア〜，強 άːr　アー]
〜である，〜にいる

ウィアー　ステューデンツ
We are students.
私たちは学生です。

アーユー　ステューデンツ　トゥー
Are you students, too?
あなたたちも学生ですか？

ノウ　ウィ　アーント
— No, we aren't.
　　いいえ，ちがいます。

ウィアー　ゴウイングトゥ　スクール　ナウ
We are going to school now.
私たちは，今，学校に行くところです。

▶ アーント aren't　アーナット are not を短くした形

Argentina
[ὰːrdʒəntíːnə　アーヂェンティーナ]
アルゼンチン

アーヂェンティーン
Argentine　アルゼンチン人；アルゼンチン（人）の

arm
[άːrm　アーム]
うで

ストレッチ　マイアームズ
stretch my arms
うでをのばす

フォウルド　マイアームズ
fold my arms
うで組みをする

ハンド hand　手
エルボウ elbow　ひじ
リスト wrist　手首
arm

around
[əráund　アらウンド]
〜のまわりに

🔊 46

turn around
ぐるりと回る

look around
まわりを見る

around the world
世界中

arrive

[əráiv アらイヴ]

到着する

arrive at school
= get to school
学校に着く

arrow

[ǽrou アろウ]

矢, 矢印

as*

[強 ǽz アズ, 弱 əz アズ]

～と同じくらい～だ

I can run as fast as she can.
私はかの女と同じくらい速く走れる。

Asia

[éiʒə エイジャ]

アジア

ask

[ǽsk アスク]

たずねる, たのむ

ask a question
質問をする

asleep

[əslíːp アスリープ]

ねむって

⇔ awake 起きて

astronaut

[ǽstrənɔːt アストロノート]

宇宙飛行士

at*

[ət アット]

～に, ～で

wait at the station
駅で待つ

School begins at eight.
学校は8時に始まる。

at night
夜に

attention
[əténʃən アテンション]
注意, 注目

pay attention
注意する

August
[ɔ́ːɡəst オーガスト]
8月

aunt
[ǽnt アント]
おば

⇔ uncle おじ

Australia
[ɔːstréiljə オーストれイリャ]
オーストラリア

Australian オーストれイリャン オーストラリア人；オーストラリア(人)の

autumn
[ɔ́ːtəm オータム]
秋(イギリス)

● fall 秋

awake
[əwéik アウェイク]
起きて

Wake up, Kent.
起きなさい, ケント。
— I'm awake.
起きてるよ。

⇔ asleep ねむって

away
[əwéi アウェイ]
はなれて, 向こうへ

go away
行ってしまう
run away
走り去る
stay away
はなれている

Bb

baby
[béibi ベイビ]
赤ちゃん

- diaper (ダイアパ) おむつ
- bib (ビブ) よだれかけ
- baby bottle (ベイビ バトル) ほ乳びん
- stroller (ストロウラ) ベビーカー

back
[bǽk バック]
背中；後ろ(の)

the back (だバック) 後ろ

⇔ front (ふらンと) 前(の)

bad
[bǽd バッド]
悪い

bad grade (バッド グレイド) 悪い成績

⇔ good (グッド) よい

※ worse (ワース) もっと悪い, worst (ワースト) いちばん悪い

bag
[bǽg バッグ]
バッグ，ふくろ

backpack (バックパック) バックパック

🔊 47

- a paper bag
  紙袋 (かみぶくろ)
- a school bag
  学校かばん (がっこうかばん)
- a handbag
  ハンドバッグ

bake
[béik ベイク]
(オーブンで)焼く

bake bread and cookies (ベイク ブレッダン クキーズ)
パンとクッキーを焼く

ball
[bɔ́ːl ボール]
ボール

🔊 47

- catch the ball
  ボールをとる
- throw the ball
  ボールを投げる
- bounce the ball
  ボールをはずませる

ballet
[bǽlei バレイ]
バレエ

balloon
[bəlúːn バルーン]
風船, 気球

bamboo
[bæmbúː バンブー]
竹

banana
[bənǽnə バナナ]
バナナ

Monkeys like bananas.
サルはバナナが好きだ。

peel a banana
バナナの皮をむく

band
[bǽnd バンド]
ひも, バンド, 一団

rock band ロックバンド

brass band ブラスバンド

bank
[bǽŋk バンク]
銀行

put the money in the bank
銀行に預金する

piggy bank （ブタの)貯金箱

bark
[báːrk バーク]
ほえる

barrier-free
[bæ̀riərfríː バリアふりー]
障害のない

escalator エスカレーター

ramp スロープ

wheelchair 車いす

elevator エレベーター

Braille 点字

elderly people お年寄り

physically challenged people 身体の不自由な人

baseball

[béisbɔːl ベイスボール]

野球

play baseball
野球をする

watch a baseball game
野球の試合を見る

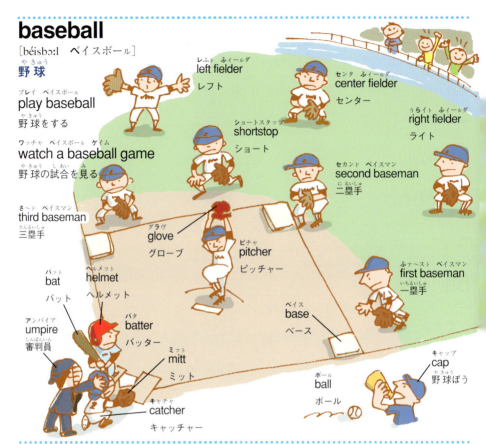

- left fielder — レフト
- center fielder — センター
- right fielder — ライト
- shortstop — ショート
- second baseman — 二塁手
- third baseman — 三塁手
- first baseman — 一塁手
- glove — グローブ
- pitcher — ピッチャー
- bat — バット
- helmet — ヘルメット
- base — ベース
- umpire — 審判員
- batter — バッター
- mitt — ミット
- catcher — キャッチャー
- cap — 野球ぼう
- ball — ボール

basket

[bǽskit バスケット]

かご

basketball

[bǽskitbɔːl バスケットボール]

バスケットボール

bat 1

[bǽt バット]

バット

bat 2

[bǽt バット]

コウモリ

bath

[bǽθ バす]

風呂に入ること，風呂

take a bath
風呂に入る

bathroom
[bǽθruːm バすルーム]
浴室，トイレ

May I go to the bathroom?
トイレに行ってもいいですか？

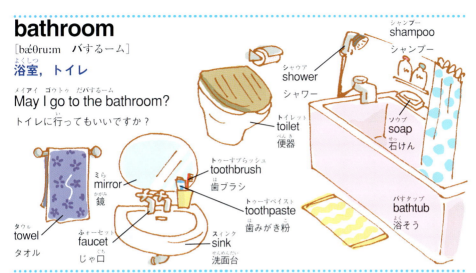

be
[弱 bi: ビー，強 bíː ビー]
～である，～にいる

Don't be noisy.
うるさくしないで。

I want to be a singer.
私は歌手になりたいです。

I have been reading a book for two hours.
私は2時間本を読んでいます。

▶ been　beの過去分詞形

beach
[bíːtʃ ビーチ]
浜辺

go to the beach
海に行く

bean
[bíːn ビーン]
豆

string beans
サヤインゲン

green peas
グリンピース

jelly beans
ゼリービーンズ

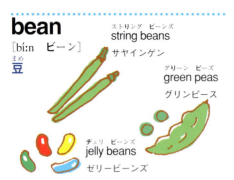

bear
[béər ベア]

クマ

I love my teddy bear.
私は私のテディベアが大好きです。

beard
[bíərd ビアド]

ひげ

mustache
口ひげ

beard

whiskers
(動物の)ひげ

beautiful
[bjúːtəfəl ビューティフル]

美しい，すばらしい

a beautiful day
天気のいい日

⇔ ugly　みにくい

because*
[bikɔ́ːz ビコーズ]

～だから，～(の理由)で

She is absent because she is sick.
かの女は病気で休んでいる。

become
[bikʌ́m ビカム]

～になる

Tadpoles become frogs.
オタマジャクシはカエルになる。

My sister became a nurse last year.
去年，妹は看護師になった。

▶ became　～になった

bed
[béd ベッド]

ベッド

🔊 47

go to bed
ねる
make the bed
ベッドを整える
sick in bed
病気でねている

bedroom
[bédru:m ベッドるーム]
寝室

- alarm clock 目覚まし時計
- pillow まくら
- sheet シーツ
- blanket 毛布
- pajamas パジャマ
- dresser (鏡つき)洋服だんす
- closet クロゼット
- bed ベッド

bee
[bíː ビー]

ミツバチ

queen bee
女王バチ

work like a bee
(ハチのように)せっせと働く

before*
[bifɔ́ːr ビふォー]

〜の前に

Come back before dark.
暗くなる前に帰ってきなさい。

⇔ after 〜のあとに

begin
[bigín ビギン]

始める，始まる

Let's begin the lesson.
授業を始めましょう。

It began to rain.
雨が降り始めた。

▶ began 始めた

behind
[biháind ビハインド]

〜の後ろに

believe

[bilíːv ビリーヴ]

信じる

I don't believe it!
信じられない！

below

[bilóu ビロウ]

～の下に

below the horizon
地平線の下に

⇔ above ～の上に

bell

[bél ベル]

ベル，すず，かね

ring a bell
ベルを鳴らす

ring
リンリン

ting-a-ling
チリンチリン

ding-dong
キンコン

bong
ゴーン

bench

[béntʃ ベンチ]

ベンチ

best

[bést ベスト]

いちばんよい；いちばんよく

my best friend
私の親友

the best swimmer
いちばん水泳がうまい人

a good swimmer
水泳がうまい人

a better swimmer
もっと水泳がうまい人

belong

[bilɔ́ːŋ ビローング]

所属する

Kent belongs to the swimming club.
ケントは水泳部の部員です。

This book belongs to the library.
この本は図書館の本です。

🔊 31

What animals do you like best?
いちばん好きな動物は？

— I like pandas best.
私はパンダがいちばん好き。

better

[bétər ベタ]

もっとよい；もっとよく

アイライク マス ベタだン サイエンス
I like math better than science.
私は理科より算数の方が好きです。

ユード ベタ ステイ ホウム
You'd better stay home.
君は家にいる方がいいよ。

between*

[bitwí:n ビトウィーン]

〜の間に

スリープ ビトウィーンだ トゥー ドーグズ
sleep between the two dogs
2ひきのイヌの間でねている

スリープ アマングだ ファイヴ ドーグズ
sleep among the five dogs
5ひきのイヌの中でねている

bicycle

[báisikl バイスィクル]

自転車 (= bike)

うらイダ バイスィクル
ride a bicycle
自転車に乗る

ゴウトゥ スクール バイバイスィクル
go to school by bicycle
自転車で学校に通う

bicycle

トライスィクル
tricycle
三輪車

ユーニスィクル
unicycle
一輪車

big

[bíg ビッグ]

大きい

⇔ リトル little 小さい

a big hole
大きな穴

a bigger hole
より大きな穴

the biggest hole
いちばん大きな穴

bike

[báik バイク]

自転車

bird → boat

bird
[bə́ːrd バ～ド]
鳥

- wing つばさ
- dove ハト
- swallow ツバメ
- eagle ワシ
- caw カア
- croo クルー
- crow カラス
- rat-a-tat トントン
- whoo ホー
- chirp チュンチュン
- woodpecker キツツキ
- owl フクロウ
- sparrow スズメ
- swan ハクチョウ
- peacock クジャク
- parrot オウム
- nest 巣
- feather 羽
- egg 卵

birthday
[bə́ːrθdei バ～スデイ]
誕生日

When is your birthday?
あなたの誕生日はいつですか？

— **My birthday is March 31.**
3月31日です。

Happy birthday, Kent!
誕生日おめでとう，ケント。
How old are you?
いくつになったの？
— **I'm ten years old.**
10歳だよ。
This birthday present is for you, Kent.
このバースデープレゼントはあなたへ，ケント。
— **Thank you, Lisa.**
ありがとう，リサ。

- birthday card バースデーカード
- birthday party 誕生会
- birthday present バースデープレゼント

- candle ろうそく
- birthday cake バースデーケーキ

bite

[báit バイト]

かむ

ドウント バイト ユアネイルズ
Don't bite your nails.
つめをかまないで。

black

[blǽk ブラック]
くろ くろ
黒；黒い

blackboard

[blǽkbɔːrd ブラックボード]
こくばん
黒板

chalk
チョーク

eraser
こくばん
黒板ふき

block

[blák ブラック]
つ き くかく
積み木，ブロック，区画

ウォーク スリー ブラックス ダウンザストリート
Walk three blocks down the street.
みち ある
この道を3ブロック歩いて。

プレイ ウィどゥブラックス
play with blocks
つ き あそ
積み木で遊ぶ

blood

[blʌ́d ブラッド]
ち
血

blow

[blóu ブロウ]
かぜ はな
(風が，ラッパを)ふく，(鼻を)かむ

🔊 47

Blow a trumpet.
トランペットをふいて。
Blow your nose.
はな
鼻をかんで。
Blow up the balloon.
ふうせん
風船をふくらませて。

blue

[blúː ブルー]
あお あお
青；青い，ゆううつな

ブルー スカイ
blue sky
あおぞら
青空

アイふィール ブルー トゥデイ
I feel blue today.
きょう
今日はゆううつです。

boat

[bóut ボウト]
ふね
ボート，舟

🔊 47

a rowboat
ボート
a sailboat
ヨット
a motorboat
モーターボート

body
[bádi バディ]
体

a strong and healthy body
じょうぶで健康な体

lap
（すわった時の）ひざの上

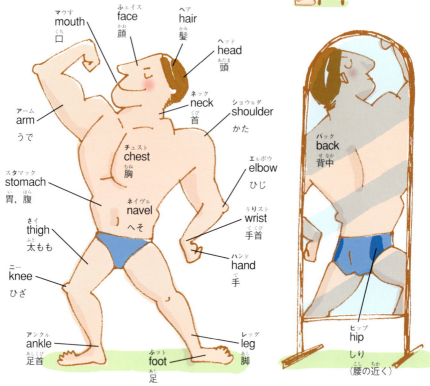

- mouth 口
- face 顔
- hair 髪
- head 頭
- neck 首
- shoulder かた
- arm うで
- chest 胸
- stomach 胃，腹
- navel へそ
- elbow ひじ
- wrist 手首
- thigh 太もも
- hand 手
- knee ひざ
- back 背中
- ankle 足首
- leg 脚
- foot 足
- hip しり（腰の近く）

boil
[bɔ́il ボイル]

わかす，煮る，ゆでる

boiled egg
ゆで卵

boiled water
湯

bone
[bóun ボウン]

骨

skeleton
がい骨

bone

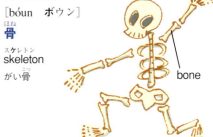

book
[búk ブック]
本

read a book
本を読む

picture book　絵本

comic book　マンガ

bookshelf　本だな

title
書名

book report　読書感想文

author
作家

content
目次

boot
[bú:t ブート]
(片方の)ブーツ，長ぐつ

a pair of boots
1足のブーツ

bored
[bɔ́:rd ボード]
たいくつした

I'm bored.
あきちゃった。

boring
[bɔ́:riŋ ボーリング]
たいくつな

The story is boring.
その話はたいくつだ。

⇔ interesting　おもしろい

born
[bɔ́:rn ボーン]
生まれる

I was born on March 31.
私は3月31日に生まれた。

borrow
[bárou バロウ]
借りる

May I borrow your eraser?
消しゴムを借りていいですか？

⇔ lend　貸す

both*
[bóuθ ボウす]
両方(の)

I like both.
私は両方好きです。

bottle
[bɑ́tl バトル]

びん

アバトロヴ　チュース
a bottle of juice
ジュース1びん

トゥー　バトルゾヴ　ミルク
two bottles of milk
牛乳2本

ベイビ　バトル
baby bottle
ほ乳びん

bottom
[bɑ́təm バトム]

いちばん下のところ，底

うらイト　ユアネイム　アッだバトム
Write your name at the bottom.
いちばん下にあなたの名前を書きなさい。

bow 1
[bóu ボウ]

弓

bow 2
[báu バウ]

おじぎをする

ヂャパニーズ　バウ　トゥイーチ　アだ
Japanese bow to each other.
日本人はおたがいにおじぎをする。

box
[bɑ́ks バックス]

箱

🔊 47

on the box
箱の上に
in the box
箱の中に
under the box
箱の下に

boxing
[bɑ́ksiŋ バクスィング]

ボクシング

boy
[bɔ́i ボイ]

男の子

ガ〜ル
⇔ girl 女の子

brain
[bréin ブれイン]

脳

bread

[bréd ブれッド]

パン

a slice of bread (toast)
パン（トースト）1枚

Bread Around the World
世界のパン
世界にはいろいろなパンを
使った料理があります。

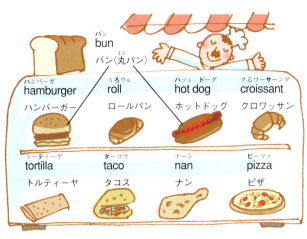

- hamburger ハンバーガー
- bun バン（丸パン）
- roll ロールパン
- hot dog ホットドッグ
- croissant クロワッサン
- tortilla トルティーヤ
- taco タコス
- nan ナン
- pizza ピザ

break

[bréik ブれイク]

こわす，折る；休けい

break a glass
コップを割る

break a stick
棒を折る

take a break
一休みする

Who broke the glass?
コップを割ったのはだれ？

▶ broke 割った（こわした）

breakfast

[brékfəst ブれックふァスト]

朝食

Breakfast is ready.
朝食の準備ができました。

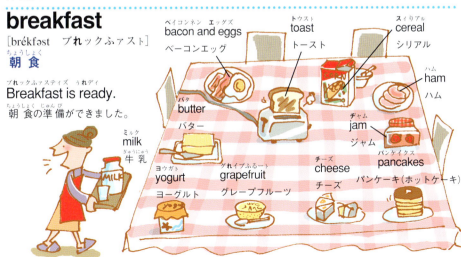

- bacon and eggs ベーコンエッグ
- toast トースト
- cereal シリアル
- butter バター
- ham ハム
- milk 牛乳
- jam ジャム
- yogurt ヨーグルト
- grapefruit グレープフルーツ
- cheese チーズ
- pancakes パンケーキ（ホットケーキ）

bridge
[brídʒ ブリッヂ]
橋

cross the bridge
橋をわたる

London Bridge
London Bridge is falling down,
Falling down, falling down.
London Bridge is falling down.
My Fair Lady.
ロンドン橋が落っこちる，
落っこちる，落っこちる。
ロンドン橋が落っこちる。
マイ・フェア・レイディ。　　　(→p.252)

(遊び方)ふたりがペアになって橋になり，両手をあげてアーチを作る。その間を列になって歌いながらくぐりぬける。'My Fair Lady' と歌い終わったところで，ペアは両手を下げてひとりをつかまえる。

bright
[bráit ブらイト]
明るい，頭がよい

bright star
明るい星

⇔ dark　暗い

bring
[bríŋ ブリング]
持ってくる，連れてくる

Bring me a glass of water.
水を1ぱい持ってきてください。

I brought my cards to school.
私は学校にトランプを持ってきました。

▶ brought　持ってきた

⇔ take　とる，連れていく

brother
[brʌ́ðər ブらだ]
兄，弟，兄弟

⇔ sister　姉，妹，姉妹

How many brothers do you have?
兄弟は何人いますか？
— I have two brothers,
  one older and one younger.
2人います。兄と弟です。

brown
[bráun ブらウン]
茶色，茶色い

brush
[brʌ́ʃ ブらッシュ]
ブラシ，はけ

bubble
[bʌ́bl バブル]
あわ, シャボン

ブロウ　バブルズ
blow bubbles
シャボン玉をふく

バブル　ガム
bubble gum
風船ガム

bug
[bʌ́g バッグ]
虫, こん虫

build
[bíld ビルド]
建てる

ビルダ　ハウス
build a house
家を建てる

ダピッグ　ビルタ　ハウソヴ　ブリック
The pig built a house of brick.
ブタはレンガの家を建てた。

ビルディング
building　建物 たてもの

▶ ビルト
built　建てた

but*
[弱 bət バット, 強 bʌ́t バット]
しかし, だが

アイワントゥ　プレイ　バッタイキャント
I want to play, but I can't.
遊びたいけど、遊べません。

イクスキューズミー　バットワ　タイム　イズイット
Excuse me, but what time is it?
すみませんが、今何時ですか？

bus
[bʌ́s バス]
バス

ゲットン　ダバス
get on the bus
バスに乗る

ゴウトゥ　スクール　バイバス
go to school by bus
学校にバスで通う

バス　ドライヴァ
bus driver
バスの運転手

バス　スタップ
bus stop
バス停

スクール　バス
school bus
スクールバス

busy
[bízi ビズィ]
いそがしい

アイム　ビズィ　ナウ
I'm busy now.
私は今いそがしいです。

⇔ free　ひまな

アイム　サリ　バットアイキャント　ゴウ　ウィドゥユー
I'm sorry, but I can't go with you.
申し訳ないけど、今あなたと行けません。

butter

[bʌ́tər バタ]

バター

spread butter on the bread
パンにバターをぬる

butterfly

[bʌ́tərflai バタふライ]

チョウ, (水泳の)バタフライ

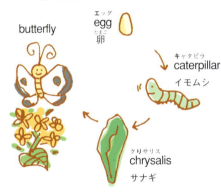

butterfly
egg 卵
caterpillar イモムシ
chrysalis サナギ

button

[bʌ́tn バトン]

ボタン, おしボタン

The buttons came off.
ボタンがとれた。

push a button
ボタンをおす

buy

[bái バイ]

買う

Buy me that toy, please.
私にあのおもちゃを買ってください。

I bought the CD at that store.
私はその店でCDを買いました。

▶ bought 買った

⇔ sell 売る

buzz

[bʌ́z バズ]

(ハチの)ブンブンいう音

by*

[bái バイ]

～のそばに, ～によって

The bed is by the window.
ベッドは窓のそばにある。

I go to school by train.
電車で学校に行く。

by the way
ところで

cabbage
[kǽbidʒ キャベッヂ]
キャベツ

cactus
[kǽktəs キャクタス]
サボテン

cage
[kéidʒ ケイヂ]
鳥かご

cake
[kéik ケイク]
ケーキ

calendar
[kǽləndər キャレンダ]
カレンダー

call
[kɔ́ːl コール]
呼ぶ，電話をかける，〜を〜と呼ぶ

マダイズ コーリングユー
Mother is calling you.
お母さんが呼んでるよ。

ドウント フォゲットゥ コールミー
Don't forget to call me.
私に電話するのを忘れないで。

コールミー ケント
Call me Kent.
ぼくのことはケントと呼んで。

camel
[kǽməl キャメル]
ラクダ

camera
[kǽmərə キャメら]
カメラ

バースデイ ケイク
birthday cake
バースデーケーキ

クリーム
cream
クリーム

カップケイク
cupcake
カップケーキ

ディヂトル キャメら
digital camera
デジタルカメラ

レンズ
lens
レンズ

シャタ
shutter
シャッター

フラッシュ
flash
フラッシュ

フォウトウ
photo
写真

camp
[kǽmp キャンプ]

キャンプ

tent テント
campsite キャンプ場
camper キャンピングカー
backpack バックパック
sleeping bag 寝袋

can 1*
[弱 kən カン, 強 kǽn キャン]

〜できる，〜してもよい

Can I help you?
(困っている人に)何かお困りですか？
(店員が)何かお探しですか？

Can you swim 25 meters?
君は25メートル泳げる？
— Yes, I can.
はい，泳げます。
Can you?
あなたは？
— No, I can't.
いいえ，ぼくは泳げません。

No one could answer the question.
だれもその問いに答えられなかった。

▶ can't can not を短くした形
▶ could 〜できた

can 2
[kǽn キャン]

かんづめ，かん

Canada
[kǽnədə カナダ]

カナダ

Canadian カナダ人；カナダ(人)の

candle
[kǽndl キャンドル]

ろうそく

Make a wish.
願い事をして。
Blow out the candles.
ろうそくをふき消して。

candy
[kǽndi キャンディ]

キャンディー，お菓子

chocolate チョコレート
lollipop 棒つきキャンディー
gum ガム
gummy グミ
jelly beans ゼリービーンズ

cap
[kǽp　キャップ]
(ふちのない)**ぼうし**，(びんの)**ふた**

capital
[kǽpətl　キャピトル]
首都，大文字；重要な

What is the capital of Japan?
日本の首都はどこですか？

capital letter　大文字

captain
[kǽptin　キャプテン]
キャプテン，船長，機長

car
[káːr　カー]
自動車

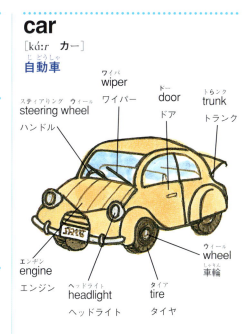

wiper ワイパー
steering wheel ハンドル
door ドア
trunk トランク
engine エンジン
headlight ヘッドライト
tire タイヤ
wheel 車輪

card
[káːrd　カード]
カード，ハガキ，(cardsで)トランプ

send a birthday card
バースデーカードを送る

write a card
ハガキを書く

play cards
トランプで遊ぶ

king キング
queen クイーン
jack ジャック
ace エース
joker ジョーカー
spade スペード
club クラブ
heart ハート
diamond ダイヤ

thirty-seven　37

care
[kéər ケア]
注意，世話；気にする

テイク ケア
Take care.
気をつけてね。

アイ ドウント ケア
I don't care.
気にしないよ。

careful
[kéərfəl ケアふル]
注意深い

ビー ケアふル
Be careful.
気をつけて。

⇔ careless
ケアレス
不注意な

carp
[káːrp カープ]

コイ

carrot
[kǽrət キャロット]

ニンジン

carry
[kǽri キャリ]
運ぶ

アイム キャリング マイ ブックス
I'm carrying my books.
私は本を持ち歩いています。

cat
[kǽt キャット]
ネコ

meow
ミアウ
ニャア

kitten
キトン
子ネコ

catch
[kǽtʃ キャッチ]
つかまえる，とる，(病気に)かかる；
キャッチボール

🔊 48

catch fish
魚をとる
catch a cold
かぜをひく
catch the ball
ボールをとる

アイ コート ラッツ オヴ ふィッシュ
I caught lots of fish.
ぼくは魚をたくさんとりました。

キャチャ
catcher　キャッチャー

コート
▶ caught　とった

caterpillar
[kǽtərpilər キャタピラ]
毛虫，イモムシ

CD
[sìːdíː スィーディー]
CD (= コンパクト ディスク compact disk)

ceiling
[síːliŋ スィーリング]
てんじょう
天井

⇔ ふロー floor ゆか

cellular phone
[sèljulər fóun セリュラ ふォウン]
けいたいでんわ セぁ ふォウン
携帯電話 (= cell phone)

cent
[sént セント]
セント(¢)

ペニー
penny
ペニー(＝1 セント)

ニクル
nickel
ニッケル(＝5 セント)

ダイム ／ クウォータ
dime   quarter
ダイム(＝10 セント)   クオーター(＝25 セント)

ダラ
dollar
ドル(＝100 セント)

center
[séntər センタ]
ま なか ちゅうしん
真ん中，中心

スタンド インだセンタ
stand in the center
ま なか た
真ん中に立つ

century
[séntʃəri センチュり]
せいき ねん
世紀，100年

ざトウェンティ ふぁ〜スト センチュり
the twenty-first century
せいき
21世紀

cereal
[síriəl スィりアル]
ちょうしょくよう
(朝食用の)シリアル

コーンふレイクス / オウトミール
cornflakes   oatmeal
コーンフレーク   オートミール

ceremony
[sérəmouni セれモウニ]
しき
式

エントランス せれモウニ
entrance ceremony
にゅうがくしき
入学式

グらヂュエイション せれモウニ
graduation ceremony
そつぎょうしき
卒業式

chair →choose

chair
[tʃéər チェア]
いす

sofa
ソファー

アームチェア
armchair
ひじかけいす

ハイチェア
highchair
（子ども用の）高いいす

ストゥール
stool
スツール

ベンチ
bench
ベンチ

ウィールチェア
wheelchair
車いす

chalk
[tʃɔ́ːk チョーク]
チョーク

change
[tʃéindʒ チェインヂ]
変える，変わる；変化，おつり

チェインヂ ユアクロウズ
Change your clothes.
洋服を着がえなさい。

ヒアズ ユアチェインヂ
Here's your change.
おつりです。

chat
[tʃǽt チャット]
雑談する

チャッタバウト ゲイムズ
chat about games
ゲームについておしゃべりする

● talk 話す

cheap
[tʃíːp チープ]
安い

ショウミーア チーパ ワン
Show me a cheaper one.
もっと安いのを見せて。

⇔ expensive 値段が高い

cheat
[tʃíːt チート]
だます，カンニングをする

ドウン チート アンダテスト
Don't cheat on the test.
テストでカンニングしてはだめ。

cheese
[tʃíːz チーズ]
チーズ

アスライソヴ チーズ
a slice of cheese
チーズ1切れ

セイ チーズ
Say cheese!
はい，チーズ！

cherry
[tʃéri チェリ]
サクランボ

cherry tree
サクラの木

cherry blossoms
サクラの花

cherry blossoms
[tʃéri blɑ̀səmz チェリ ブラサムズ]
サクラの花

chew
[tʃúː チュー]
かむ

chick
[tʃík チック]
ヒヨコ

chicken
[tʃíkin チキン]
にわとり, 鶏肉

child
[tʃáild チャイルド]
子ども

I am an only child.
私はひとりっ子です。

children
[tʃíldrən チルドレン]
子どもたち（childの複数形）, 児童

chimney
[tʃímni チムニ]
えんとつ

China
[tʃáinə チャイナ]
中国

Chinese 中国語, 中国人；中国（人）の

chocolate
[tʃákəlit チャコレット]
チョコレート

choose
[tʃúːz チューズ]
選ぶ

Which sticker do you want?
どっちのシールがほしい？

Choose one.
ひとつ選んで。

circle
[sə́ːrkl サ〜クル]
円

Make a Circle　　　🔊 03
Make a circle, do-oh, do-oh.
Make a circle, do-oh, do-oh.
Make a circle, do-oh, do-oh.
Shake those fingers down.
輪を作りましょう，ドゥーオウ，ドゥーオウ。
輪を作りましょう，ドゥーオウ，ドゥーオウ。
輪を作りましょう，ドゥーオウ，ドゥーオウ。
指をふっておろしましょう。　　　（→p.252）

circus
[sə́ːrkəs サ〜カス]
サーカス

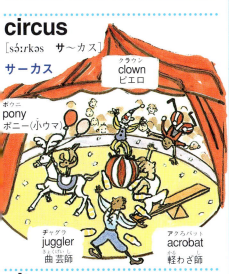

clown ピエロ
pony ポニー（小ウマ）
juggler 曲芸師
acrobat 軽わざ師

city
[síti スィティ]
市，都市

A city is larger than a town.
都市は町より大きい。

clap
[klǽp クラップ]
手をたたく，はく手する

Clap your hands.
はく手しなさい。

class
[klǽs クラス]
クラス，授業

Good morning, class.
おはようございます，クラスのみなさん。

🔊 32
How many classes do you have today?
今日，授業は何時間あるの？
— I have six.
6時間です。

classmate
[klǽsmeit クラスメイト]
クラスメート

We are classmates.
私たちはクラスメートです。

classroom

[klǽsruːm　クラすルーム]

教室

This is my classroom.
これは私の教室です。

clean

[klíːn　クリーン]

きれいな；きれいにする

Keep the room clean.
部屋をきれいにしておきなさい。

Clean your room.
部屋をそうじしなさい。

click
[klík クリック]
クリックする，カチッとおす
click the mouse
マウスをクリックする

climb
[kláim クライム]
登る，上がる
We are climbing Mt. Fuji.
私たちは富士山に登っています。

clock
[klák クラック]
時計（置き時計，かけ時計）
It's twelve thirty.
12時30分です。
alarm clock
目覚まし時計
second hand
秒針
watch
うで時計
hour hand
短針
minute hand
長針

close 1
[klóuz クロウズ]
閉める，閉じる
⇔ open 開ける

 48
Close the door.
ドアを閉めて。
Close your books.
本を閉じて。
Close your eyes.
目を閉じて。

close 2
[klóus クロウス]
近い；近く
Come closer.
もっと近くに来て。
● near 近い

clothes
[klóuz クロウズ]
服
参照 236

cloud
[kláud クラウド]
雲
cloudy くもり

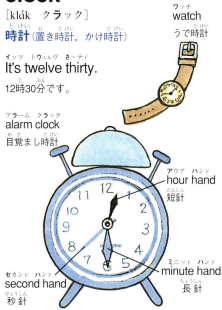

club

[klʌb クラブ]

クラブ，(トランプの)クラブ

アイム インだドラマ クラブ
I'm in the drama club.
私は演劇部に入っています。

クラブ アクティヴィティ
club activity　クラブ活動

イングリッシュ クラブ
English club　英語部

ブラス バンド
brass band　ブラスバンド部

ヴァリボール ティーム
volleyball team　バレーボール部

coat

[kóut コウト]

コート

プッタン ユアコウト リサ
Put on your coat, Lisa.
コートを着なさい，リサ。

coffee

[kɔ́ːfi コーふィ]

コーヒー

アカッポヴ コーふィ
a cup of coffee
1ぱいのコーヒー

coin

[kɔ́in コイン]

コイン，こう貨

レッツ トスふォイット
Let's toss for it.
コインを投げて決めよう。
(ゲームの先こう後こうなどを決めるときに行う)

cold

[kóuld コウルド]

寒い，冷たい；かぜ

イッツ コウルド トゥデイ
It's cold today.
今日は寒い。

キャッチャ コウルド
catch a cold
かぜをひく

アイコータ コウルド
I caught a cold.
かぜをひいた。

⇔ ハット
　 hot　暑い，熱い

collect

[kəlékt コレクト]

集める

アイコレクト キャンズ アットスクール
I collect cans at school.
私は学校で，かんを集めています。

color

[kʌ́lər カラ]
色

ブラック
black
黒

グレイ
gray
灰色

ピンク
pink
ピンク

ワイト
white
白

ブルー
blue
青

グリーン
green
緑

パ~プル
purple
紫

イェロウ
yellow
黄

ライト ブルー
light blue
水色

ブラウン
brown
茶

うれッド
red
赤

イェロウ グリーン
yellow green
黄緑

ダーク ブルー
dark blue
こん色

オウカ
ocher
黄土色

スィルヴァ
silver
銀

オーれんヂ
orange
オレンジ色

ゴウルド
gold
金

ペイル オーれんヂ
pale orange
はだ色

What color do you like?
あなたは何色が好き？
— I like green.
私は緑が好き。
— I like all the colors.
私は全部の色が好き。

🔊 32

come

[kʌ́m カム]
来る，行く

カム トゥだ ブラックボード
Come to the blackboard.
黒板の前に来なさい。

アイム カミング
I'm coming.
今，行くよ。

マイ スィスタ ケイム らニング
My sister came running.
姉(妹)が走ってきた。

ケイム
▶ came 来た

ゴウ
⇄ go 行く

Come here.
こっちに来て。
Come on.
さあやってみよう。
How come?
なぜ？

🔊 48

forty-seven **47**

communicate

[kəmjúːnəkeit コミューニケイト]

コミュニケーションをとる，
考えを伝える

communicate with people abroad
外国の人とコミュニケーションをとる

computer

[kəmpjúːtər コンピュータ]

コンピュータ

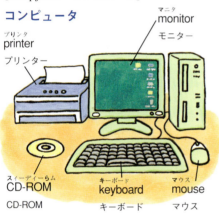

- printer プリンター
- monitor モニター
- CD-ROM CD-ROM
- keyboard キーボード
- mouse マウス

congratulation

[kəngrætʃuléiʃən コングらチュレイション]

おめでとう

◎ 32

I passed the exam.
試験に受かったよ。
— Did you? Congratulations!
本当？おめでとう。
Thank you.
ありがとう。

continent

参照 244

[kántənənt カンティネント]

大陸

conversation

[kɑnvərséiʃən カンヴァセイション]

会話

English conversation
英会話

cook

[kúk クック]

料理する；コックさん

cook fish
魚を料理する

● make a salad
サラダを作る

- stir かき混ぜる
- cut 切る
- grill (あみで)焼く
- boil ゆでる
- deep-fry あげる

- roast (肉などを)焼く

cookie
[kúki クキ]
クッキー

cool
[kúːl クール]
すずしい，冷たい，かっこいい

It's cool today.
今日はすずしい。

Kent is cool.
ケントはかっこいい。

cooperate
[kouúpəreit コウアペれイト]
協力する

Let's cooperate.
協力しましょう。

corn
[kɔ́ːrn コーン]
トウモロコシ

corner
[kɔ́ːrnər コーナ]
角，すみ

Turn left at the corner.
角を左に曲がりなさい。

could*
[弱 kəd クド，強 kúd クッド]
～できた，(疑問文で)～していただけますか

Could you say that again?
もう一度おっしゃっていただけますか？

count
[káunt カウント]
数える

Can you count from ten to twenty?
10から20まで数えられますか？

country
[kʌ́ntri カントり]
国，いなか

参照 244

course
[kɔ́ːrs コース]
進路，課程，(料理の)コース

32

Do you like chocolate cake?
チョコレートケーキは好き？
— Of course, I do.
もちろん，好きだよ。

cousin
[kʌ́zn　カズン]
いとこ

アント
aunt　おば

アンクル
uncle　おじ

cover
[kʌ́vər　カヴァ]
おおう；カバー

だマウンテンニズ　カヴァドウィドゥ　スノウ
The mountain is covered with snow.
その山は雪におおわれている。

cow
[káu　カウ]
ウシ，雌ウシ

ムー
moo
モー

ブル
bull
雄ウシ

キャふ
calf
子ウシ

crab
[krǽb　クらッブ]
カニ

crane
[kréin　クレイン]
ツル

crawl
[krɔ́ːl　クろール]
はう；クロール

crayon
[kréiən　クレイオン]
クレヨン

cream
[kríːm　クリーム]
クリーム

crescent
[krésnt　クレスント]
み か づき かた
三日月(形)

cross
[krɔ́ːs　クろース]
わたる，交差する，横線を引く

クロース　だストリート
cross the street
とお よこぎ
通りを横切る

クロース　マイふぃンガズ
cross my fingers
ゆび こうさ
指を交差させる

ねが
(願いがかなうよう，
いのるしぐさ)

crow
[króu クロウ]

カラス

cry
[krái クライ]

泣く, さけぶ

The baby is crying.
赤ちゃんが泣いている。

> Lisa, why are you crying?
> リサ, なぜ泣いているの？
> — Because I lost my teddy bear.
> テディベアをなくしちゃったの。

cucumber
[kjúːkʌmbər キューカンバ]

キュウリ

cup
[kʌ́p カップ]

カップ, 茶わん

a cup of tea
1ぱいの紅茶

curtain
[kə́ːrtn カ〜トン]

カーテン

close the curtains
カーテンを閉める

cut
[kʌ́t カット]

切る

cut paper with scissors
はさみで紙を切る

> Did you get your hair cut?
> 髪を切った？
> — Yes, yesterday. How do you like it?
> はい, 昨日。どうかしら？
> It's nice.
> 素敵ね。

cute
[kjúːt キュート]

かわいい

a cute puppy
かわいい子イヌ

Dd

dad
[dǽd ダッド]

パパ
- father お父さん，父
- daddy パパ(幼児語)
⇔ mom ママ

dance
[dǽns ダンス]

ダンス；おどる

danger
[déindʒər デインヂャ]

危険

dark
[dá:rk ダーク]

暗い，濃い；夕暮れ

It's getting dark.
暗くなってきた。

⇔ bright 明るい

date
[déit デイト]

日付，デート

🔊 33

What's the date today?
今日は何日？
— It's April 7.
4月7日です。

daughter
[dɔ́:tər ドータ]

むすめ
⇔ son 息子

day
[déi デイ]

日，一日，昼

⇔ night 夜

🔊 49

a cold day
寒い日
a rainy day
雨の日
Have a nice day.
よい一日を。

dead
[déd デッド]
死んでいる

⇔ alive 生きて

Dear
[díər ディア]
(手紙の書き出しで)親愛なる，〜様

December
[disémbər ディセンバ]
12月

decide
[disáid ディサイド]
決める

Have you decided?
決めましたか？

— Not yet.
まだです。

deep
[díːp ディープ]
深い

deep pond
深い池

⇔ shallow 浅い

degree
[digríː ディグリー]
温度，角度

Water boils at 100 degrees.
水は100度(100℃)でふっとうする。

A right angle is 90 degrees.
直角は90度(90°)だ。

delicious
[dilíʃəs ディリシャス]
おいしい

How delicious!
なんておいしいの！

Yummy.
おいしい。

dentist
[déntist デンティスト]
歯医者

I hate going to the dentist.
私は歯医者に行くのがきらいです。

dentist's office 歯科医院

department store
[dipáːrtmənt stɔ́ːr ディパートメント ストー]
デパート

desert
[dézərt デザト]
砂ばく

fifty-three 53

desk

[désk デスク]
机

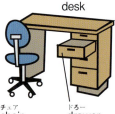

- table テーブル
- chair いす
- drawer 引き出し

dessert

[dizə́:rt ディザ〜ト]
デザート

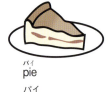

- cake ケーキ
- ice cream アイスクリーム
- jelly ゼリー
- pie パイ
- pudding プリン（プディング）

diamond

[dáiəmənd ダイアモンド]
ダイヤモンド，ひし形，（トランプの）ダイヤ

diary

[dáiəri ダイアり]
日記

参照 250

keep a diary
日記をつける

dice

[dáis ダイス]
さいころ (= die)

roll the dice
さいころをふる

dictionary

[díkʃəneri ディクショネり]
辞書

did

[強 díd ディッド，弱 did ディッド]
した

Who painted this picture?
だれがこの絵をかいたの？
— I did.
私です。

Did you see Kent yesterday?
昨日ケントに会った？
— No, I didn't.
いいえ，会いませんでした。

▶ didn't did not を短くした形

die

[dái ダイ]

死ぬ

My pet died yesterday.
昨日，ぼくのペットが死にました。

difficult

[dífikəlt ディフィカルト]

難しい

a difficult test
難しい試験

⇔ easy 簡単な

different

[dífərənt ディファレント]

ちがった

different shapes
ちがう形

⇔ same 同じ

dig

[díg ディッグ]

ほる

dig a deep hole
深い穴をほる

dinner

[dínər ディナ]

夕食

- curry and rice カレーライス
- salad サラダ
- spaghetti スパゲッティ
- steak ステーキ
- soup スープ
- beer ビール
- pie パイ
- mashed potatoes マッシュポテト
- roast beef ローストビーフ
- roll ロールパン
- wine ワイン
- pudding プリン（プディング）
- rice ごはん
- jelly ゼリー

dinosaur
[dáinəsɔːr ダイノソー]
きょうりゅう

dirty
[də́ːrti ダ〜ティ]
きたない

a dirty face
よごれた顔

⇔ clean きれいな

dish
[díʃ ディッシュ]
皿, 大皿

wash the dishes
皿を洗う

dish
plate 平皿
spoon スプーン
fork フォーク
knife ナイフ

dive
[dáiv ダイヴ]
(水の中に)飛びこむ, もぐる

diver ダイバー

do*
[強 dúː ドゥー, 弱 du ドゥ]
する

do my homework
宿題をする

do my best
ベストをつくす

🔊 33

Do you like swimming?
泳ぐのは好きですか？
— Yes, I do.
　はい, 好きです。
— No, I don't.
　いいえ, 好きではありません。
What are you doing?
何をしているの？
— I'm dancing.
　おどっているの。

▶ don't　do not を短くした形

▶ does　する

▶ did　した

doctor

[dάktər ダクタ]

医者

スィーア ダクタ
see a doctor
医者に行く

⇔ ペイシェント
patient 患者

does

[強 dʌ́z ダズ, 弱 dəz ダズ]

する

🔊 33

Does your father like dogs?
あなたのお父さんはイヌが好きですか？
— Yes, he does.
はい，好きです。
Does she speak English?
かの女は英語を話しますか？
— No, she doesn't.
いいえ，話しません。

▶ ダズント
doesn't ダズナット does notを短くした形

dog

[dɔ́:g ドーグ]

イヌ

バピ
puppy
子イヌ

バウワウ
bowwow
ワンワン

dog

doll

[dάl ダル]

にんぎょう
人形

プレイ ウィドゥアダル
play with a doll
にんぎょうあそ
人形遊びをする

ダル ハウス
doll house
にんぎょう いえ
人形の家

dollar

[dάlər ダラ]

ドル($)

セント
cent (¢)
セント

dolphin

[dάlfin ダルふィン]

イルカ

donkey

[dάŋki ダンキ]

ロバ

ヒーホー
hee-haw
ヒヒーン

ピン だテイル アンだダンキ
pin the tail on the donkey
ロバのしっぽをピンで留めるゲーム

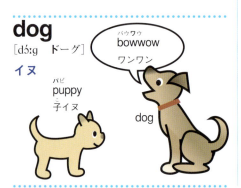

door

[dɔ́:r ドー]

ドア

オウプン ダ ドー
open the door

ドアを開ける

アンサ ダ ドー
answer the door

ドア(の呼びりん)にこたえる

ナック アッダ ドー
knock at the door

ドアをノックする

doughnut

[dóunʌt ドウナット]

ドーナッツ

dove

[dʌ́v ダヴ]

(小形の)ハト

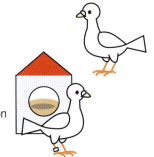

ピヂョン
pigeon

ハト

down*

[dáun ダウン]

下に

スィッ ダウン
sit down

すわる

ヂャンプ ダウン
jump down

とび降りる

ドウント フォール ダウン ダ ステアズ
Don't fall down the stairs.

階段から落ちないように。

 up 上に

downstairs

[dáunstéərz ダウンステアズ]

下の階

 upstairs 上の階

dragon

[drǽgən ドラゴン]

ドラゴン，りゅう

dragonfly

[drǽgənflai ドらゴンふライ]

トンボ

fifty-nine 59

draw

[drɔ́ː ドロー]

かく，引く

🔊 49

draw a line
線をかく

draw the curtains
カーテンを引く

draw a picture of a cat
ネコの絵をかく

Who drew this picture?
だれがこの絵をかいたのですか？

▶ drew　かいた

dream

[dríːm ドリーム]

夢；夢を見る

I had a bad dream.
いやな夢を見ました。

dress

[drés ドレス]

ドレス；服を着る

Get dressed, Lisa.
洋服を着なさい，リサ。

drink

[dríŋk ドリンク]

飲む；飲み物

I want something to drink.
私は何か飲み物がほしいです。

● take medicine
薬を飲む

I drank too much water.
水を飲みすぎました。

▶ drank　飲んだ

drive

[dráiv ドライヴ]

運転する

drive a car
車を運転する

● ride a bike
自転車に乗る

● take a bus
バスに乗る

My father drove me to school.
父が学校まで車で送ってくれました。

▶ drove　運転した

driver
[dráivər ドらイヴァ]
運転手

duck
[dʌ́k ダック]
アヒル, カモ

duckling
アヒルの子

drop
[drάp ドらップ]
落ちる；しずく(形)

drop a pencil
鉛筆を落とす

a drop of water
水のしずく

during*
[djúriŋ デュリング]
〜の間, 〜中

during summer
夏の間

during the lesson
授業中

dry
[drái ドらイ]
かわいた；かわかす

dry dishes
皿をかわかす

⇔ wet ぬれた

dust
[dʌ́st ダスト]
ほこり

The book is covered with dust.
本がほこりだらけだ。

dusty ほこりだらけの

sixty-one **61**

each*
[íːtʃ　イーチ]

それぞれ(の)

Look at each other.
おたがいを見て。

Each of us has a piece of candy.
私たちはそれぞれキャンディーをひとつ持っています。

eagle
[íːgl　イーグル]

ワシ

ear
[íər　イア]

耳

early
[ə́ːrli　ア～リ]

早い，早く

get up early
早起きする

⇔ late　おそい，おそく

earth
[ə́ːrθ　ア～す]

地球，地面

Take care of the earth.
地球にやさしく。

Earth Day　地球の日(4月22日)

earthworm
ミミズ

earthquake
[ə́ːrθkweik　ア～すクウェイク]

地しん

east
[íːst　イースト]

東

Easter

[íːstər イースタ]

イースター

Happy Easter!
イースターおめでとう！

egg and spoon race
スプーン競争

Easter bunny
イースターバニー

Easter egg hunt
卵さがしゲーム

Easter egg
イースターエッグ

Hot Cross Buns

Hot cross buns!
Hot cross buns!
One a penny, two a penny,
Hot cross buns!
ほかほかの十字の入ったパンだよ！
ほかほかの十字の入ったパンだよ！
1ペニーでひとつ，1ペニーでふたつ。
ほかほかの十字の入ったパンだよ！(→p.253)

復活祭。キリストの復活を記念する。春分の日以降の満月の日のあとの最初の日曜日。模様をつけた卵をさがす遊びなどをする。

この歌は昔，イースターのころにbunを売り歩くときに歌われていた。

Easter bunny

[íːstər bʌ́ni イースタ バニ]

イースターバニー

（復活祭にプレゼントを持ってくるとされている想像上のウサギ）

eat

[íːt イート]

食べる

What do you want to eat for lunch?
お昼ごはんは何を食べたいですか？
— I want to eat some sandwiches.
サンドイッチを食べたいです。

I ate a hamburger for lunch.
私は昼食にハンバーガーを食べました。

▶ ate 食べた

easy

[íːzi イーズィ]

簡単な

This is easy.
これは簡単だ。

⇔ difficult 難しい

egg
[ég エッグ]
卵

- boiled egg ゆで卵
- sunny-side up 目玉焼き(片面を焼いた)
- scrambled egg スクランブルエッグ

How do you like your eggs?
卵はどうしますか？
— Sunny-side up, please.
目玉焼きでお願いします。

Humpty Dumpty
Humpty Dumpty sat on a wall.
Humpty Dumpty had a great fall.
ハンプティ・ダンプティがへいにすわってた。
ハンプティ・ダンプティがへいから落っこちた。
(→p.253)
卵を答えとするなぞなぞの歌。

Egypt
[íːdʒipt イーヂプト]

エジプト

Egyptian エジプト人；エジプト(人)の

eight
[éit エイト]

8 (の)

eighteen 18(の)

eighty 80(の)

eighth 8番目(の)

either*
[íːðər イーだ]

どちらか(の)；〜もまた

Choose either red or white.
赤か白かどちらか選びなさい。

I don't like snakes.
私はヘビがきらいです。
— I don't, either.
私もきらいです。

elephant
[éləfənt エレふァント]

ゾウ

elevator
[éləveitər エレヴェイタ]

エレベーター

● lift エレベーター(イギリス)

eleven
[ilévn イレヴン]
11(の)

else
[éls エルス]
そのほかに

e-mail
[í:meil イーメイル]
eメール

センド アンニーメイル
send an e-mail
eメールを送る

イーメイル アドレス
e-mail address eメールアドレス

empty
[émpti エンプティ]
空の

チャーリズ エンプティ
The jar is empty.
そのビンは空っぽだ。

⇔ full いっぱいの

end
[énd エンド]
終わり；終わる

ディエンドヴ ダライン
the end of the line
列の最後

ディエンド
The end.
おしまい。

endangered
[indéindʒərd インデインヂャド]
絶滅しそうな

セイヴ インデインヂャド アニマルズ
Save endangered animals.
絶滅危機の動物を救え。

インデインヂャド アニマルズ
endangered animals 絶滅危機の動物

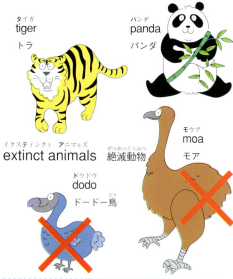

イクスティンクト アニマルズ
extinct animals 絶滅動物

energy
[énərdʒi エナヂー]
力, エネルギー

パウア
● power 力

England
[íŋglənd イングランド]
イングランド, イギリス

English

[íŋglɪʃ イングリッシュ]

英語(の)

I'm studying English.
私は英語を勉強しています。

How do you say 'sakana' in English?
「魚」は英語で何というの？
— 'Fish'.
「fish」です。

enjoy

[indʒɔ́i インヂョイ]

楽しむ

Enjoy your lunch.
昼食を楽しんでください。

enjoy swimming
水泳を楽しむ

enjoy playing soccer
サッカーを楽しむ

enjoy reading books
読書を楽しむ

enough

[ɪnʌ́f イナふ]

じゅうぶんな；じゅうぶんに

I had enough, thank you.
じゅうぶんいただきました，ありがとう。

enter

[éntər エンタ]

入る

enter the classroom
教室に入る

entrance

[éntrəns エントランス]

入り口

 exit 出口

eraser

[ɪréisər イれイサ]

消しゴム，黒板ふき

escalator

[éskəleitər エスカレイタ]

エスカレーター

Europe

[júrəp ユろップ]

ヨーロッパ

evening

[íːvniŋ　イーヴニング]
夕方，晩

Good evening.
こんばんは。

ever

[évər　エヴァ]
今までに

 34

Have you ever been to Africa?
アフリカに行ったことがありますか？
— Yes, I have.
　はい，あります。
— No, I've never been there.
　いいえ，行ったことはありません。

every

[évri　エヴリ]
どの～も，毎～

● 50

every week
毎週

every morning
毎朝

every Sunday
毎週日曜日

everyone*

[évriwʌn　エヴリワン]
みんな，だれでも

Hello, everyone.
こんにちは，みなさん。

● everybody　みんな，だれでも

everything*

[évriθiŋ　エヴリスィング]
全部，すべて

examination

[igzæmənéiʃən　イグザミネイション]
試験 (= exam)

example

[igzǽmpl　イグザンプル]
例

for example
例えば

excellent

[éksələnt　エクセレント]
すばらしい，（成績の）A，優

● Good job.　すばらしい。よくできました。
● Well done.　すばらしい。よくできました。
● Terrific.　すばらしい。よくできました。

sixty-seven　67

excited
[iksáitid イク**サ**イテッド]
興奮した

I'm so excited.
すごくワクワクするわ。

exciting game
白熱したゲーム

excuse
[ikskjúːz イクス**キュ**ーズ]
許す

🔊 34

Excuse me,
but can you tell me the time?
すみません、今何時か教えていただけますか？
— Sure, it's seven.
はい、7時です。

exercise
[éksərsaiz **エ**クササイズ]
練習, 運動

exit
[éɡzit **エ**グズィット]
出口

⇔ entrance
入り口

expensive
[ikspénsiv イクス**ペ**ンスィヴ]
値段が高い

That's too expensive.
それは高すぎる。

⇔ cheap 安い

explain
[ikspléin イクス**プ**レイン]
説明する

explain the rule
ルールを説明する

extra
[ékstrə **エ**クストら]
余分の

Do you have an extra pen?
もう1本予備のペンを持ってますか？

eye
[ái **ア**イ]
目

Close your eyes.
目を閉じて。

eyebrow
まゆげ

eyelash
まつげ

Ff

Let's Make a Face
Let's make a face.
A happy, happy face.
Eyes, ears, mouth and nose.
Happy !

いろんな表情を作ってみようよ。
楽しい顔だよ。
目、耳、口と鼻。
楽しい！ (→p.253)

face
[féis　フェイス]
顔

Wash your face.
顔を洗いなさい。

nose　鼻
wrinkle　しわ
eye　目
lips　くちびる
mole　ほくろ
mustache　口ひげ

forehead　ひたい
freckles　そばかす
ear　耳
cheek　ほお
dimple　えくぼ
mouth　口
chin　あご

factory
[fǽktəri　ファクトリ]
工場

fair
[féər　フェア]
フェアな、公正な

That's fair.
それはフェアだ。

That's not fair.
それはフェアじゃない。

fall
[fɔ́ːl　フォール]
落ちる、転ぶ；秋、(falls で) たき

Leaves are falling.
葉が落ちている。

I fell down the stairs.
階段から落ちた。

● autumn　秋(イギリス)

▶ fell　落ちた

sixty-nine　69

family

[fǽməli　ふァミリ]

家族

This is my family.
これは私の家族です。

There are ten people in my family.
私の家族は10人です。

famous

[féiməs　ふェイマス]

有名な

He is a famous movie star.
かれは有名な映画スターだ。

fan 1

[fǽn　ふァン]

せん風機, うちわ

fan 2

[fǽn　ふァン]

ファン

I'm a big fan of his.
私はかれの大ファンです。

far

[fáːr　ふァー]

遠くに, はるかに；遠い

Our school is far from the station.
私たちの学校は駅から遠い。

⇔ near　近くに；近い

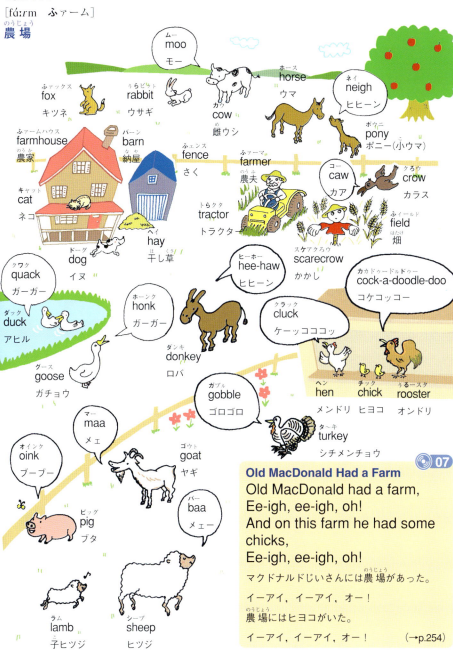

farmer
[fáːrmər ふァーマ]
農夫

fashion
[fǽʃən ふァション]
ファッション

fashion designer ファッションデザイナー
fashion show ファッションショー

fast
[fǽst ふァスト]
速い；速く

Run fast.
速く走って。

Don't speak too fast.
そんなに早口で話さないで。

My watch is five minutes fast.
私のうで時計は5分進んでいる。

⇔ slow おそい；おそく

fasten
[fǽsn ふァスン]
締める，留める

Fasten your seat belts, please.
シートベルトを締めてください。

fat
[fǽt ふァット]
太った

⇔ thin やせた

fat　thin
chubby　slim
ふっくらした　ほっそりした

father
[fáːðər ふァーだ]
お父さん，父

● dad パパ
● daddy パパ(幼児語)

⇔ mother お母さん，母

favorite
[féivərit ふェイヴァリット]
好きな；お気にいり

My favorite color is green.
私の好きな色は緑です。

Curry and rice is my sister's favorite.
カレーライスは，私の妹のお気にいりです。

February
[fébruəri ふェブるアり]
2月

feed
[fíːd ふィード]
食べさせる，えさをあげる

ふィー だフィッシュ
feed the fish
魚にえさをやる

ふィー だベイビ
feed the baby
赤ちゃんに食べさせる

feel
[fíːl ふィール]
かん
感じる

アイ ふィール ハピ
I feel happy.
幸せだと感じます。

アイ ふィール コウルド
I feel cold.
寒い。

アイ ふィール スィック
I feel sick.
私は気分が悪い。

アイ ふェルト サリふォハ～
I felt sorry for her.
かの女をかわいそうに思い(感じ)ました。

 ふェルト かん
felt 感じた

🔊 35

How do you feel today?
きょう きぶん
今日の気分はどう？
— **I feel better.**
よくなった。

feeling
[fíːliŋ ふィーリング]
かんじょう
感情

アイム ハピ
I'm happy.
わたし
私はうれしいです。

アングリ
angry おこった

ボード
bored あきた

ディサポインテッド
disappointed がっかりした

イクサイテッド こうふん
excited 興奮した

ハピ
happy うれしい

ロウンリ
lonely さびしい

マッド
mad とてもおこった

ナ～ヴァス
nervous あがっている

プラウド おも
proud ほこりに思っている

サッド かな
sad 悲しい

スケアド
scared こわい

シャイ
shy はずかしい

サプらイズド
surprised おどろいた

タイアド
tired つかれた

feet

[fíːt　ふィート]

足(footの複数形)，フィート(長さの単位)

- foot　足，(単位の)1フィート
- inch　インチ(長さの単位　2.54cm 1 foot = 12 inches)

fence

[féns　ふェンス]

さく，囲い

- gate　門

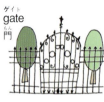
fence

fever

[fíːvər　ふィーヴァ]

熱

I have a fever.
私は熱があります。

few

[fjúː　ふュー]

(a fewで) 2, 3 (の); 少ししかない

a few balls
ボール2, 3個

⇔ many　たくさん(の)

field

[fíːld　ふィールド]

畑，野原，競技場

rice field
田んぼ

field trip
遠足

field day
運動会

fight

[fáit　ふァイト]

けんか; 戦う

Stop fighting.
けんかをやめなさい。

- quarrel　口げんか

fill

[fíl　ふィル]

いっぱいにする

fill the glass with water
グラスを水でいっぱいにする

fill in the blanks
(問題などで)空いているところをうめる

find

[fáind ファインド]
見つける

I can't find my sock.
くつ下が片方見つかりません。

I found you, Lisa.
見つけたよ, リサ。

▶ found 見つけた

fine

[fáin ファイン]
よい, 晴れの, 健康な

a fine day
晴れた日

finger

[fíŋgər フィンガ]
(手の)指

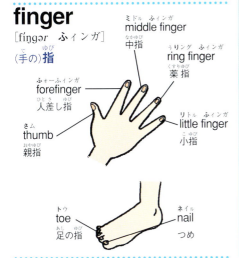

middle finger 中指
ring finger 薬指
forefinger 人差し指
little finger 小指
thumb 親指
toe 足の指
nail つめ

finish

[fíniʃ フィニッシュ]
終える, 終わる

Finish your lunch.
昼食を食べ終えなさい。

I'm finished.
終わりました。

Have you finished your homework?
宿題を終えましたか?

fire

[fáiər ファイア]
火, 火事

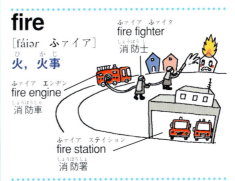

fire fighter 消防士
fire engine 消防車
fire station 消防署

fireworks

[fáiərwə:rks ファイアワークス]
花火

first

[fə́:rst ファースト]
1番目(の);最初に

↔ last 最後の

last
first

fish → flower

fish
[fíʃ　ふィッシュ]
さかな　ぎょにく
魚，魚肉

ふィッシュ　アンシェルフィッシュ
fish and shellfish
ぎょ　るい
魚かい類

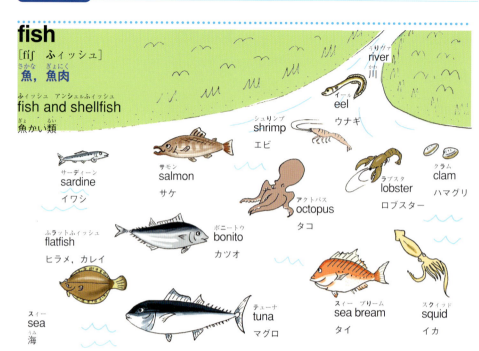

fishing
[fíʃiŋ　ふィシング]
さかな
魚つり

five
[fáiv　ふァイヴ]

5（の）

ふィふティーン
fifteen　15（の）

ふィふティ
fifty　50（の）

ふィふす　　　　ばん め
fifth　5番目（の）

fix
[fíks　ふィックス]
こ てい　　　なお
固定する，直す

flag
[flǽg　ふラッグ]
はた
旗

float
[flóut　ふロウト]

うく，うかべる

ふロウタ　トイボウト
float a toy boat
　　　　　　ふね
おもちゃの舟をうかべる

76　seventy-six

floor
[flɔ́ːr ふロー]
ゆか，階

the first floor
1階（イギリスでは2階）

⇔ ceiling 天井

flour
[fláuər ふラウア]
小麦粉

Bread is made from flour.
パンは小麦粉からできている。

flower
[fláuər ふラウア]
花

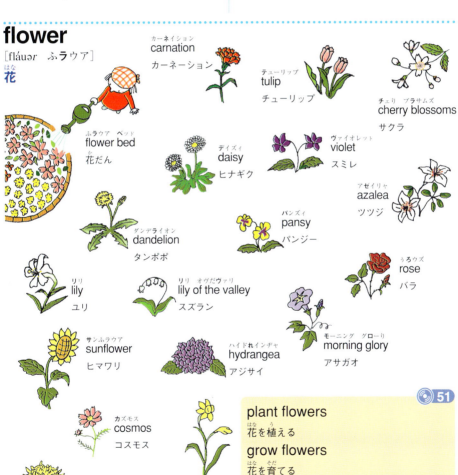

- carnation カーネーション
- tulip チューリップ
- cherry blossoms サクラ
- flower bed 花だん
- daisy ヒナギク
- violet スミレ
- azalea ツツジ
- dandelion タンポポ
- pansy パンジー
- rose バラ
- lily ユリ
- lily of the valley スズラン
- morning glory アサガオ
- sunflower ヒマワリ
- hydrangea アジサイ
- cosmos コスモス
- chrysanthemum キク
- daffodil スイセン

plant flowers
花を植える
grow flowers
花を育てる
water flowers
花に水をやる

seventy-seven 77

fly

[flái ふライ]

飛ぶ, 飛ばす

> fly away
> 飛び去る
> fly a kite
> たこをあげる
> fly to Beijing
> 北京まで飛行機で行く

The birds flew away.
鳥が飛び去った。

▶ flew 飛んだ

fold

[fóuld ふォウルド]

組む, たたむ, 折る

fold the paper
紙を折る

follow

[fálou ふァロウ]

ついていく, 従う

follow the leader
リーダーについていく

food

[fú:d ふード]

食べ物

Japanese food
和食

Chinese food
中華料理

Italian food
イタリア料理

foot

[fút ふット]

足, フィート(長さの単位 30.48cm)

leg 脚
toe つま先
heel かかと
foot

for*

[fɚ ふォ]

〜のために, 〜の間

This is a present for you.
これはあなたへのプレゼントです。

for a week
1週間の間

foreign

[fɔ́:rin ふォーリン]

外国の

I want to visit a foreign country.
外国に行ってみたい。

forest
[fɔ́:rist ふォーれスト]
しんりん
森林

うれイン ふォーれスト ねったい うりん
rain forest (熱帯)雨林

forget
[fərgét ふォゲット]
わす
忘れる

ドウントふォゲット ユアホウムワーク
Don't forget your homework.
しゅくだい わす
宿題を忘れないように。

アイふォガット マイホウムワーク
I forgot my homework.
わたし しゅくだい わす
私は宿題を忘れました。

▶ ふォガット わす
forgot 忘れた

fork
[fɔ́:rk ふォーク]

フォーク

forward
[fɔ́:rwərd ふォーワド]
まえ
前へ

ワンステップ ふォーワド
One step forward.
いっ ぽ まえ
一歩前へ。

アイムルキング ふォーワ トゥスィーイングユー
I'm looking forward to seeing you.
あ たの
お会いすることを楽しみにしています。

four
[fɔ́:r ふォー]

4 (の)

ふォーティーン
fourteen 14(の)

ふォーティ
forty 40(の)

ふォーす ばん め
fourth 4番目(の)

fox
[fáks ふァックス]

キツネ

France
[frǽns ふランス]

フランス

ふれンチ
French

フランス語，フランス人；フランス(人)の

free
[frí: ふりー]
じ ゆう む りょう
自由な，ひまな，無料の

アイムふりー トゥデイ
I'm free today.
わたし きょう
私は今日ひまです。

ふりー ティケット
free ticket
む りょう
無料きっぷ

ビズィ
⇔ busy いそがしい

freeze

[fríːz ふりーズ]

こごえる，動かなくなる

I'm freezing.
こごえそう。

Freeze!
止まれ！

Friday

[fráidi ふライディ]

金曜日

friend

[frénd ふレンド]

友だち

Let's be friends.
友だちになろう。

Lisa is a friend of Kent.
リサはケントの友だちだ。

friendly 親しみのある，人なつこい

frog

[frág ふらッグ]

カエル

ribbit
ゲロゲロ

frog

toad
ヒキガエル

eggs
卵

tadpole
オタマジャクシ

from*

[強 frʌm ふらム，弱 frəm ふろム]

～から

from morning to night
朝から晩まで

a letter from Kent
ケントからの手紙

🔊 35

Where are you from?
出身はどちらですか？
— I'm from India.
　インドです。

front

[frʌ́nt ふらント]

前(の)

The bus stop is in front of my house.
そのバス停は私の家の前にある。

⇔ back 後ろ

frown

[fráun ふらウン]

顔をしかめる

Don't frown. Smile!
しかめつらしないで。笑って！

fruit

[frúːt ふるーと]
くだもの
果物

アイライク ピーチィズ ベスト
I like peaches best.
わたし
私はモモがいちばん好きです。

アプル
apple
リンゴ

ふィッグ
fig
イチジク

チェリー
cherry
サクランボ

オーレンヂ
orange
オレンジ

キーウィー ふるーつ
kiwi fruit
キーウィフルーツ

ピーチ
peach
モモ

ぐれイプス
grapes
ブドウ

レモン
lemon
レモン

メロン
melon
メロン

マンダリン オーれんヂ
mandarin orange
ミカン

パ〜スィモン
persimmon
カキ

バナナ
banana
バナナ

ストろーべりー
strawberry
イチゴ

パイナブル
pineapple
パイナップル

ペア
pear
よう
洋ナシ

ぐれイプふるーと
grapefruit
グレープフルーツ

スィーヅ
seeds
たね
種

ウォータメロン
watermelon
スイカ

full

[fúl ふル]
いっぱいの

アイムふル
I'm full.
おなかがいっぱいだ。

ダバックスィズ ふロヴ トイズ
The box is full of toys.
はこ
その箱はおもちゃでいっぱいだ。

エンプティ
⇔ empty 空の
から

ハングリ
⇔ hungry おなかがすいた

eighty-one **81**

fun

[fʌ́n　ふァン]

楽(たの)しみ

イッツふァン　トゥプレイ　ウィどゥふれンヅ
It's fun to play with friends.

友(とも)だちと遊(あそ)ぶのは楽(たの)しい。

funny

[fʌ́ni　ふァニ]

おかしい

アふァニ　ストーり
a funny story

おかしな話(はなし)

furniture

[fə́ːrnitʃər　ふァ～ニチャ]

家具(かぐ)

テイブル
table

テーブル

カボド
cupboard

食器(しょっき)だな

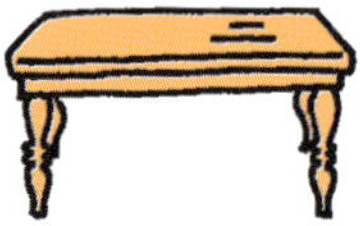

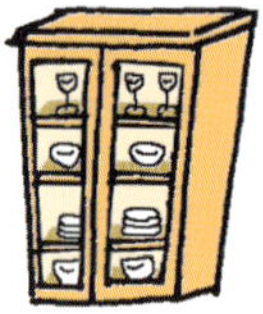

ソウふァ
sofa

ソファー

チェストゥ　ドろーズ
chest of drawers

洋服(ようふく)だんす

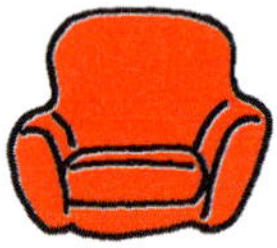

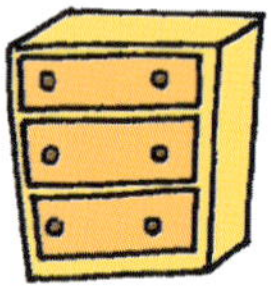

future

[fjúːtʃər　ふューチャ]

未来(みらい)

ワッ　ドゥーユーワントゥビー　インだふューチャ
What do you want to be in the future?

将来(しょうらい)，何(なに)になりたいの？

アイワントゥビー　アンネンヂニア
— I want to be an engineer.

エンジニアになりたい。

a b c d e f g h i j k l m n o p q r s t u v w x y z

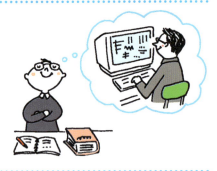

Gg

game
[géim ゲイム]
ゲーム, 遊び, 試合

Let's play a board game.
ボードゲームで遊ぼう。

Eenie, Meenie, Minie, Moe
Eenie, Meenie, Minie, Moe.
Catch a tiger by his toe.
If he hollers, let him go.
Eenie, Meenie, Minie, Moe.
You're it.

イーニー, ミーニー, マイニー, モー。
トラの足をつかまえろ。
もしガォーとさけんだら、にがしてあげよう。
イーニー, ミーニー, マイニー, モー。
君が鬼だよ。 (→p.255)

鬼決め歌のひとつです。ひとりずつ指を差していき、最後のMoeで当たった人が鬼になります。

garage
[gərá:ʒ ガラージュ]
ガレージ

garbage
[gá:rbidʒ ガーベッヂ]
生ごみ

garbage can 生ごみ入れ

garden
[gá:rdn ガードン]
庭, 庭園, 畑

vegetable garden 野菜畑

gate
[géit ゲイト]
門, ゲート

gentleman
[dʒéntlmən ヂェントルマン]
男の人, 紳士

⇔ lady 女の人, 淑女

eighty-three **83**

Germany
[dʒə́ːrməni　ヂャ～マニ]

ドイツ

ヂャ～マン
German　ドイツ語，ドイツ人；ドイツ(人)の

gesture
[dʒéstʃər　ヂェスチャ]

ジェスチャー，身ぶり

ミー
Me.
「私。」

オウケイ
OK.
「オーケー。」

ベコン
beckon
手招き「こっちに来て」

シュラッグ
shrug
かたをすくめて「わからない」

クろース　マイふィンガズ
cross my fingers
指を交差させて「うまくいくように」

ギヴミー　ふァイヴ
Give me five.
高い位置で手を手をたたいて「やったね。」

アメリカ，イギリスと日本とはジェスチャーの違いがある。

get
[gét　ゲット]

手に入れる，買う，理解する

キャンニュー　ゲッ　ダミルク　ふらムダリふリヂェれイタ
Can you get the milk from the refrigerator?
冷蔵庫から牛乳をとってくれますか？

アイガッティット
— I got it.
わかりました。

▶ ガット
　got　手に入れた，わかった　🔊36

Where did you get this bike?
あなたはどこでこの自転車を買ったの？
— At a department store.
デパートです。

🔊52

get on the bus
バスに乗る
get off the bus
バスを降りる
get up at six
6時に起きる

ghost
[góust　ゴウスト]

ゆうれい，おばけ

giraffe
[dʒəræf　ヂらふ]
キリン

girl
[gə́ːrl　ガ〜ル]
女の子

⇔ boy　男の子

give
[gív　ギヴ]
あげる，くれる

Cows give us milk.
ウシは私たちに牛乳をあたえてくれる。

Give me some more, please.
もっとください。

I gave her my book.
私はかの女に本をあげました。

▶ gave　あげた

glad
[glǽd　グラッド]
うれしい

I'm glad to see you.
お会いできてうれしいです。

glass
[glǽs　グラス]
ガラス，グラス，(glassesで)めがね

a glass of water
グラス1ぱいの水

I wear glasses.
私はめがねをかけています。

globe
[glóub　グロウブ]
地球儀，地球

● earth　地球

global citizen　地球市民

glove
[glʌ́v　グラヴ]
(片方の)手ぶくろ，グローブ

a pair of gloves
手ぶくろ1組

Put on your gloves.
手ぶくろをはめて。

● mittens　ミトン

glue
[glúː　グルー]
のり，接着ざい

go
[góu ゴウ]

行く

Let's go.
行こうよ。

I must go now.
私は今行かなくちゃ。

Go ahead.
さあどうぞ。

I went to the park yesterday.
私は昨日、公園に行きました。

▶ went 行った

⇔ come 来る

🔊 52
go shopping
買い物に行く
go swimming
泳ぎに行く
go fishing
つりに行く

🔊 52
go to school
学校に行く
go to bed
ねる
go to the beach
海に行く

goat
[góut ゴウト]

ヤギ

kid 子ヤギ

goat

gold
[góuld ゴウルド]

金；金(色)の

good
[gúd グッド]

よい，じょうずな，おいしい

This cake tastes good.
このケーキはおいしい。

⇔ bad 悪い

※better もっとよい，best いちばんよい

goodbye
[gudbái グッドバイ]

さようなら(= Bye)

● See you. さようなら。

goose
[gúːs グース]
ガチョウ

geese gooseの複数形

gorilla
[gərílə ゴリラ]
ゴリラ

grade
[gréid グレイド]
学年, 成績

Excellent (A) 優(A)

Good (B) 良(B)

Pass (C) 可(C)

Fail (F) 不可(F)

🔊 36

What grade are you in?
あなたは何年生?
— I'm in the 5th grade.
5年生です。

grandfather
[grǽnfɑːðər グランファーだ]
おじいさん, 祖父

● grandpa おじいちゃん

⇄ grandmother おばあさん, 祖母

grandmother
[grǽnmʌðər グランマだ]
おばあさん, 祖母

● grandma おばあちゃん

⇄ grandfather おじいさん, 祖父

grape
[gréip グレイプ]
(1粒の)ブドウ

grapefruit
[gréipfruːt グレイプふるート]
グレープフルーツ

grass
[grǽs グラス]
草, 芝生

gray
[gréi グレイ]
灰色; 灰色の

eighty-seven

great

[gréit グれイト]

偉大な, すばらしい

デッツ グれイト
That's great!
それはすごい！

アイふィール グれイト
I feel great.
最高の気分よ。

green

[grí:n グリーン]

緑；緑色の

greenhouse

[grí:nhaus グリーンハウス]

温室

グリーンハウス イふェクト
greenhouse effect　温室効果

ground

[gráund グらウンド]

地面, 運動場

group

[grú:p グるープ]

グループ

メイカ グるーポヴ ふォー
Make a group of four.
4人グループを作りなさい。

grow

[gróu グろウ]

成長する, 育てる

ウェンナイ グろウアップ アイワントゥビーア ティーチャ
When I grow up, I want to be a teacher.
私は大きくなったら先生になりたいです。

アイグるー トメイトウズ らスト イア
I grew tomatoes last year.
私は去年トマトを育てました。

▶ grew　育てた

guess

[gés ゲス]

思う, 言い当てる

🔊 52

Guess who?
だれだと思う？
Guess what?
何だと思う？
I guess so.
そう思うよ。

guest

[gést ゲスト]

客

guitar

[gitá:r ギター]

ギター

Hh

hair
[héər　ヘア]
髪

straight hair
まっすぐな髪

curly hair
巻き毛

comb
くし

half
[hǽf　ハふ]
半分(の)

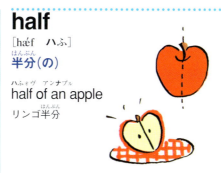

half of an apple
リンゴ半分

hall
[hɔ́ːl　ホール]
会館，玄関

city hall
市役所

Halloween
[hǽlouíːn　ハロウイーン]
ハロウィーン

万聖節の前夜(10月31日)に行われる祭り。アメリカでは仮装した子どもたちが，"Trick or treat." と言いながら家々をまわりお菓子をもらう。

Trick or treat.
お菓子をくれないといたずらするぞ。

witch 魔女
ghost おばけ
broom ほうき
mask お面
skeleton がい骨
mummy ミイラ
monster かいぶつ
owl フクロウ
costume 衣しょう
apple bobbing リンゴとり競争
jack-o'-lantern ジャコランタン
black cat 黒ネコ

eighty-nine　89

hamburger
[hǽmbəːrgər ハンバ〜ガ]
ハンバーガー，ハンバーグ

hammer
[hǽmər ハマ]
かなづち，ハンマー

アハマ アンネイルズ
a hammer and nails
かなづちとくぎ

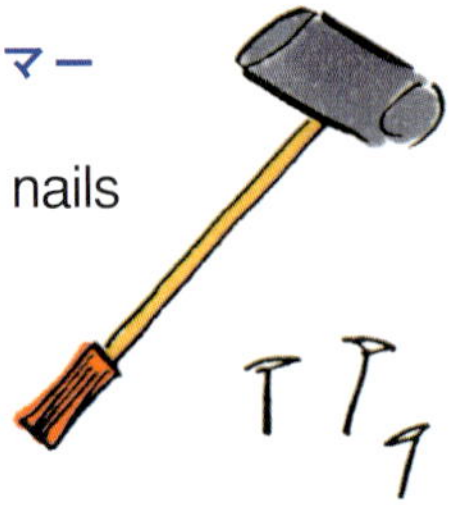

hand
[hǽnd ハンド]
手，時計の針；手わたす

ハンディン
hand in
提出する

フィンガ
finger
指

hand

hang
[hǽŋ ハング]
かける，ぶらさがる

ハンガップ だフォウン
hang up the phone
電話をとる

ハンギン てア
Hang in there!
負けるな！

happen
[hǽpn ハプン]
起こる

ワット ハプンド
What happened?
何が起こったの？

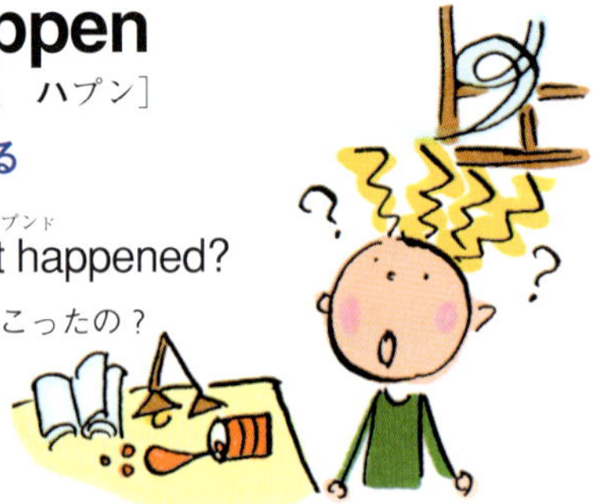

happy
[hǽpi ハピ]
うれしい，楽しい，幸せな

アイムハピ トゥスィーユー
I'm happy to see you.
お会いできてうれしいです。

hard
[háːrd ハード]
固い，難しい；一生けん命に

ハード チェア
hard chair
固いいす

ハード クウェスチョン
hard question
難しい質問

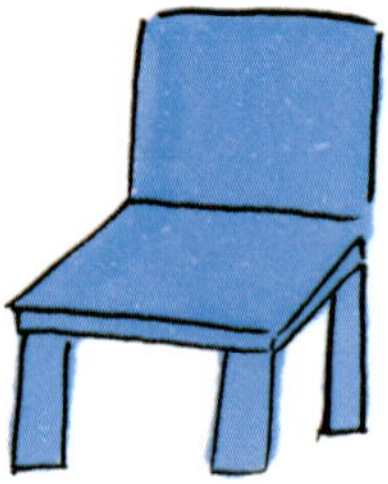

ソーふト
soft やわらかい

イーズィ
easy 簡単な

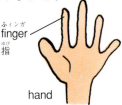

hare
[héər ヘア]
野ウサギ

has*
[強 hǽz ハズ, 弱 həs ハズ]
持っている

My brother has a computer.
兄はコンピュータを持っている。

hat
[hǽt ハット]
(ふちのある)ぼうし

● cap (ふちのない)ぼうし

hate
[héit ヘイト]
きらい

I hate spiders.
私はクモはきらいです。

have*
[強 hǽv ハヴ, 弱 həv ハヴ]
持っている

have lunch
昼食をとる

have a good time
楽しい時を過ごす

I had a dream last night.
私は昨夜、夢をみました。

▶ has 持っている

▶ had 持っていた

🔊 37

Do you have any sisters?
姉妹はいるの？
— Yes, I have two sisters.
ええ、2人いるわ。
Have you ever been to Africa?
アフリカに行ったことがある？
— No, I have never been there.
一度もないわ。

ninety-one **91**

he →hen

he*
[hi: ヒー]
かれは(が)

This is Kent and he is my friend.
こちらはケント，かれは私の友だちです。

His hobby is painting.
かれの趣味は絵をかくことです。

I paint with him every day.
毎日かれと絵をかいています。

That paintbrush is his.
あの絵筆はかれのものです。

head
[héd ヘッド]
頭

09

Head, Shoulders, Knees and Toes
Head, shoulders,
Knees and toes,
Knees and toes.
頭，かた，
ひざ，つま先，
ひざ，つま先。
(→p.255)

hear
[híər ヒア]
聞こえる，聞く

Can you hear me?
聞こえますか？

I heard a bird singing.
鳥が歌っているのが聞こえた。

▶ heard 聞いた

heart
[háːrt ハート]
心臓，心，ハート形，(トランプの)ハート

heavy
[hévi ヘヴィ]
重い

a heavy bag
重いかばん

⇔ light 軽い

helicopter
[héləkɑptər ヘリカプタ]
ヘリコプター

92 ninety-two

hello

[helóu ヘロウ]

こんにちは,もしもし(=Hi)

世界の「こんにちは」

(Spanish) Buenas tardes.
スペイン語

(German) Guten Tag.
ドイツ語

(French) Bonjour.
フランス語

(English) Hello.
英語

(Chinese) 你好。
中国語

(Korean) 안녕하십니까?
朝鮮(韓国)語

(Arabic) اَلسَّلَامُ عَلَيْكُمْ
アラビア語

Hello, Kent. How are you?
こんにちは,ケント。元気?
— Fine, thanks. And you, Lisa?
うん,元気だよ。リサは?
Good, thank you.
元気よ。

Hello
Hello! Hello!
Hello, how are you?
I'm fine. I'm fine.
I hope that you are, too.
こんにちは,こんにちは。
こんにちは,元気ですか?
元気です。元気です。
あなたも元気だといいな。 (→p.255)

help

[hélp ヘルプ]

手伝う,助ける;助け

Help me with my homework.
宿題を手伝って。

hen

[hén ヘン]

メンドリ

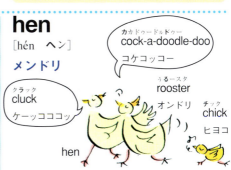

cock-a-doodle-doo
コケコッコー
rooster
オンドリ
chick
ヒヨコ
cluck
ケーッココココッ
hen

her*
[hər ハ〜]
かの女の, かの女に(を)

ハーヘアリズ ブらウン
Her hair is brown.
かの女の髪は茶色い。

here
[híər ヒア]
ここに；さあ

カムヒア
Come here.
こちらに来なさい。

ヒア カムズ ざバス
Here comes the bus.
さあバスが来たよ。

ヒアユーアー
Here you are.
さあ, どうぞ。

⇔ there あそこに

hers*
[hə́ːrz ハ〜ズ]
かの女のもの

hide
[háid ハイド]
かくれる, かくす

ハイド ビハインだソウふァ
hide behind the sofa
ソファーの後ろにかくれる

high
[hái ハイ]
高い, 高く

アハイ マウンテン
a high mountain
高い山

⇔ low 低い, 低く
ロウ   ひく ひく

hiking
[háikiŋ ハイキング]
ハイキング

hill
[híl ヒる]
おか, 小高い山

him*
[him ヒム]
かれに(を)

アイライクヒム
I like him.
かれを好きです。

hippopotamus
[hipəpútəməs ヒポパタマス]
カバ (= hippo)
         ヒポウ

his*
［hiz　ヒズ］
かれの，かれのもの

His pet is a snake.
かれのペットはヘビだ。

hit
［hít　ヒット］
打つ，たたく

hit the ball
ボールを打つ

hobby
［hábi　ハビ］
趣味

What are your hobbies?
あなたの趣味は何？

— Knitting.
編み物です。

painting
絵をかくこと

taking pictures
写真をとること

building model cars
模型自動車作り

reading
読書

gardening
ガーデニング

collecting stamps
切手集め

collecting cards
カード集め

hold
［hóuld　ホウルド］
持つ，にぎる

Hold your hands.
手をつないで。

Hold on, please.
（電話で）そのままお待ちください。

hole
［hóul　ホウル］
穴

dig a hole
穴をほる

ninety-five **95**

holiday

[hɑ́lədei ハリデイ]

休日(きゅうじつ)，祝日(しゅくじつ)

マだズ デイ
Mother's Day
母(はは)の日(ひ)

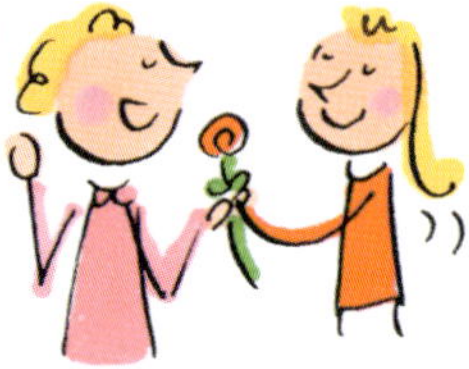

サンキュー ふォエヴりすィング マム
Thank you for everything, Mom.
いろいろありがとう，お母(かあ)さん。

ふァーだズ デイ
Father's Day
父(ちち)の日(ひ)

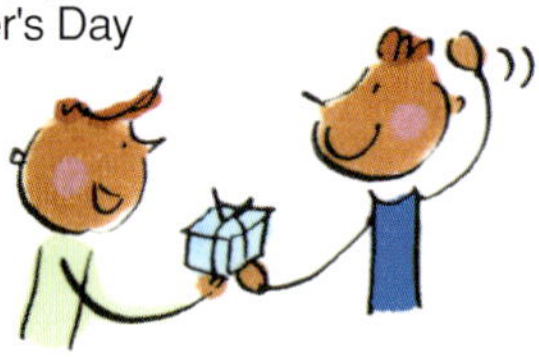

トゥだベスト ダッド インだワ～ルド
To the best Dad in the world.
世界一(せかいいち)すばらしいお父(とう)さんへ。

さンクスギヴィング デイ
Thanksgiving Day
収(しゅう)かく祭(さい)

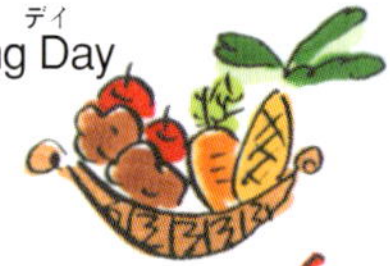

パンプキン パイ
pumpkin pie
パンプキンパイ

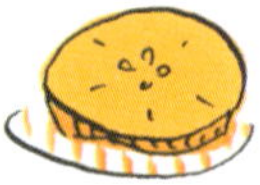

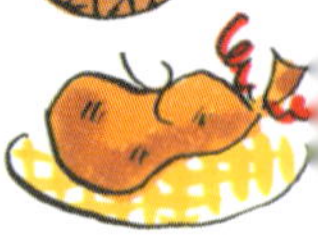

ターキ
turkey
シチメンチョウ

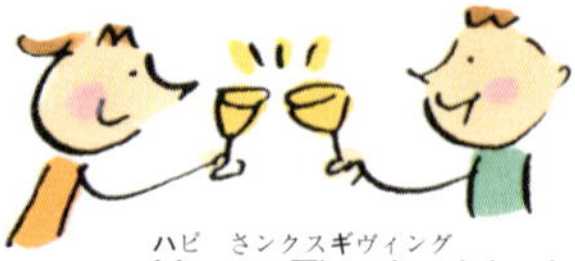

ハピ さンクスギヴィング
Happy Thanksgiving!
収(しゅう)かく祭(さい)おめでとう！

イースタ
Easter
イースター

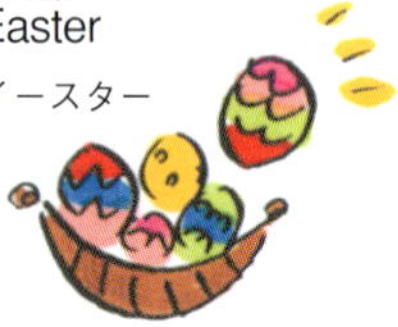

ニュー イアズ デイ
New Year's Day
正月(しょうがつ)

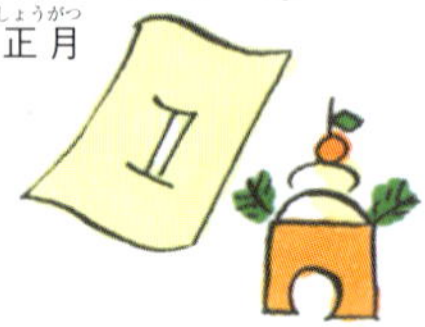

ヴァレンタインズ デイ
Valentine's Day
バレンタインデー

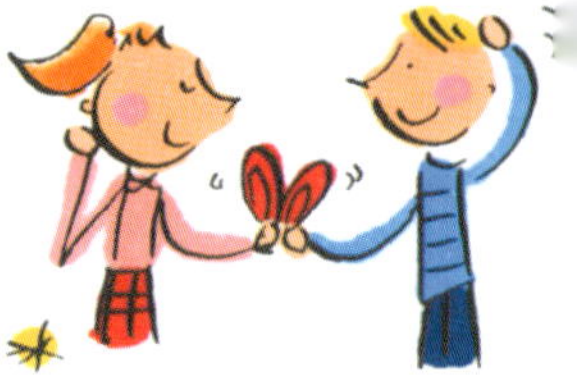

ハロウイーン
Halloween
ハロウィーン

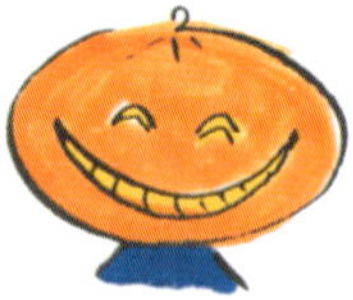

クりスマス
Christmas
クリスマス

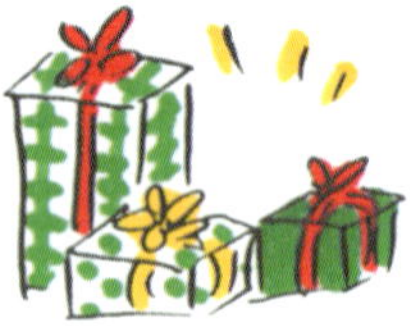

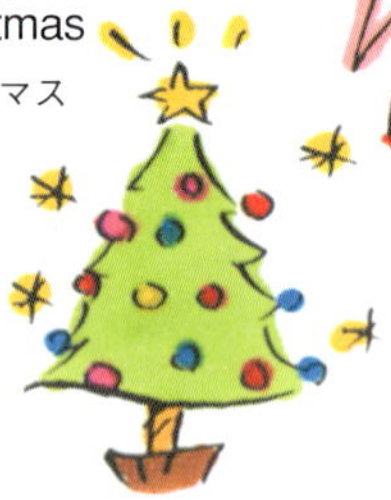

home

[hóum ホウム]

家庭(かてい)；家(いえ)へ

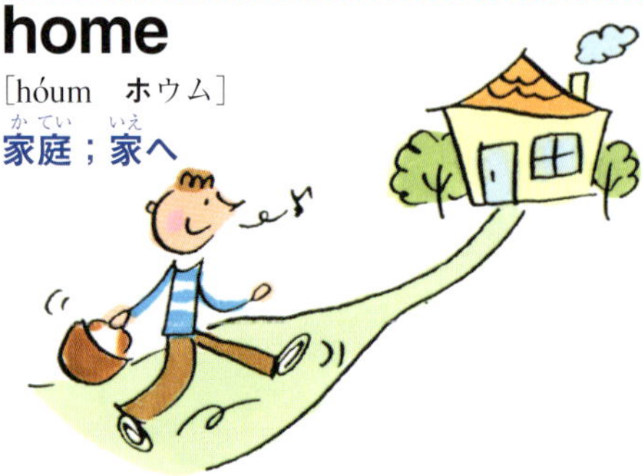

53

go home
うちへ帰(かえ)る

stay home
家(いえ)にいる

Welcome home!
ようこそわが家(や)に！

homework
[hóumwəːrk ホウマワ～ク]
しゅくだい
宿題

ドゥ マイ ホウムワーク
do my homework
しゅくだい
宿題をする

honest
[ánist アネスト]
しょうじき
正直な

honey
[hʌ́ni ハニ]

はちみつ

hope
[hóup ホウプ]
のぞ のぞ
望む；望み

アイ ホウプ ソウ
I hope so.
そうだといいね。

horse
[hɔ́ːrs ホース]

ウマ

hospital
[háspitl ハスピトル]
びょういん
病院

hot
[hát ハット]
あつ あつ
暑い，熱い，からい

ハット ウェだ
hot weather
あつ てんき
暑い天気

ハット カ～リ
hot curry
からいカレー

⇔ コウルド つめ
cold 冷たい

Pease Porridge Hot 🔊 11
Pease porridge hot,
Pease porridge cold,
Pease porridge in the pot,
Nine days old.
あつ まめ
熱い豆のおかゆ，
さ まめ
冷めた豆のおかゆ，
ここの かまえ つく
9日前に作った，
なか まめ
なべの中の豆のおかゆ。　　　(→p.255)

hotel
[houtél ホウテル]

ホテル

hour
[áuər アウア]
じかん じかん
時間，1時間

ふぉトゥー アウアズ
for two hours
じかん
2時間

セカンド
second
びょう
秒

ミニット
minute
ふん
分

house →husband

house
[háus ハウス]
家

play house
ままごとをする

● home 家庭

two-story house
2階建ての家

apartment house
アパート，マンション

how*
[háu ハウ]
どれくらい，どんな，どのように

How old are you?
何歳ですか？

— I'm ten years old.
10歳です。

How about playing outside?
外で遊ばない？

How cute she is!
あの女の子，かわいい！

How come? なぜ？

How many pens do you have?
ペンを何本持ってる？

— I have three.
3本持ってる。

How much is this pen?
このペンはいくら？

— It's 100 yen.
100円です。

How tall are you?
身長はいくつ？

— I'm 140 cm tall.
140 cmです。

How do you say 'tori'?
「鳥」は（英語で）何と言うの？

— 'Bird'.
「Bird」よ。

hug
[hʌ́g ハッグ]
だきしめる

ギヴミーア ハッグ
Give me a hug.
だきしめて。

huge
[hjúːdʒ ヒューヂ]
巨大な

ヒューヂ レイク
huge lake
巨大な湖

● very large とても大きい，巨大な

hundred
[hʌ́ndrəd ハンドレッド]
100（の）

ワン ハンドレッド ピープル
one hundred people
100人の人々

hungry
[hʌ́ŋgri ハングり]
おなかがすいた

アイム ハングり
I'm hungry.
私はおなかがすいています。

 full （おなかが）いっぱいの

hurry
[hə́ːri ハ〜り]
急ぐ

ハ〜り トゥスクール
hurry to school
学校へ急ぐ

ハ〜りアップ
Hurry up!
急げ！

hurt
[hə́ːrt ハ〜ト]
けがする，傷つく

アイガット ハ〜ト
I got hurt.
私はけがをしました。

イットハ〜ツ
It hurts.
痛いんだ。

husband
[hʌ́zbənd ハズバンド]
夫

てィスイズ マイハズバンド
This is my husband.
こちらは私の夫です。

 wife 妻

ninety-nine 99

I → insect

I*
[ái アイ]
私は(が), ぼくは(が)

アイ ハヴァ ドーグ
I have a dog.
ぼくはイヌを飼っています。

マイ ドーグズ ネイミズ コロ
My dog's name is Koro.
ぼくのイヌの名前はコロです。

ヒー ライクス ミー
He likes me.
コロはぼくのことが好きです。

ヒーイズァ ふれンドヴ マイン
He is a friend of mine.
コロはぼくの友だちです。

ice
[áis アイス]
氷

ice cream
[áis krì:m アイス クリーム]
アイスクリーム

アイス クリーム コウン
ice cream cone
アイスクリームコーン

ヴァニラ
vanilla
バニラ

ストろーべり
strawberry
ストロベリー

アイス キューブ
ice cube
氷

チャコレット
chocolate
チョコレート

I Scream for Ice Cream
I scream,
You scream,
We all scream,
For ice cream!

私がさけんで,
あなたがさけんで,
みんなでさけぶよ,
アイスクリーム！　　　(→p.255)

idea
[aidí:ə アイディーア]
考え

ダッツァ グッド アイディーア
That's a good idea.
それはいい考えだ。

if*
[if イふ]
もし～ならば

アイルゴウ イふアイキャン
I'll go if I can.
行けたら、行きます。

イふイッツ ふァイン トゥマろウ レッツ ゴウ アウト
If it's fine tomorrow, let's go out.
もし明日晴れていたら出かけよう。

important
[impɔ́ːrtənt インポータント]
大切な

アンニンポータント レタ
an important letter
大事な手紙

in*
[in イン]
中に

⇔ out 外に

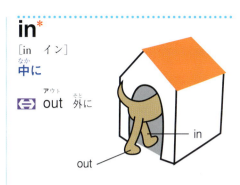

India
[índiə インディア]
インド

インディアン
Indian インド人 ; インド（人）の

insect
[ínsekt インセクト]
虫

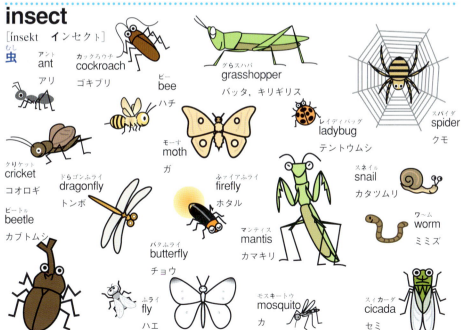

ant アリ
cockroach ゴキブリ
bee ハチ
grasshopper バッタ, キリギリス
spider クモ
moth ガ
ladybug テントウムシ
cricket コオロギ
dragonfly トンボ
firefly ホタル
snail カタツムリ
beetle カブトムシ
mantis カマキリ
worm ミミズ
butterfly チョウ
fly ハエ
mosquito カ
cicada セミ

one hundred and one 101

inside

[insáid インサイド]

内側(に)

⇔ outside 外側(に)

interested

[íntəristid インタれステッド]

興味がある

I'm interested in cooking.
私は料理に興味があります。

interesting

[íntəristiŋ インタれスティング]

おもしろい

The movie is interesting.
その映画はおもしろい。

⇔ boring たいくつな

international

[intərnǽʃənl インタナショヌル]

国際的な

an international airport
国際空港

Internet

[íntərnet インタネット]

(the ～で)インターネット

into*

[íntu イントゥ]

～の中へ

into the room
部屋の中へ

out of the room
部屋の外へ

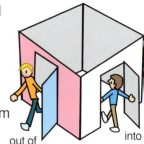

⇔ out of ～の外へ

introduce

[intrədjúːs イントろデュース]

紹介する

Let me introduce myself.
自己紹介をします。

My name is Sato Kent.
私の名前は,佐藤ケントです。

invite
[inváit インヴァイト]
招待する

インヴァイト マイふれンド トゥだパーティ
invite my friend to the party
友だちをパーティーに招待する

island
[áilənd アイランド]
島

iron
[áiərn アイアン]
鉄，アイロン；アイロンをかける

it
[it イット]
それは(が)，それに(を)

ワッツ ティス
What's this?
これは何？

イッツァ モウル
— It's a mole.
モグラです。

ユーア イット
You're it.
君が鬼だよ。(ゲームの時に言う)

is
[弱 iz イズ，強 íz イズ]
〜である，〜にいる

ティスイズ マイバイク
This is my bike.
これは私の自転車です。

イズでィス オールソウ ユアバイク
Is this also your bike?
こっちも君の自転車ですか？

ノウ イットイズント マイバイク
— No, it isn't my bike.
いえ，私のではありません。

シーイズ らイディング ハ〜バイク
She is riding her bike.
かの女はかの女の自転車に乗っている。

 イズント　イズナット みじかい かたち
isn't　is not を短くした形

Italy
[ítəli イタリ]
イタリア

イタリャン
Italian　イタリア語，イタリア人；イタリア
(人)の

jacket → jump

jacket
[dʒǽkit ヂャケット]
ジャケット，上着

jack-in-the-box
[dʒǽkinðəbɑks ヂャキンだバックス]
びっくり箱

jack-o'-lantern
[dʒǽkəlæntərn ヂャコランタン]
ジャコランタン（カボチャのランプ）

ハロウィーンのときに作る，大きなカボチャのランプ。目，鼻，口をくりぬき，中にろうそくをともす。

jam
[dʒǽm ヂャム]
ジャム

January
[dʒǽnjuəri ヂャニュアり]
1月

Japan
[dʒəpǽn ヂャパン]
日本

the Sea of Japan 日本海

Japanese 日本語，日本人；日本(人)の

Japanese
[dʒæpəníːz ヂャパニーズ]

参照 246

日本語，国語，日本人；日本(人)の

I'm Japanese.
私は日本人です。

I speak Japanese.
私は日本語を話します。

I like Japanese food.
私は和食が好きです。

jar
[dʒɑ́ːr ヂャー]
つぼ，びん

jeans
[dʒíːnz ヂーンズ]
ジーンズ

jelly
[dʒéli チェリ]
ゼリー

チェリ ビーンズ
jelly beans
ゼリービーンズ

ジェリふィッシュ
jellyfish
クラゲ

Jelly in the Bowl
Jelly in the bowl,
Jelly in the bowl.
Wiggle, waggle, wiggle, waggle,
Jelly in the bowl.

おわんにゼリーが乗っているよ,
おわんにゼリーが乗っているよ。
ゆらゆら, ゆらゆら,
おわんにゼリーが乗っているよ。 (→p.255)

job
参照 242
[dʒáb チャップ]
職業, 仕事

join
[dʒɔ́in チョイン]
参加する

ウォウンテュー チョインナス
Won't you join us?
仲間に入らない？

journal
[dʒə́:rnl チャ〜ヌル]
日誌, 新聞

ダイアリ
diary
日記

エセイ
essay
(学校の)作文

チャ〜ナリスト
journalist
ジャーナリスト

juice
[dʒú:s チュース]
ジュース

July
[dʒulái チュライ]
7月

jump
[dʒʌ́mp チャンプ]
とぶ, はねる

チャンパップ アンダウン
jump up and down
とびはねる

jump rope
[dʒʌ́mp ròup　チャンプ　ぅろウプ]
なわとび

Teddy Bear
Teddy bear, teddy bear,
Turn around.
Teddy bear, teddy bear,
Touch the ground.

クマちゃん，クマちゃん，
ぐるっと回って。
クマちゃん，クマちゃん，
地面をさわって。　　　(→p.256)

なわとび歌。歌いながら，クマの動作に合わせてなわとびをする。

June
[dʒúːn　チューン]
6月

junior
[dʒúːniər　チューニア]
年下の

jungle
[dʒʌ́ŋgl　チャングル]
ジャングル

just
[dʒʌ́st　チャスト]
ちょうど，ただ

イッツ　チャスト　テンノクラック
It's just ten o'clock.
ちょうど10時だ。

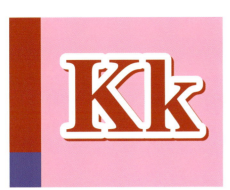

kangaroo
[kǽŋgərúː キャンガるー]

カンガルー

keep
[kíːp キープ]

とっておく，続ける

ユーキャン　キービット
You can keep it.
とっておいて(あげるよ)。

アイケプト　ざカーヅ　インだボックス
I kept the cards in the box.
私は箱の中にカードをとっておきました。

▶ ケプト
kept とっておいた

Keep going.
続けて。
Keep still.
じっとしていて。
Keep off the grass.
芝生に入るな。

Kenya
[kénjə ケニャ]

ケニア

ケニャン
Kenyan ケニア人；ケニア(人)の

key
[kíː キー]

かぎ

キーホウル
keyhole
かぎ穴

key

ラック
lock
じょうまえ
錠前

kick
[kík キック]

ける；キック

キック　ざボール
Kick the ball.
ボールをけりなさい。

kid
[kíd キッド]

子ども，子ヤギ；からかう

ユーア　キディング
You're kidding.
じょうだんでしょ。

kill
[kíl キル]
殺す

kill a fly with a fly swatter
ハエをハエたたきで殺す

kind 2
[káind カインド]
種類

What kind of flowers do you like?
あなたはどんな花が好きですか？

kind 1
[káind カインド]
親切な

Be kind to your friends.
友だちには親切にしなさい。

king
[kíŋ キング]
王，(トランプの)キング

kiss
[kís キス]
キス；キスする

kitchen
[kítʃin キチン]
台所

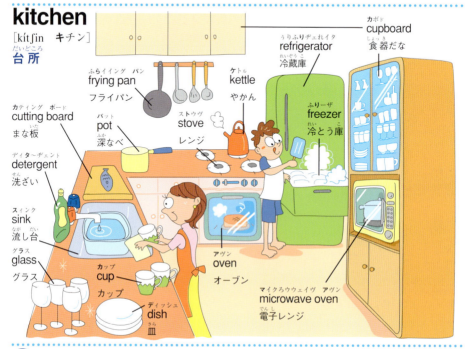

- cupboard 食器だな
- refrigerator 冷蔵庫
- freezer 冷とう庫
- frying pan フライパン
- kettle やかん
- pot 深なべ
- stove レンジ
- cutting board まな板
- detergent 洗ざい
- sink 流し台
- glass グラス
- cup カップ
- dish 皿
- oven オーブン
- microwave oven 電子レンジ

kite

[káit カイト]

たこ

fly a kite
たこをあげる

kitten

[kítn キトン]

子ネコ

knee

[níː ニー]

ひざ

knife

[náif ナイふ]

ナイふ

knock

[nák ナック]

ノックする

knock on the door
ドアをノックする

know

[nóu ノウ]

知る

Do you know the way to the station?
駅への道を知ってますか？

— Sorry, I don't know.
すみません，知りません。

I knew before you.
ぼくは君より先に知ってたよ。

▶ knew 知った

koala

[kouáːlə コウアーラ]

コアラ

Korea

[kəríːə コリーア]

朝鮮

Korean 朝鮮(韓国)語，朝鮮(韓国)人；
朝鮮(韓国)(人)の

North Korea 北朝鮮

South Korea 韓国

one hundred and nine 109

Ll

lady
[léidi レイディ]
女の人，淑女

⇔ gentleman
男の人，紳士

ladybug
[léidibʌg レイディバッグ]
テントウムシ

lake
[léik レイク]
湖

large
[láːdʒ ラーヂ]
大きい

アラーヂ アニマル
a large animal
大きな動物

lamb
[lǽm ラム]
子ヒツジ

 15

Mary Had a Little Lamb
Mary had a little lamb,
Little lamb, little lamb,
Mary had a little lamb,
Its fleece was white as snow.

メリーさんはヒツジを飼っていた。
かわいい，かわいい子ヒツジを。
メリーさんはヒツジを飼っていた。
雪のように白い毛だった。 (→p.256)

land
[lǽnd ランド]
陸，土地；着陸する

language
[lǽŋgwidʒ ラングウェッヂ]
言葉

フォーリン ラングウェッヂ
foreign language 外国語

サイン ラングウェッヂ
sign language 手話

● big 大きい

⇔ small 小さい

last
[lǽst ラスト]
最後の，この前の

⇔ first 最初の

55

last night
昨夜

last Monday
先週の月曜日

last month
先月

late
[léit レイト]
おそい；おそく

I'm late for school.
私は学校に遅刻しました。

⇔ early 早い；早く

later
[léitər レイタ]
あとで，もっとおそく

See you later.
またあとで。

laugh
[lǽf ラふ]
(声を出して)笑う

Don't laugh at me.
笑わないで。

laugh

smile
にっこり笑う

giggle
くすくす笑う

lay
[léi レイ]
置く

Lay the cards on the table.
テーブルにトランプを置いて。

lazy
[léizi レイズィ]
なまけ者の

leader
[líːdər リーダ]
リーダー

leaf
[líːf リーふ]
木の葉

The leaves turn red in fall.
木の葉は秋に紅葉する。

leaves leafの複数形

one hundred and eleven **111**

learn

[lə́:rn ラ～ン]

習う，覚える

learn how to swim
泳ぎを習う

leave

[líːv リーヴ]

去る，置いていく

We leave our dog at home.
私たちはイヌを家に置いていきます。

Leave it to me.
私にまかせて。

I left the house at seven.
私は7時に家を出ました。

▶ left 出た

left

[léft レふト]

左(の)；左へ

I'm left-handed.
私は左ききです。

⇔ right 右(の)；右へ

leg

[lég レッグ]

脚

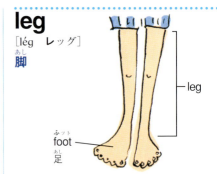

leg
foot 足

lemon

[lémən レモン]

レモン

lend

[lénd レンド]

貸す

Lend me your book.
あなたの本を貸して。

Who lent you the key?
かぎを貸してくれたのはだれ？

— Kent did.
ケントです。

▶ lent 貸した

⇔ borrow 借りる

lesson

[lésn レスン]

授業，けいこ

let
[lét レット]
～させる

レットミー トライ
Let me try.
私にやらせて。

let's
[léts レッツ]
～しよう (= let us)
　　　　　　レッタス

レッツ ゴウ
Let's go.
行こう！

レッツ プレイ ゲイムズ
Let's play games.
ゲームをしよう。

letter
[létər レタ]
手紙，文字

ブラック レタ
block letter　ブロック体

date
日付

signature
署名

手紙の書き方
日付，呼びかけのことば，本文，結びのことば，署名の順に書く。

2002年8月1日

リサ
こんにちは。元気ですか。
あのね。ぼくは今ケニアにいるんだ。
ここにはたくさんの動物がいます。
いつか絶対ここをおとずれるといいよ。
早く会いたいです。
ご両親によろしくね。

あなたの友だち
ケント

one hundred and thirteen 113

library → live

library
[láibrəri ライブらり]
図書館, 図書室

lie 1
[lái ライ]
ねる, 横になる

lie down
横になる

lie 2
[lái ライ]
うそ；うそをつく

Never tell a lie.
うそをつくな。

life
[láif ライふ]
生活, 人生, いのち

light 1
[láit ライト]
光；明るい

traffic light
信号

light 2
[láit ライト]
軽い

a light bag
軽いかばん

⇔ heavy 重い

like 1
[láik ライク]
好き

I like frogs.
私はカエルが好きです。

I like watching TV.
私はテレビを見るのが好きです。

I like to sing a song.
私は歌を歌うのが好きです。

like 2
[láik ライク]
〜のような

What is she like?
かの女はどんな人ですか？

Lisa sings like a pop singer.
リサはポップシンガーのように歌う。

lily
[líli リリ]
ユリ

line

[láin ライン]
線，列

a straight line
直線

draw a line
線を引く

stand in a line
列に並ぶ

lion

[láiən ライオン]

ライオン

listen

[lísn リスン]
聞く

Listen carefully.
注意して聞いて。

listen to music
音楽を聞く

litter

[lítər リタ]

ごみ

No littering.
ごみ捨て禁止。

little

[lítl リトル]
小さい，少ない

a little cat
小さなネコ

a little water 少量の水

⇔ big 大きい

⇔ much たくさんの

live

[lív リヴ]
住む，生きる

I live in Kanagawa Prefecture.
私は神奈川県に住んでいます。

I'm living with my family.
私は家族と一緒に住んでいます。

one hundred and fifteen **115**

living room

[lívɪŋ rù:m リヴィング ぅるーム]
居間

clean the living room
居間をきれいにする

long

[lɔ́:ŋ ローング]
長い；長く

long hair
長い髪

⇔ short 短い

a long ribbon
長いリボン

a longer ribbon
もっと長いリボン

the longest ribbon
いちばん長いリボン

look
[lúk ルック]
見る，見える

Look at the map.
地図を見なさい。
Look for the key.
かぎをさがしなさい。
Look after your sister.
妹の面どうをみなさい。

You look happy.
楽しそうね。
You look tired.
つかれているようね。
It looks like rain.
雨が降りそうだ。

loose
[lúːs ルース]
ゆるい，ゆるく

a loose tooth
ぐらぐらしたぬけそうな歯

⇔ tight きつい，きつく

lose
[lúːz ルーズ]
なくす，負ける，道に迷う

Don't lose your key.
かぎをなくさないで。
I lost my purse.
私は財布をなくしました。

▶ lost なくした

⇔ win 勝つ

lot
[lát ラット]
(a lot of, lots of で)たくさんの

a lot of toys
= lots of toys
たくさんのおもちゃ

● many たくさんの
● much たくさんの

loud
[láud ラウド]
(音，声が)大きい；大声で

Speak out loud.
大きな声で話して。

love
[lʌ́v　ラヴ]
愛；愛する，大好き

I love sports.
私はスポーツが大好きです。

I Love Coffee
I love coffee,
I love tea.
I love the boys,
And the boys love me.
私はコーヒーが好きで，
紅茶も好きよ。
男の子たちも好きだし，
男の子たちも私が好きよ。　　(→p.256)

low
[lóu　ロウ]
低い；低く

Speak in a low voice.
小さな声で話して。

⇔ high　高い；高く

lucky
[lʌ́ki　ラキ]
運がよい

a lucky number
えんぎのよい数

lunch
[lʌ́ntʃ　ランチ]
昼食

Let's have lunch.
昼食にしよう。

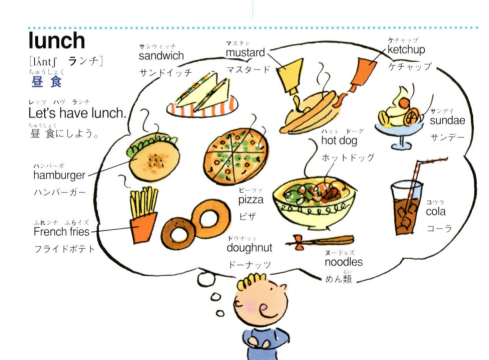

sandwich サンドイッチ
mustard マスタード
ketchup ケチャップ
hot dog ホットドッグ
sundae サンデー
hamburger ハンバーガー
pizza ピザ
cola コーラ
French fries フライドポテト
doughnut ドーナッツ
noodles めん類

Mm

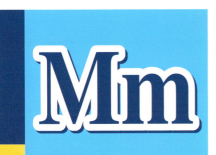

machine

[məʃíːn　マシーン]

機械

ワシング　マシーン
washing machine　洗濯機

ソウイング　マシーン
sewing machine　ミシン

ヴェンディング　マシーン
vending machine　自動はん売機

magazine

[mæɡəzíːn　マガズィーン]

雑誌

mail

[méil　メイル]

郵便；郵便を出す

メイルア　レタ
mail a letter
手紙を出す

イーメイル
e-mail　eメール

メイル　キャリア
mail carrier
郵便配達人

メイルバックス
mailbox
郵便箱

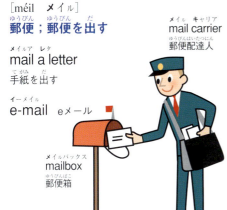

make

[méik　メイク]

作る，〜になる

ふォー　アンドトゥー　メイクス　スィックス
Four and two makes six.
4＋2＝6

ふァーだ　メイドミーア　サンウィッチ
Father made me a sandwich.
お父さんがサンドイッチを作ってくれました。

メイド
▶ made　作った

56

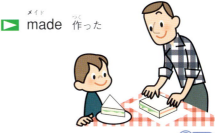

make a circle
輪になる

make a wish
願い事をする

I made it!
うまくいった！

man

[mǽn　マン]

男の人，人間

メン
men　man の複数形

ウマン
⇔ woman　女の人

a b c d e f g h i j k l m n o p q r s t u v w x y z

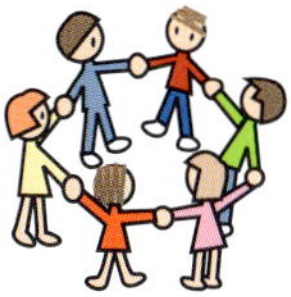

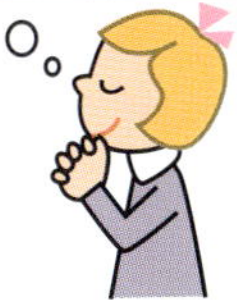

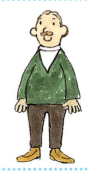

manner

[mǽnər マナ]
やり方, (mannersで)行儀

ウェアラー ユアマナズ
Where are your manners?
お行儀はどうしたの？

many

[méni メニ]
たくさん(の), 多く(の)

many cookies
たくさんのクッキー

- マッチ
  much たくさん(の)
- アラットヴ
  a lot of たくさん(の)

🔊 38
How many times a day do you brush your teeth?
君は1日に何回歯をみがきますか？
— Twice a day.
1日2回です。

※more もっと多い, most いちばん多い

map

[mǽp マップ]
地図

ワールド マップ
world map
世界地図

アトラス
atlas
地図帳

グロウブ
globe
地球儀

March

[má:rtʃ マーチ]
3月

mark

[má:rk マーク]
印, 記号, 点数

アンニュアマーク ゲット セット ゴウ
On your mark, get set, go!
位置について, 用意, ドン！

アイガット グッド マークス
I got good marks.
私はよい点を取りました。

クウェスチョン マーク
question mark 疑問符(?)

エクスクラメイション マーク
exclamation mark 感嘆符(!)

market

[má:rkit マーケット]
市場, マーケット

marry

[mǽri マリ]
結婚する

プリーズ マリミー
Please marry me.
結婚してください。

mask

[mǽsk マスク]
お面, 仮面

math

[mǽθ マす]

さんすう すうがく マセマティックス
算数，数学 (= mathematics)

トゥー プラス ファイヴ イズ(イークワルズ) セヴン
Two plus five is (equals) seven.

ファイヴ マイナス すリー イズ トゥー
Five minus three is two.

トゥー タイムズ トゥー イズ フォー
Two times two is four.

エイト ディヴァイデッド バイ フォー イズ トゥー
Eight divided by four is two.

アディション たざん
 addition 足し算

サブトらクション ひきざん
 subtraction 引き算

マルティプリケイション かけざん
 multiplication かけ算

ディヴィジョン わりざん
 division 割り算

キラメタ
kilometer
キロメートル

ミータ
meter
メートル

センティミータ
centimeter
センチメートル

ミリミータ
millimeter
ミリメートル

キログらム
kilogram
キログラム

グらム
gram
グラム

リタ
liter
リットル

デシリータ
deciliter
デシリットル

ワン ハふ
one half
2分の1

ワン さ〜ド
one third
3分の1

ワン クウォータ
one quarter
4分の1

すリー ポイント ファイヴ
three point five
3.5

matter

[mǽtər マタ]

もんだい こと
問題，事

ワッツ だマタ
What's the matter?
どうしたの？

May

[méi メイ]

がつ
5月

may →mine

may*
[弱 mei メイ, 強 méi メイ]

〜してもよい，〜かもしれない 🔊 38

May I help you?
ご用件をうかがいましょうか？
— Yes, please.
　はい，お願いします。
May I use your phone?
電話をお借りしてもいいですか？
— Sure.
　どうぞ。

maybe
[méibi: メイビー]

たぶん

Maybe that's true.
たぶん，それは本当だ。

me*
[mi: ミー]

私に(を)

Look at me.
私を見て。

meal
[mí:l ミール]

食事

breakfast
朝食

lunch
昼食

dinner
夕食

mean 1
[mí:n ミーン]

意味する

Which book do you mean?
どちらの本のこと？
— I mean the big one.
　大きい方です。

mean 2
[mí:n ミーン]

いじわるな

Yor are so mean.
君は意地悪だ。

meat
[mí:t ミート]

肉

beef
牛肉

chicken
鶏肉

pork
ブタ肉

medicine
[médəsn メディスン]
薬

meet
[míːt ミート]
会う

ナイストゥ ミーテュー
Nice to meet you.
お会いできてうれしいです。

アイ メット ケント アットスクール イェスタデイ
I met Kent at school yesterday.
私は昨日，学校でケントに会いました。

 met　会った

messy
[mési メスィ]
散らかった，よごれた

ユアルームイズ メスィ
Your room is messy.
君の部屋はちらかってる。

 neat　きちんとした

Mexico
[méksikou メクスィコウ]
メキシコ

メクスィカン
Mexican　メキシコ人；メキシコ(人)の

milk
[mílk ミルク]
牛乳

 56

a glass of milk
牛乳1ぱい
a bottle of milk
牛乳1本
a carton of milk
牛乳1パック

million
[míljən ミリョン]
100万(の)

ワン ミリョン ピープル
one million people
100万人の人々

mind
[máind マインド]
気持ち；気にする

ネヴァ マインド
Never mind.
気にしないで。

キーピン マインド
Keep in mind.
覚えておいて。

mine*
[máin マイン]
私のもの

one hundred and twenty-three　123

minute → monkey

minute
[mínit ミニット]
ふん
分
ウェイタ ミニット
Wait a minute.
ちょっと待って。

アゥア
hour
じ
時
セカンド
second
びょう
秒

mirror
[mírər ミら]
かがみ
鏡

miss
[mís ミス]
～しそこなう，～がいなくてさびしい

🔊 56

miss the ball
ボールをとりそこなう
miss the bus
バスに乗りおくれる
I miss you.
あなたがいなくてさびしい。

mistake
[mistéik ミステイク]
まちが まちが
間違い；間違える
アイ メイダ ミステイク
I made a mistake.
わたし まちが
私は間違えました。

mitten
[mítn ミトン]
ミトンズ
(mittensで) ミトン

mix
[míks ミックス]
混ぜる
ドウント ミックスでム アップ
Don't mix them up.
ごちゃ混ぜにしないで。

mole
[móul モウル]
モグラ

mom
[mám マム]
ママ
アイム カミング マム
I'm coming, Mom.
ママ，今，行くわ。
●mother　お母さん
●mommy　ママ(幼児語)
⇔ dad　パパ

Monday
[mʌ́ndi マンディ]
げつようび
月曜日

money

[mʌ́ni　マニ]

お金

アイドウント ハヴ イナフ マニ
I don't have enough money.
私はそんなにお金を持ってません。

コイン
coin　こう貨

ビル　　サツ
bill　札

（日本）yen　円

（アメリカ）dollar　ドル

（韓国）won　ウォン

（中国）yuan　元

（メキシコ）peso　ペソ

（欧州単一通貨）Euro　ユーロ

（スイス）franc　フラン

（イギリス）pound　ポンド

（インド）rupee　ルピー

（タイ）baht　バーツ

monkey

[mʌ́ŋki　マンキ]

サル

ゴリラ
gorilla
ゴリラ

エイプ
ape　類人猿

チンパンズィー
chimpanzee
チンパンジー

オーランウータン
orangutang
オランウータン

monkey

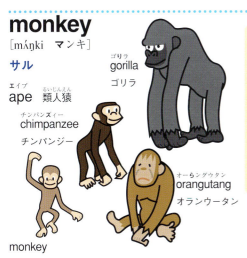

Five Little Monkeys

Five little monkeys
Jumping on the bed.
One fell down
And broke his head.

5ひきの小ザルがベッドの上で
ジャンプしていたよ。
1ぴきが落ちて
頭を打ちました。　　（→p.257）

month

[mʌ́nθ　マンす]

月(つき)

June is the sixth month of the year.
6月は1年で6番目の月です。

spring　春(はる)

March　3月(がつ)

April　4月(がつ)

May　5月(がつ)

summer　夏(なつ)

June　6月(がつ)

July　7月(がつ)

August　8月(がつ)

fall (autumn)　秋(あき)

September　9月(がつ)

October　10月(がつ)

November　11月(がつ)

winter　冬(ふゆ)

December　12月(がつ)

January　1月(がつ)

February　2月(がつ)

Apples, Peaches, Pears and Plums　🔊 18

Apples, peaches,
Pears and plums,
Tell me when
Your birthday comes.

リンゴとモモと、
ナシとプラム。
あなたの誕生日(たんじょうび)は
いつですか。　　　　(→p.258)

every month　毎月(まいつき)

next month　来月(らいげつ)

last month　先月(せんげつ)

moon
[mú:n ムーン]
月
full moon 満月
half moon 半月
crescent 三日月

more
[mɔ́:r モー]
もっと多い；もっと多く

I want some more, please.
もう少しちょうだい。

morning
[mɔ́:rniŋ モーニング]
朝，午前

🔊 56

in the morning
午前中に

in the afternoon
午後に

in the evening
夜に

Good morning.
おはよう。

most
[móust モウスト]
いちばん多い；いちばん多く

I have many books.
私はたくさんの本を持っています。

She has more.
かの女はもっと持っています。

He has the most.
かれがいちばん多く持っています。

mother
[mʌ́ðər マだ]
お母さん，母

● mom ママ
● mommy ママ(幼児語)
⇔ father お父さん，父

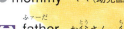

Mother Goose
[mʌ́ðər gú:s マだ グース]

マザーグース

● nursery rhyme ナーサリーライム

イギリスやアメリカで古くから歌われてきた童
よう。子守歌，輪遊び歌，物語，なぞなぞなど。

one hundred and twenty-seven 127

mountain

[máuntin マウンテン]

山（= Mt.）

Mt. Fuji
富士山

mouse

[máus マウス]

ハツカネズミ，(コンピュータの)マウス

mice mouseの複数形
rat
ネズミ

mouth

[máuθ マウス]

口

tooth 歯
teeth 歯(toothの複数形)
lips くちびる
tongue 舌

move

[múːv ムーヴ]

動く，動かす，引っこす，感動する

move the chair
いすを動かす

move into a new house
新しい家に引っこす

movie

[múːvi ムーヴィ]

映画

movie theater
映画館

Mr., Mr

[místər ミスタ]

(男性に対して)〜さん，〜氏，〜先生

Mr. and Mrs. Sato
佐藤夫妻

Ms., Ms

[míz ミズ]

(女性に対して)〜さん，〜先生

Mrs., Mrs 〜さん，〜先生，〜夫人(結婚している女性)

Miss 〜さん，〜先生(未婚の女性)

much

[mʌ́tʃ マッチ]

たくさん(の)，多く(の)

There isn't much water left.
水はあまり残っていない。

⇔ little 少ない

mud
[mʌ́d マッド]
どろ

museum
[mjuːzíːəm ミューズィーアム]
博物館，美術館

music
[mjúːzik ミューズィック]
音楽

classical music クラシック音楽
popular music ポピュラー音楽
rock music ロックミュージック
jazz ジャズ
J-pop music Jポップ
musician 音楽家
musical instrument 楽器

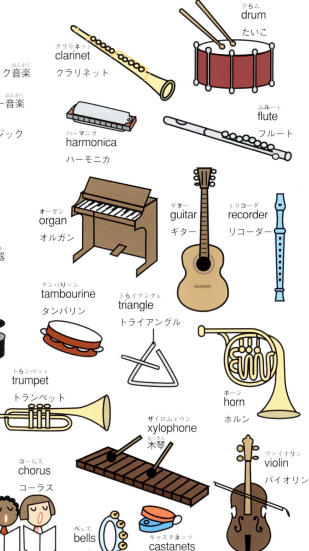

must*

[弱 məst マスト, 強 mʌ́st マスト]

～しなければならない, ～にちがいない

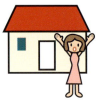

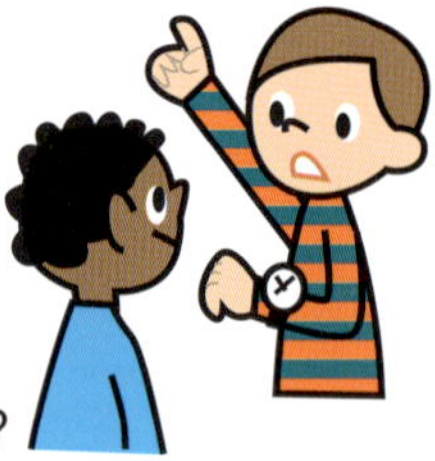

アイマストゴウ　ナウ
I must go now.
もう行かなくちゃ。

マステュー　ゴウ　ナウ
Must you go now?
今，行かなければいけないの？

ノウ　アイドウント　ハふトゥ
— No, I don't have to.
いいえ，行かなくてもいいのよ。

だストーり　マストビートるー
The story must be true.
その話は本当にちがいない。

ハふトゥ
● have to　～しなければならない

mustache

[mʌ́stæʃ　マスタッシユ]

口ひげ

my*

[mai　マイ]

私の，ぼくの

マイネイミズ　ケント
My name is Kent.
ぼくの名前はケントです。

myself

[maisélf　マイセルふ]

私自身

アイハ～ト　マイセルふ
I hurt myself.
私はけがをしました。

Nn

name
[néim ネイム]
名前；名づける

マイネイミズ　サトウ　ケント
My name is Sato Kent.
ぼくの名前は佐藤ケント。

マイ　ファースト　ネイミズ　ケント
My first name is Kent.
名前はケント。

マイ　ファミリ　ネイミズ　サトウ
My family name is Sato.
名字は佐藤。

ファミリ　ネイム
family name　名字

ファースト　ネイム
first name　名前

nail
[néil ネイル]
つめ，くぎ

カッテュア　ネイルズ
Cut your nails.
つめを切りなさい。

ネイル　クリパズ
nail clippers
つめ切り

Bingo　🔊 19
There was a farmer had a dog,
And Bingo was his name, oh.
B-I-N-G-O, B-I-N-G-O,
B-I-N-G-O,
And Bingo was his name, oh.

昔，農夫がいて，イヌを飼っていた。
「ビンゴ」という名前だった。
つづりはB-I-N-G-O。
「ビンゴ」という名前だった。　(→p.258)

nap
[nǽp ナップ]
昼寝；昼寝をする

テイカ　ナップ
take a nap
昼寝をする

narrow
[nǽrou ナろウ]
せまい

アナろウ　ろウドゥ
a narrow road
せまい道

ワイド
⇔ wide　広い

nature
[néitʃər ネイチャ]
自然

near*
[níər ニア]
近くに；近い

Come and sit near me.
私のそばに来てすわって。

⇔ far 遠くに；遠い

neat
[níːt ニート]
きちんとした，すてきな

Keep your room neat and tidy.
部屋をきちんとしておきなさい。

⇔ messy 散らかった

neck
[nék ネック]
首

need
[níːd ニード]
必要とする；必要

I need your help.
あなたの助けが必要です。

needle
[níːdl ニードル]
針

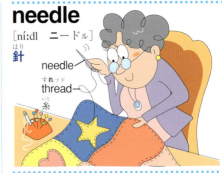

needle
thread 糸

neighbor
[néibər ネイバ]
となりの人，近所の人

nephew
[néfjuː ネフュー]
おい

⇔ niece めい

nervous
[nə́ːrvəs ナ〜ヴァス]
きんちょうした，おくびょうな

I'm nervous.
私はきんちょうしてます。

⇔ relaxed ゆったりした

nest
[nést ネスト]
(鳥などの)巣

never
[névər ネヴァ]
けっ
決して～ない
ネヴァドゥ ダット アゲン
Never do that again.
に ど
二度としてはだめです。

next
[nékst ネクスト]
つぎ つぎ
次の；次に
スィット ネクストゥミー
Sit next to me.
となりにすわって。

⇔ ラスト
last この前の
まえ

new
[njú: ニュー]
あたら
新しい
ニュー シューズ
new shoes
あたら
新しいくつ

⇔ オウルド ふる
old 古い

nice
[náis ナイス]
しんせつ
すてきな，親切な
ハヴァ ナイス デイ
Have a nice day.
いちにち
よい一日を。

news
[njú:z ニューズ]
ニュース
ウォッチ ダ セヴンノクラック ニューズ
watch the seven o'clock news
じ み
7時のニュースを見る

niece
[ní:s ニース]
めい

⇔ ネフュー
nephew おい

newspaper
[njú:zpeipər ニューズペイパ]
しんぶん
新聞
ウリード ダニューズ インダニューズペイパ
read the news in the newspaper
しんぶん よ
新聞でニュースを読む

night
[náit ナイト]
よる
夜
グッド ナイト
Good night.
おやすみなさい。

nine

[náin ナイン]

9(の)

ナインティーン
nineteen 19(の)

ナインティ
ninety 90(の)

ナインす ばんめ
ninth 9番目(の)

no

[nóu ノウ]

いいえ；何もない，だれも～ない

ノウ モー ヒロシマズ
No more Hiroshimas.
ノーモア ヒロシマ。

⇔ イェス
yes はい

noise

[nóiz ノイズ]

うるさい音

noisy

[nóizi ノイズィ]

うるさい

ドウントビー ノイズィ
Don't be noisy.
静かに。

⇔ クワイエット しず
quiet 静かな

none

[nʌ́n ナン]

何も～ない，だれも～ない

noodle

[núːdl ヌードル]

ヌードル，めん類

noon

[núːn ヌーン]

正午

アットヌーン
at noon
正午に，昼の12時に

アフタヌーン ごご
afternoon 午後

north

[nɔ́ːrθ ノーす]

北

だノーす スター
the North Star
ほっきょくせい
北極星

ノーす ウィンド きたかぜ
north wind 北風

⇔ サウす みなみ
south 南

nose

[nóuz ノウズ]

はな
鼻

not
[nάt　ナット]
～でない，～しない

I'm not cold. (am not)
私は寒くない。

They don't work. (do not)
かれらは働いていない。

She isn't hungry. (is not)
かの女はおなかがすいていない。

He can't swim. (cannot)
かれは泳げない。

I won't go there. (will not)
私はそこに行きません。

You aren't tired. (are not)
あなたはつかれていない。

You weren't happy. (were not)
あなたたちはうれしくなかった。

She doesn't like it. (does not)
かの女はそれを好きではない。

He wasn't at home. (was not)
かれは家にいなかった。

We didn't eat lunch. (did not)
私たちは昼食を食べなかった。

notebook
[nóutbuk　ノウトブック]
ノート

November
[nouvémbər　ノウヴェンバ]
11月

nothing*
[nΛ́θiŋ　ナすィング]
何も～ない；ゼロ

There is nothing in the box.
箱の中には何もない。

now
[náu　ナウ]
今，さあ

What are you doing now?
あなたは今，何をしてるところですか？

⇔ then　その時

number

[nʌ́mbər ナンバ]
数, 番号

ズィアロウ	zero	0 (の)
ワン	one	1 (の)
トゥー	two	2 (の)
スリー	three	3 (の)
フォー	four	4 (の)
ファイヴ	five	5 (の)
スィックス	six	6 (の)
セヴン	seven	7 (の)
エイト	eight	8 (の)
ナイン	nine	9 (の)
テン	ten	10 (の)
イレヴン	eleven	11 (の)
トウェルヴ	twelve	12 (の)

読み	英語	順序
ふぁ〜スト	first	1番目(の)
セカンド	second	2番目(の)
さ〜ド	third	3番目(の)
ふぉ〜す	fourth	4番目(の)
ふぃふす	fifth	5番目(の)
スィックスす	sixth	6番目(の)
セヴンす	seventh	7番目(の)
エイトす	eighth	8番目(の)
ナインす	ninth	9番目(の)
テンす	tenth	10番目(の)
イレヴンす	eleventh	11番目(の)
トウェルふす	twelfth	12番目(の)

さ〜ティーン	thirteen	13(の)
フォーティーン	fourteen	14(の)
ふぃふティーン	fifteen	15(の)
スィックスティーン	sixteen	16(の)
セヴンティーン	seventeen	17(の)
エイティーン	eighteen	18(の)
ナインティーン	nineteen	19(の)
トウェンティ	twenty	20(の)
さ〜ティ	thirty	30(の)
フォーティ	forty	40(の)
ふぃふティ	fifty	50(の)
スィックスティ	sixty	60(の)
セヴンティ	seventy	70(の)
エイティ	eighty	80(の)
ナインティ	ninety	90(の)
ハンドレッド	hundred	100(の)
さウザンド	thousand	1,000(の), 千(の)
テン さウザンド	ten thousand	10,000(の), 万(の)
ミリョン	million	1,000,000(の), 百万(の)
ビリョン	billion	1,000,000,000(の), 十億(の)

Seven Steps 🎧 20

One, two, three, four,
Five, six, seven,
One, two, three, four,
Five, six, seven.

いち, に, さん, し,

ご, ろく, しち,

いち, に, さん, し,

ご, ろく, しち。 (→p.258)

nurse

[nə́ːrs ナ〜ス]
看護人, 看護師

nut

[nʌ́t ナット]
ナッツ, 木の実

ocean
[óuʃən オウシャン]
海, 大洋

the Pacific Ocean 太平洋
the Atlantic Ocean 大西洋

o'clock
[əklák オクラック]
～時

What time is it now?
今, 何時？
— It's four o'clock.
　4時です。
— It's half past five.
　5時半です。
— It's a quarter past four.
　4時15分です。
— It's ten to eight.
　8時10分前です。

October
[ɑktóubər アクトウバ]
10月

octopus
[ɑktəpəs アクトパス]
タコ

of*
[əv オヴ]
～の

the leg of the table
テーブルの脚

a friend of mine
私の友だち

of course
もちろん

off*
[ɔːf オーふ]
はなれて, 切れて

take off the coat
コートをぬぐ

turn off the light
明かりを消す

⇔ on ～に接して

office

[ɔ́:fis オーふィス]
会社, 事務所

often

[ɔ́:fn オーふン]
たびたび, しばしば

I often go to the library.
ぼくはしばしば図書館に行きます。

oh

[óu オウ]
(感情を表して)おお, ああ

oil

[ɔ́il オイル]
油

OK

[oukéi オウケイ]
オーケー

Are you OK?
大丈夫?

— Yes, I am.
はい。

old

[óuld オウルド]
年とった, 古い

How old is your sister?
あなたのお姉さん(妹さん)は何歳ですか?

— She is ten years old.
10歳です。

an old man
老人

⇔ young 若い

old clothes
古い服

⇔ new 新しい

on*

[ɑn アン]
～の上に, ～に(接して)

on Sunday
日曜日に

🔊 57

on the desk
机の上に

in the desk
机の中に

under the desk
机の下に

⇔ off はなれて

once
[wʌ́ns ワンス]
1度，昔，いつか

I play tennis once a month.
ぼくは月に1度テニスをします。

one*
[wʌ́n ワン]
ひとつ(の)，もの

Which sticker do you want?
どっちのシールがほしい？
— I want this one.
これがほしい。

onion
[ʌ́njən アニョン]
タマネギ

only
[óunli オウンリ]
ただひとつの；たった

I have only 100 yen now.
私は今，100円しか持っていません。

open
[óupn オウプン]
開く，開ける

Open your eyes.
目をあけて。
Open the box.
箱を開けて。
Open your books to page 10.
10ページを開いて。

opposite
[ápəzit アポズィット]
反対の，向こう側の；反対語

or*
[強 ɔ́ːr オー，弱 ər オー]
または，それとも

yes or no
イエスかノーか
left or right
左か右か

orange
[ɔ́ːrindʒ オーレンヂ]
オレンジ；オレンジ色(の)

mandarin orange
ミカン

order

[ɔ́ːrdər オーダ]

順番，注文，命令；命令する

alphabetical order
アルファベット順

take an order
注文をきく

other*

[ʌ́ðər アだ]

ほかの，別の；ほかのもの

Show me your other hand.
もう一方の手を見せて。

our*

[áuər アウア]

私たちの

ours*

[áuərz アウアズ]

私たちのもの

out

[áut アウト]

外に

in 中に

outside

[autsáid アウトサイド]

外側(に)

 inside 内側(に)

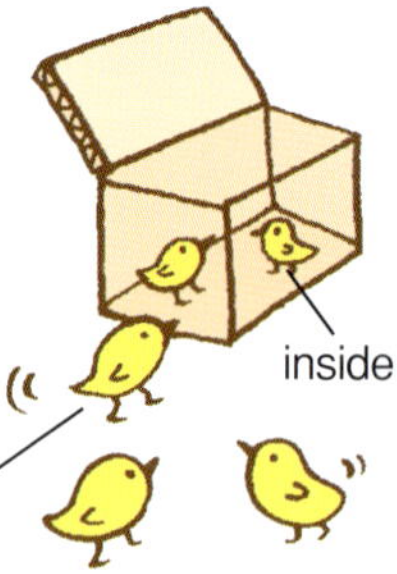

oval

[óuvl オウヴル]

だ円形

over*

[óuvər オウヴァ]

〜の上に，〜の上をこえて

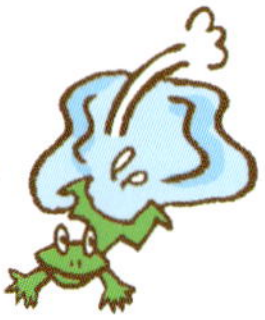

jump over the pond
池をとびこえる

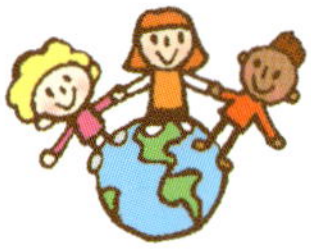

all over the world
世界中

own

[óun オウン]

自分自身の

This is my own bike.
これは私の自転車です。

oyster

[ɔ́istər オイスタ]

カキ

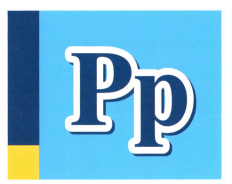

page
[péidʒ ペイヂ]

ページ

turn the page
ページをめくる

paint
[péint ペイント]

絵の具；(絵の具で絵を)かく

paint a picture
(絵の具で)絵をかく

● draw a picture
絵をかく

painting
絵

paintbrush
絵筆

pair
[péər ペア]

1組，1対

58

a pair of shoes
くつ1足
a pair of pants
ズボン1本
a pair of glasses
めがね1つ

palace
[pǽlis パレス]

宮殿

panda
[pǽndə パンダ]

パンダ

pants
[pǽnts パンツ]

ズボン

paper
[péipər ペイパ]

紙，新聞，レポート

a piece of paper
紙1枚

morning paper 朝刊

paper crane
折りヅル

one hundred and forty-one **141**

pardon
[pάːrdn パードン]
許す；許し

Pardon me?
= Excuse me?
もう一度おっしゃってください。

parent
[pέərənt ペアレント]
親

parents 両親

father お父さん
mother お母さん

park
[pάːrk パーク]
公園；ちゅう車する

bench ベンチ
tree 木
swing ブランコ
slide すべり台
jungle gym ジャングルジム
seesaw シーソー
sandbox 砂場
flower bed 花だん

parrot
[pǽrət パろット]
オウム

party
[pάːrti パーティ]
パーティー

part
[pάːrt パート]
部分，役

part-time job
アルバイト

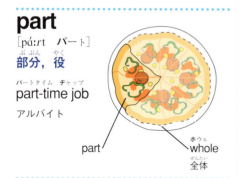

part
whole 全体

pass
[pǽs パス]
回す，通り過ぎる，パスする；定期券

Pass me the salt, please.
塩をとってください。

pass the post office
郵便局の前を通りすぎる

past
[pǽst　パスト]
～を過ぎて；過去(の)

It's a quarter past four.
4時15分です。

It's half past five.
5時半です。

pat
[pǽt　パット]
たたく

Pat-a-Cake 🔘 21
Pat-a-cake, pat-a-cake,
Baker's man,
Bake me a cake
As fast as you can.

ペタ，ペタ，
パン屋さん，
急いでケーキを
焼いてください。　(→p.258)

pay
[péi　ペイ]
支払う

Pay ten dollars for the book.
その本に10ドル支払いなさい。

pea
[píː　ピー]
エンドウ豆

peace
[píːs　ピース]
平和

We wish for peace on Earth.
地球に平和を。

⇔ war　戦争

peach
[píːtʃ　ピーチ]
モモ

peanut
[píːnʌt　ピーナット]
ピーナッツ

pear
[péər　ペア]
洋ナシ

pen
[pén　ペン]
ペン

🔘 58
a felt pen
サインペン
a ballpoint pen
ボールペン
a fountain pen
万年筆

pencil
[pénsl ペンスル]
えんぴつ
鉛筆

pencil case
ふでばこ
筆箱

colored pencil
いろえんぴつ
色鉛筆

pencil sharpener
えんぴつ
鉛筆けずり

mechanical pencil
シャープペンシル

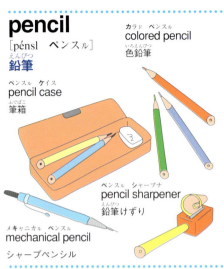

penguin
[péŋgwin ペングウィン]
ペンギン

people
[píːpl ピープル]
ひとびと
人々

There are lots of people in the room.
その部屋にはたくさんの人々がいる。

two people
2人の人

one person
ひとりの人

pet
[pét ペット]
ペット

- cat ネコ
- dog イヌ
- chameleon カメレオン
- turtle カメ
- hamster ハムスター
- crayfish ザリガニ
- snake ヘビ
- tropical fish 熱帯魚
- goldfish 金魚
- rabbit ウサギ

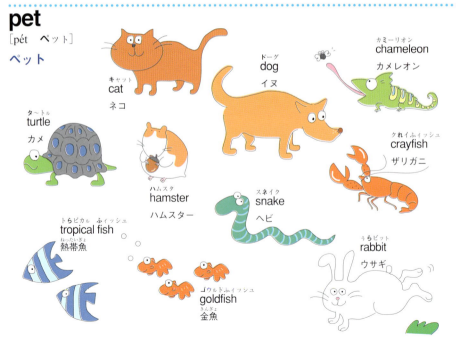

photo
[fóutou　ふォウトウ]

写真(= photograph)

photographer　写真家

piano
[piǽnou　ピアノウ]

ピアノ

I like playing the piano.
私はピアノをひくのが好きです。

pianist　ピアニスト

pick
[pík　ピック]

(花などを)つむ, 選ぶ

pick flowers
花をつむ

picnic
[píknik　ピクニック]

ピクニック

go on a picnic
ピクニックに行く

picture
[píktʃər　ピクチャ]

絵, 絵画, 写真

draw a picture
絵をかく

take a picture
写真をとる

pie
[pái　パイ]

パイ

apple pie
アップルパイ

pumpkin pie
パンプキンパイ

piece
[píːs　ピース]

一切れ, 断ぺん

a piece of meat
肉一切れ

two pieces of chalk
チョーク2本

pig
[píg ピッグ]
ブタ

oink ブーブー
piglet 子ブタ
piggy bank ブタの貯金箱

This Little Pig Went to Market 🔵 22
This little pig went to market.
This little pig stayed home.
This little pig had roast beef.
This little pig had none.

この子ブタはマーケットに行きました。
この子ブタはお留守番。
この子ブタはローストビーフを食べました。
この子ブタは何も食べませんでした。(→p.258)

pin
[pín ピン]
ピン

safety pin 安全ピン
pinwheel 風車

pink
[píŋk ピンク]
ピンク；ピンクの

pizza
[pí:tsə ピーツァ]
ピザ

place
[pléis プレイス]
場所

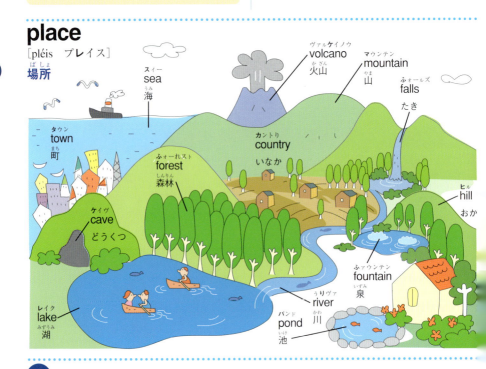

volcano 火山
mountain 山
falls たき
sea 海
town 町
country いなか
forest 森林
cave どうくつ
hill おか
fountain 泉
river 川
pond 池
lake 湖

plan
[plǽn プラン]
けいかく　よてい
計画，予定

plane
[pléin プレイン]
ひこうき　　　エアプレイン
飛行機 (= airplane)

plant
[plǽnt プラント]
しょくぶつ　う
植物；植える

プランツ　アンドアニマルズ
plants and animals
どうしょくぶつ
動植物

プラント　フラウアズ
plant flowers
はな　う
花を植える

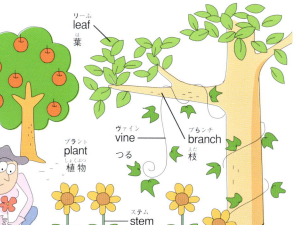

リーフ leaf 葉
ヴァイン vine つる
ブランチ branch 枝
プラント plant 植物
ステム stem くき

plate
[pléit プレイト]
さら　ひらざら
皿，平皿

playground
[pléigraund プレイグらウンド]
こうてい　あそ　ば
校庭，遊び場

play
[pléi プレイ]
あそ　　　　　　えんそう
遊ぶ，〜する，演奏する

プレイア　　きょうぎ　　ひと
player 競技する人

🔊 58

play catch
キャッチボールをする
play house
ままごとをする
play the piano
ピアノをひく

please
[plíːz プリーズ]
どうぞ

カミン　ブリーズ
Come in, please.
どうぞ，お入りください。

🔊 40

Shall I open the windows?
まど　あ
窓を開けましょうか？
— Yes, please.
　　　　ねが
　　はい，お願いします。

one hundred and forty-seven **147**

plus
[plʌs　プラス]
プラス；足す

pocket
[pákit　パケット]
ポケット

What's in your pocket?
ポケットに何が入っているの？

poem
[póuəm　ポウム]
詩

point
[pɔ́int　ポイント]
先，点；指す

point to the word
その単語を指差す

police
[pəlíːs　ポリース]
警察

police car
パトロールカー

police station
警察署

police officer
警察官

polite
[pəláit　ポライト]
礼儀正しい

Be polite.
礼儀正しくしなさい。

pond
[pánd　パンド]
池

pool
[púːl　プール]
水たまり，プール

swimming pool　プール

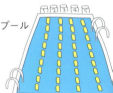

poor
[púər　プア]
貧しい，かわいそうな

Save the poor people.
貧しい人々を救おう。

⇔ rich　豊かな

popcorn
[pápkɔːrn　パップコーン]
ポップコーン

popular
[púpjulər パピュラ]
人気のある

Card games are popular among children.
トランプ遊びは子どもたちに人気がある。

postcard
[póustkɑːrd ポウストカード]
ハガキ

post office
[póust ɔ́ːfis ポウスト オーフィス]
郵便局

potato
[pətéitou ポテイトウ]
ジャガイモ

potatoes potatoの複数形

pour
[pɔ́ːr ポー]
注ぐ，大雨が降る

pour tea
お茶を注ぐ

It's pouring outside.
外は大雨が降っている。

power
[páuər パウア]
力，エネルギー

solar power 太陽エネルギー
wind power 風力
nuclear power 原子力

practice
[præktis プラクティス]
練習する；練習

practice the piano
ピアノの練習をする

prepare
[pripéər プリペア]
用意する，準備する

prepare a meal
食事を用意する

present
[préznt プレズント]
出席している

⇔ absent 欠席している

present 2
[préznt プレズント]
プレゼント；贈る

pretend
[priténd プリテンド]
〜のふりをする

pretend to be a princess
お姫様のまねをする

pretty
[príti プリティ]
かわいい；かなり

How pretty!
なんてかわいいんでしょう！

prince
[príns プリンス]
王子

princess
[prínses プリンセス]
王女

prize
[práiz プライズ]
賞，賞品

win the first prize
1等賞をとる

problem
[prábləm プラブレム]
問題

solve the math problem
算数の問題を解く

promise
[prámis プラミス]
約束する；約束

Keep your promise.
約束して。

proud
[práud プラウド]
ほこりに思っている

I'm proud of my parents.
私は両親をほこりに思っています。

pudding
[púdiŋ プディング]
プディング，プリン

pull
[púl プル]
引く，引っ張る

pull the string
ひもを引っ張る

⇔ push　おす

pumpkin
[pʌ́mpkin パンプキン]
カボチャ

pumpkin pie
パンプキンパイ

jack-o'-lantern
カボチャのランプ
（ジャコランタン）

puppet
[pʌ́pit パペット]
あやつり人形，指人形

puppy
[pʌ́pi パピ]
子イヌ

dog イヌ

puppy

purple
[pə́ːrpl パ〜プル]
紫　；　紫色の

purse
[pə́ːrs パ〜ス]
財布，小銭入れ，ハンドバッグ

wallet
札入れ

purse

push
[púʃ プッシュ]
おす

Don't push.
おさないで。

⇔ pull　引く

put
[pút プット]
置く

Put on your hat.
ぼうしをかぶって。

Put your toys away.
おもちゃをしまいなさい。

Put down your hands.
手をおろしなさい。

one hundred and fifty-one　**151**

Qq

quarter
[kwɔ́ːrtər クウォータ]
4分の1，15分

アクウォータ
a quarter
4分の1

アクウォータ パストゥー
a quarter past two
2時15分

queen
[kwíːn クウィーン]
女王，(トランプの)クイーン

question
[kwéstʃən クウェスチョン]
質問，問題

メイアイ アスキューア クウェスチョン
May I ask you a question?
質問してもいいですか？

クウェスチョン マーク
question mark 疑問符(?)

 アンサ
answer 答え

quick
[kwík クウィック]
速い；急いで

カム クウィック
Come quick.
急いで来て。

quiet
[kwáiət クワイエット]
静かな，おとなしい

ビークワイエット
Be quiet.
静かに。

 noisy うるさい

quilt
[kwílt クウィルト]
キルト(ベッドカバーなど)

quite
[kwáit クワイト]
まったく，すっかり

quiz
[kwíz クウィズ]
テスト，クイズ

スペリング クウィズ
spelling quiz つづり字テスト

クウィズ ショウ
quiz show クイズショー

rabbit
[rǽbit　ぅらビット]

ウサギ

hare　野ウサギ

race
[réis　ぅれイス]

競走，レース

racket
[rǽkit　ぅらケット]

ラケット

radio
[réidiou　ぅれイディオウ]

ラジオ

rain
[réin　ぅれイン]

雨；雨が降る

rainy　雨降りの

rainbow　にじ

Rain Rain Go Away　◎23

Rain, rain, go away.
Come again another day.
Little Johnny wants to play.

雨，雨，やんで。
ほかの日にまた来てね。
ジョニーちゃんは外で遊びたいんだよ。

(→p.259)

rainbow
[réinbou　ぅれインボウ]

にじ

Rainbows have seven colors.
にじは七色だ。

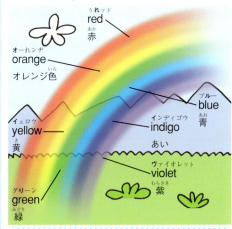

raise

[réiz　うレイズ]
上げる

Raise your hands.
手を上げて。

reach

[ríːtʃ　うリーチ]
着く，手をのばしてとる

reach home at six
6時に帰宅する

Can you reach the box?
その箱をとれますか？

read

[ríːd　うリード]
読む

(41)

Do you speak Chinese?
中国語を話しますか？
— Yes, I do. But I can't read or write.
はい，話します。でも読み書きはできません。

She read the story to her children.
かの女は子どもたちにお話を読んであげた。

(59)

read a book
本を読む

read aloud
音読する

I like reading.
私は読書が好きです。

▶ read　読んだ

ready

[rédi　うレディ]
用意ができて

Dinner is ready.
夕食の用意ができました。

really

[ríəli　うリアリ]
本当に

Really? Did you see a ghost?
本当？ 君，おばけを見たの？

real

[ríəl　うリアル]
本当の

reason

[ríːzn　うリーズン]
理由

recycle
[ríːsáikl　うりーサイクル]
リサイクルする，再利用する

The 3R's　3R

recycle　リサイクルする

reduce　減らす

reuse　再利用する

PET bottle　ペットボトル
glass　ガラス
milk carton　牛乳パック
bottle　びん
cardboard　ボール紙
used clothes　古着
plastic　プラスチック
plastic bag　ポリ袋
newspaper　新聞紙
aluminum can　アルミかん
steel can　スチールかん

red
[réd　うレッド]
赤；赤い

refrigerator
[rifrídʒəreitər　うりふりヂェれイタ]
冷蔵庫

remember
[rimémbər　うりメンバ]
覚えている，思い出す，忘れず〜する

Remember to wash your hands.
手を洗うのを忘れないように。

Remember me.
私を思い出して。

⇔ forget　忘れる

repeat
[ripíːt　うりピート]
くり返す

Repeat after me.
私のあとについて言いなさい。

Could you repeat the question?
質問をくり返していただけますか？

report
[ripɔ́ːrt　うりポート]
報告する；報告

report card　通知表

rest

[rést うレスト]
休けい

Have a good rest.
よく休みなさい。

rest room　トイレ

restaurant

[réstərənt うレストラント]
レストラン

return

[ritə́:rn うりター〜ン]
帰る，返す

return a book to the library
図書館に本を返す

rhyme

[ráim うらイム]
ライム(韻)

cat—hat　ネコ—ぼうし

fox—box　キツネ—箱

duck—truck　アヒル—トラック

rice

[ráis うらイス]
米，ライス，ごはん

rice cake
もち

rice ball
おにぎり

rich

[rítʃ うリッチ]
豊かな，金持ちの

⇔ poor　貧しい

riddle

[rídl うリドル]
なぞなぞ

〈Q1〉 What is the longest word in the dictionary?
辞書にある単語の中で，いちばん長い単語は？

〈A1〉 Smiles.
スマイルズ(sとsの間に1mileあるから)。

〈Q2〉 What kind of dog never bites?
かみつかないイヌ(dog)は？

〈A2〉 A hot dog.
ホットドッグ。

ride
[ráid うらイド]
乗る

> ride a bike
> 自転車に乗る
>
> ride a horse
> 馬に乗る
>
> go for a ride
> (車などで)出かける

I rode my bike home.
私は家まで自分の自転車に乗って行きました。

▶ rode 乗った

right
[ráit うらイト]
右(の)；正しい；右へ

Raise your right hand.
右手を上げて。

You're right.
君は正しい。

⇄ left 左(の)；左へ

⇄ wrong 間違った

ring 1
[riŋ うリング]
指輪，輪

ring 2
[riŋ うリング]
(ベル，すずが)鳴る；リンリン

rise
[ráiz うらイズ]
昇る，上がる

The sun rises in the east.
太陽は東から昇る。

The moon rose over the mountain.
月が山の上に昇った。

▶ rose 昇った

river
[rívər うリヴァ]
川

road
[róud うロウド]
道

road sign 道路標識

robot
[róubat うロウバット]
ロボット

rock

[rák うラック]

岩, 石

Rock, scissors, paper.
One, two, three!
ジャンケンポン！（グー，チョキ，パー）

roll

[róul うロウル]

転がる，転がす，巻く

roll over
コロコロ転がる

roof

[rú:f うるーふ]

屋根

room

[rú:m うるーム]

部屋

rope

[róup うロウプ]

ロープ

rose

[róuz うロウズ]

バラ

Ring-a-Ring o'Roses
Ring-a-ring o'roses,
A pocketful of posies,
A-tishoo! A-tishoo!
We all fall down.
輪になってバラの花輪を作ろうよ。
ポケットいっぱい花だらけ。
ハクション，ハクションで
みんないっしょにたおれちゃった。（→p.259）

rough

[rʌ́f うらふ]

でこぼこした

a rough road
でこぼこ道

⇔ smooth なめらかな

round

[ráund うラウンド]

丸い；まわりに

a round face
丸顔

square 四角形

row 1
[róu うロウ]
列

スィット インナロウ
sit in a row
いちれつ
一列にすわる

row 2
[róu うロウ]
(舟を)こぐ

うろウボウト
rowboat (手こぎの)ボート

rubber
[rʌ́bər うらバ]
ゴム

うらバ バンド
rubber band 輪ゴム

rule
[rúːl うるール]
きそく
規則, ルール

ふァロウ だるールズ
follow the rules
したが
ルールに従う

スクール うるールズ
school rules
こうそく
校則

ruler
[rúːlər うるーラ]
じょうぎ
定規

run
[rʌ́n うらン]
はし
走る

ヒーイズ うらニング
He is running.
はし
かれは走っています。

ユアノウズイズ うらニング
Your nose is running.
はなみず で
鼻水が出ているよ。

マイドーグ うらンナウェイ イェスタデイ
My dog ran away yesterday.
きのう わたし はし
昨日, 私のイヌが(走って)にげた。

うらナ そうしゃ
runner 走者, ランナー

うらン はし
ran 走った

Russia
[rʌ́ʃə うらシャ]
ロシア

うらシャン
Russian ロシア語, ロシア人; ロシア(人)の

Ss

sad
[sǽd サッド]
悲しい

I'm sad.
私は悲しいです。

a sad story
悲しいお話

safe
[séif セイふ]
安全な；金庫

We are safe here.
ここは安全だ。

safety pin
安全ピン

 dangerous 危険な

sail
[séil セイル]
航海する；帆

sail
航海する
sailor
船乗り
sailboat
ヨット

salad
[sǽləd サラッド]
サラダ

salt
[sɔ́ːlt ソールト]
塩

salt and pepper
塩とコショウ

Pass me the salt, please.
塩をとってください。

sugar 砂糖

same
[séim セイム]
同じ

We go to the same school.
私たちは同じ学校に通っています。

⇔ different ちがう

sand
[sǽnd サンド]
砂

sand castle 砂の城

sandbox 砂場

sandwich
[sǽnwitʃ サンウィッチ]
サンドイッチ

BLT
ベーコンレタストマトサンド

peanut butter and jelly
ピーナッツバターとジャムサンド

ham and egg
ハムエッグサンド

Saturday
[sǽtərdi サタディ]
土曜日

sausage
[sɔ́ːsidʒ ソーセッヂ]
ソーセージ

save
[séiv セイヴ]
救う，ためる

Save the earth.
地球を救え。

Save your money.
貯金しなさい。

say
[séi セイ]
言う

Say good night.
おやすみのあいさつをしなさい。

"Hello, Kent," said Lisa.
リサは「こんにちは，ケント」と言った。

▶ said 言った

scale
[skéil スケイル]
はかり

scarecrow
[skéərkrou スケアクろウ]
かかし

scared → second

scared
[skέərd スケアド]
こわがって

アーユー スケアド
Are you scared?
君、こわい？

イェス アイム スケアド
— Yes, I'm scared.
うん、こわい。

scarf
[skάːrf スカーふ]
マフラー，スカーフ

schedule
[skédʒuːl スケデュール]
予定表，スケジュール

クラス スケデュール
class schedule
時間割

school
[skúːl スクール]
参照232
学校

アイゴウトゥ アオゾら エれメンタリ スクール
I go to Aozora Elementary School.
ぼくは青空小学校に通っています。

アイゴウトゥ スクール バイバス
I go to school by bus.
私はバスで学校に行きます。

アウアスクール ビギンズ アッテイト
Our school begins at eight.
私たちの学校は8時に始まります。

science
[sáiəns サイエンス]
理科，科学

サイエンティスト
scientist 科学者

scissors
[sízərz スィザズ]
はさみ

scold
[skóuld スコウルド]
しかる

マだ スコウルデッドミー イェスタデイ
Mother scolded me yesterday.
昨日、お母さんにしかられた。

score
[skɔ́ːr スコー]
点数，得点

ワッツ だ スコー ナウ
What's the score now?
今、何対何？

すりー トゥトゥー
— 3 to 2.
3対2。

スコーボード
scoreboard スコアボード

sea
[síː スィー]
海

season
[síːzn スィーズン]
季節

What season do you like best?
どの季節がいちばん好き？
— I like summer best.
夏がいちばん好きです。

seat
[síːt スィート]
席

Go back to your seat.
あなたの席にもどりなさい。

second 1
[sékənd セカンド]
2番目(の)

second 2
[sékənd セカンド]
秒

secret
[síːkrit スィークれット]
秘密(の)

Let's keep it a secret.
それは秘密にしておこう。

see
[síː スィー]
見る，会う

I can't see it well.
よく見えません。

I'm glad to see you.
お会いできてうれしいです。

I saw the movie last week.
先週，その映画を見ました。

Have you ever seen a ghost?
ゆうれいを見たことがありますか？

▶ saw 見た
▶ seen seeの過去分詞形

I see.
わかりました。
Let me see.
えーと。
See you later!
それじゃまた！

seed
[síːd スィード]
種

plant seeds
種をまく

seem
[síːm スィーム]
〜のように見える

The boy seems happy.
その少年はうれしそうだ。

seesaw
[síːsɔː スィーソー]
シーソー

play on the seesaw
シーソーで遊ぶ

selfish
[sélfiʃ セルふィッシュ]
わがままな

Don't be selfish.
わがままはだめです。

sell
[sél セル]
売る

They sell T-shirts at 1000 yen.
Tシャツが1000円で売られている。

We sold the old clothes.
私たちは古着を売りました。

 sold 売った

 buy 買う

send
[sénd センド]
送る

send a letter
手紙を送る

send an e-mail
eメールを送る

Grandma sent me a present.
おばあちゃんは私にプレゼントを送ってくれた。

sent 送った

senior
[síːniər スィーニア]
年上の

sense
[séns センス]
感覚

the five senses 五感

seeing 視覚

tasting 味覚

hearing 聴覚

smelling 嗅覚

touching 触覚

September
[septémbər セプテンバ]
9月

serious
[síriəs スィリアス]
まじめな

I'm serious.
本気よ。

one hundred and sixty-five **165**

set

[sét セット]

置く，(太陽などが)しずむ；一組

set the table
食たくの用意をする

tea set
ティーセット一そろい

seven

[sévn セヴン]

7(の)

seventeen 17(の)

seventy 70(の)

seventh 7番目(の)

sew

[sóu ソウ]

ぬう

sew a dress
ドレスをぬう

sewing machine
ミシン

shadow

[ʃǽdou シャドウ]

かげ

shake

[ʃéik シェイク]

ふる，ゆれる

shake hands
あく手をする

shall*

[弱 ʃəl シャル，強 ʃǽl シャル]

(疑問文で)〜しましょうか

🔊 42

Shall I open the door?
ドアを開けましょうか？
— Yes, please.
　はい，お願いします。
— No, thank you.
　いいえ，結構です。
Shall we play now?
今遊ぶ？
— Yes, let's.
　そうしよう。

shallow

[ʃǽlou シャロウ]

浅い

The water is shallow here.
ここは浅せだ。

⇔ **deep** 深い

shape
[ʃéip　シェイプ]
かたち
形

サ～クル
circle
えん
円

トライアングル
triangle
さんかくけい
三角形

スクウェア
square
せいほうけい
正方形

れクタングル
rectangle
ちょうほうけい
長方形

スター
star
ほしがた
星形

オウヴル
oval
だえんけい
だ円形

ダイアモンド
diamond
がた
ひし形

ハート
heart
がた
ハート形

ドロップ
drop
がた
しずく形

クレスント
crescent
みかづきがた
三日月形

ペンタガン
pentagon
ごかくけい
五角形

ヘクサガン
hexagon
ろっかくけい
六角形

アクタガン
octagon
はっかくけい
八角形

スィリンダ
cylinder
えんちゅうけい
円柱形

キューブ
cube
りっぽうたい
立方体

コウン
cone
えんけい
円すい形

ピラミッド
pyramid
がた
ピラミッド形

スフィア
sphere
きゅう
球

ダイアグナル
diagonal
しゃせん　たいかくせん
斜線，対角線

ダイアメタ
diameter
ちょっけい
直径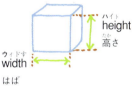

ウィドす
width
はば

ストれイト　ライン
straight line
ちょくせん
直線

カ～ヴド　ライン
curved line
きょくせん
曲線

ズィグザッグ　ライン
zigzag line
せん
ジグザグ線

スパイラル
spiral
らせん

share
[ʃéər　シェア]
つか　　　わ
いっしょに使う，分ける

プリーズ　シェア　ユアブック　ウィぜッケント
Please share your book with Kent.
　　　ほん
あなたの本をケントといっしょに見てください。

sharp
[ʃɑːrp　シャープ]
するどい

だナイふイズ　シャープ
The knife is sharp.
このナイフはするどい。

she →shop

she*
[ʃíː　シー]

かの女は(が)

This is Lisa and she is my sister.
こちらはリサ，かの女は私の姉です。

she

Her pets are rabbits.
かの女のペットはウサギです。
her pets

This white one likes her very much.
この白い方はかの女のことが大好きです。

her

This brown one is hers, too.
茶色の方もかの女のものです。

hers

sheep
[ʃíːp　シープ]

ヒツジ

lamb
子ヒツジ

baa
メェー

sheep

sheet
[ʃíːt　シート]

シーツ, (紙などの)1枚

shelf
[ʃélf　シェるふ]

たな

shell
[ʃél　シェる]

貝がら

shellfish
貝

shell

shine
[ʃáin　シャイン]

かがやく

The sun is shining.
太陽がかがやいている。

ship
[ʃíp　シップ]

船

boat
ボート

captain
船長

shirt
[ʃə́ːrt　シャ～ト]

シャツ

shoe
[ʃúː シュー]
(片方の)くつ

Put on your shoes.
くつをはいて。

Take off your shoes.
くつをぬいで。

shoelace
くつひも

shoot
[ʃúːt シュート]
撃つ，シュートする

shooting star
流れ星

shoot the ball
シュートする

shop
[ʃáp シャップ]
店；買い物をする

go shopping
買い物に行く

🔊 42

May I help you?
いらっしゃいませ。
— Yes, I'm looking for a bag.
バッグをさがしているんですけど。
How about this blue one?
この青いのはいかがですか？
— Well, do you have this in yellow?
ええ，これの黄色のはありますか？
Yes, here you are.
はい，どうぞ。
— OK, I'll take it. How much is it?
じゃ，これにします。いくらですか？
It's 20 dollars.
20ドルです。
— Here's 50 dollars.
では50ドルで。
Here's your change. Thank you.
はい，おつりです。ありがとうございました。
— Thank you.
ありがとう。

short

[ʃɔ́:rt ショート]

短い，背が低い

a short pencil
短い鉛筆

⇔ long 長い

⇔ tall 背が高い

should*

[弱 ʃud シュッド, 強 ʃúd シュッド]

〜した方がよい

You should speak in English.
英語で話してごらん。

shoulder

[ʃóuldər ショウルダ]

かた

shout

[ʃáut シャウト]

さけぶ

Stop shouting.
さけぶのをやめて。

show

[ʃóu ショウ]

見せる，教える，案内する；ショー

Show me your ticket.
チケットを見せて。

Show me the way to school.
学校まで案内して。

show and tell
（自分の持ち物を持ってきて
クラスで発表する）

shower

[ʃáuər シャウア]

にわか雨，シャワー

shut

[ʃʌ́t シャット]

閉める，閉まる

shut the door
ドアを閉める

● close 閉める

⇔ open 開ける

sick

[sík　スィック]

病気の

アイふぃーる　スィック
I feel sick.　気分が悪いです。

ディズィ
dizzy
めまい

チリ
chilly
寒気

アイハヴァ　スタマックエイク
I have a stomachache.
おなかが痛いです。

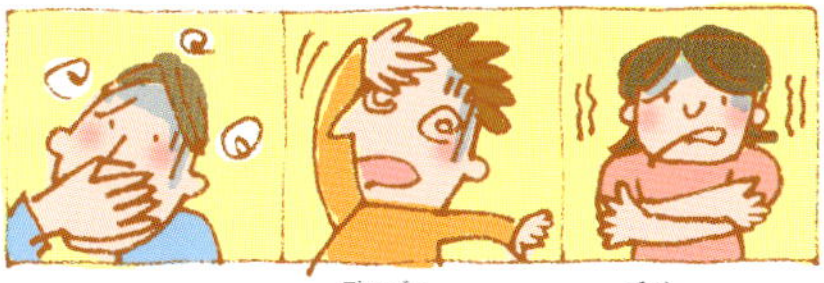

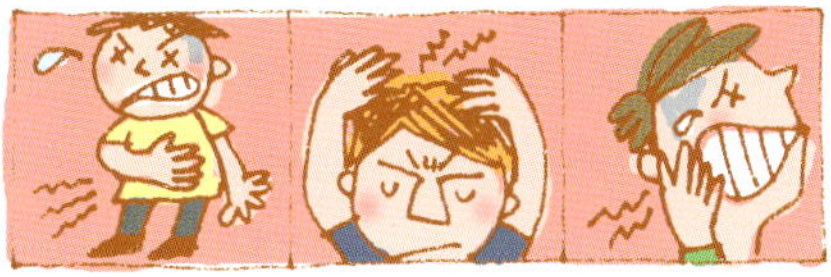

ヘデイク
headache
頭が痛い

トゥーすエイク
toothache
歯が痛い

アイハヴァ　ふぃーヴァ
I have a fever.　熱があります。

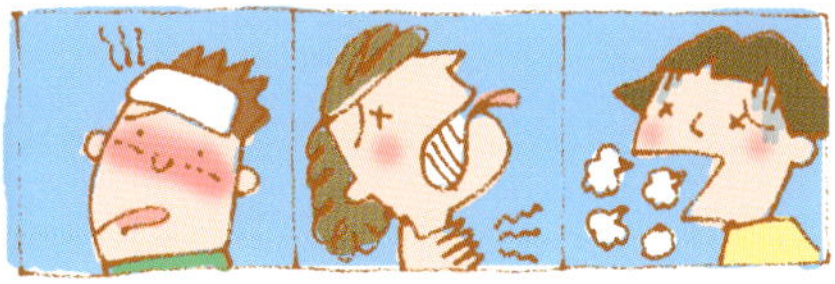

ソー　すろウト
sore throat
のどが痛い

バッド　コーふ
bad cough
せきがひどい

ノウズブリード
nosebleed　鼻血

ダイアリーア
diarrhea　下痢

バンデッヂ
bandage
包帯

シャット
shot
注射

プラスティック　バンデッヂ
plastic bandage
ばんそうこう

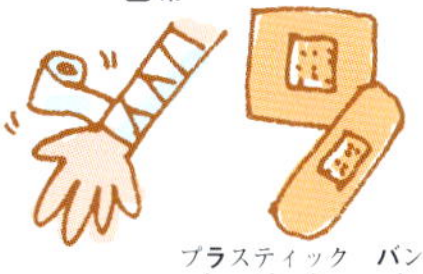

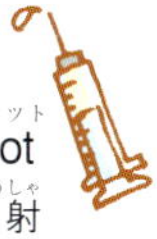

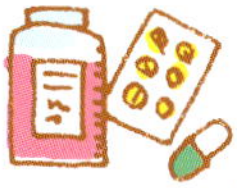

メディスン
medicine
薬

サマメタ
thermometer
体温計

ダクタ
doctor
医者

ナ〜ス
nurse
看護師

ペイシェント
patient
患者

60

I'm sick.
病気です。

I feel sick.
気分が悪いです。

I'm sick in bed.
病気でねています。

side

[sáid　サイド]

面，横

ふらント　サイド
front side
前面

バック　サイド
back side
背面

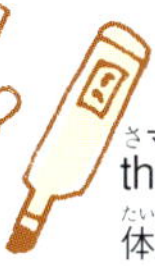

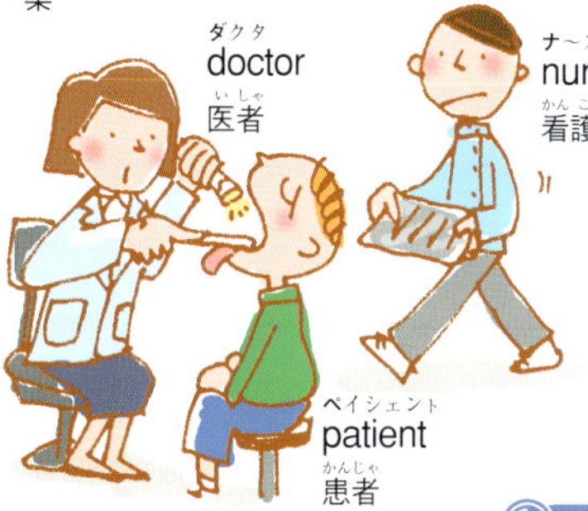

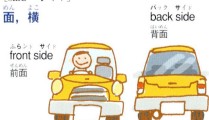

sight

[sáit　サイト]

見ること，視力，ながめ

ハヴ　グッド　サイト
have good sight
目がよい

ハヴ　プア　サイト
have poor sight
目が悪い

sign
[sáin サイン]
記号，標識

（アメリカ） （日本）

Walk
進め

Don't walk
止まれ

Stop
停止

No parking
ちゅう車禁止

Speed limit
制限速度

Keep off the grass
芝生立ち入り禁止

Men 男性
Women 女性

Wet paint
ペンキぬりたて

Dead end
行き止まり

Danger
危険

Do not litter
ごみ捨て禁止

No dogs allowed
イヌの同はん禁止

silent
[sáilənt サイレント]
だまった，静かな

silly
[síli スィリ]
ばかな

Don't be silly.
ばかなことを言わないで。

silver
[sílvər スィルヴァ]
銀；銀(色)の

since*
[síns スィンス]
～から

since this morning
今朝から

sing
[síŋ スィング]
歌う

スィンガローング
sing along
合わせて歌う

ウィ サング サム イングリッシュ ソーングズ
We sang some English songs.
私たちは英語の歌を歌いました。

スィンガ
singer 歌手

▶ サング
sang 歌った

sister
[sístər スィスタ]
姉, 妹, 姉妹

オウルダ スィスタ
older sister
姉

ヤンガ スィスタ
younger sister
妹

⇔ ブラダ
brother 兄, 弟, 兄弟

sit
[sít スィット]
すわる

スィット アンナベンチ
sit on a bench
ベンチにすわる

ウィ サット アッダ テイブル
We sat at the table.
私たちは食たくにつきました。

▶ サット
sat すわった

sit down
すわる
sit still
すわっている
sit by the window
窓ぎわにすわる

six
[síks スィックス]
6 (の)

スィックスティーン
sixteen 16(の)

スィックスティ
sixty 60(の)

スィックスす
sixth 6番目(の)

size
[sáiz サイズ]
大きさ, サイズ

スモール　　　ミーディアム　　　ラーヂ
small　　　　medium　　　　large
小　　　　　　中　　　　　　　大

one hundred and seventy-three **173**

skate → smooth

skate
[skéit スケイト]
スケートのくつ；スケートをする

skating スケート(競技)

skateboard
[skéitbɔ:rd スケイトボード]
スケートボードのボード；スケートボードをする

skateboarding スケートボード(競技)

ski
[skí: スキー]
スキーの板；スキーをする

skiing スキー(競技)

skip
[skíp スキップ]
スキップする，ぬかす

skip one turn
(ゲームなどで)1回ぬかす

skirt
[skə́:rt スカ～ト]
スカート

sky
[skái スカイ]
空

sleep
[slí:p スリープ]
ねむる；ねむり

Did you sleep well last night?
昨夜はよくねむれましたか？
— Yes, I slept well.
はい，よくねむれました。

● go to bed ねる

▶ slept ねむった

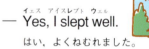

sleeping bag
[slí:piŋ bǽg スリーピング バッグ]
寝袋

sleepy
[slí:pi スリーピ]
ねむい

You look sleepy.
あなたはねむそうだ。

slow
[slóu スロウ]

おそい；おそく

マイ ワッチ イズ ファイヴ ミニッツ スロウ
My watch is five minutes slow.
私(わたし)のうで時計(どけい)は5分(ふん)おくれている。

⇔ fast (ファスト) 速(はや)い；速(はや)く

slowly
[slóuli スロウリ]

ゆっくりと

プリーズ ウォーク スロウリ
Please walk slowly.
ゆっくり歩(ある)いてください。

small
[smɔ́ːl スモール]

小(ちい)さい

スピーク イン ナ スモール ヴォイス
Speak in a small voice.
小(ちい)さな声(こえ)で話(はな)しなさい。

⇔ large (ラーヂ) 大(おお)きい

smart
[smɑ́ːrt スマート]

かしこい

ユー アー スマート
You are smart.
君(きみ)はかしこい。

smell
[smél スメル]

においがする；におい

ザ ケイク スメルズ グッド
The cake smells good.
そのケーキはいいにおいだ。

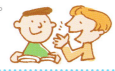

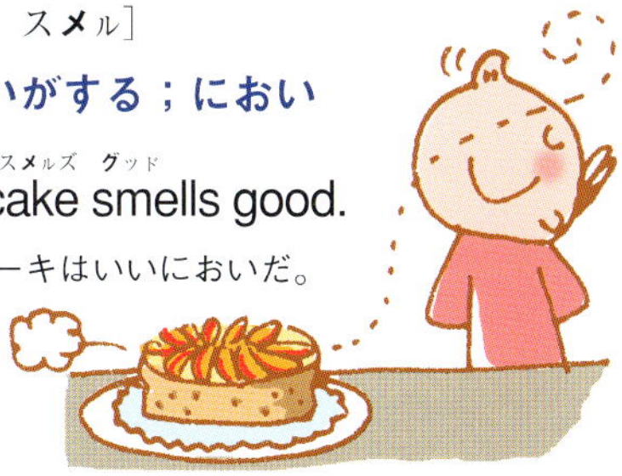

smile
[smáil スマイル]

ほほえむ；ほほえみ

smile
ラフ laugh 笑(わら)う
ギグル giggle くすくす笑(わら)う

smoke
[smóuk スモウク]

けむり；たばこを吸(す)う

ノウ スモウキング
No smoking
禁煙(きんえん)

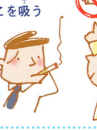

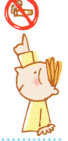

smooth
[smúːð スムーず]

なめらかな

ア スムーず ロウド
a smooth road
平(へい)たんな道(みち)

⇔ rough (ラフ) でこぼこした

snail
[snéil スネイル]
カタツムリ

snake
[snéik スネイク]
ヘビ

sneeze
[sníːz スニーズ]
くしゃみ

Ahchoo.
ハックション。
— Bless you.
(くしゃみをした人に向かって)お大事に。
Thank you.
ありがとう。

snow
[snóu スノウ]
雪；雪が降る

snowflake 雪のひとひら
snowman 雪だるま
snowboard スノーボード

so*
[sóu ソウ]
そのように，そんなに；だから

I think so.
そう思います。

Is that so?
そうですか？

soap
[sóup ソウプ]
石けん

soccer
[sákər サカ]
サッカー(イギリスではfootball)

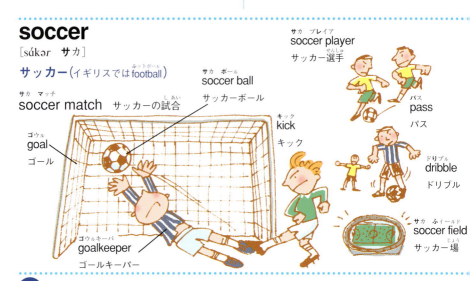

soccer match サッカーの試合
soccer ball サッカーボール
soccer player サッカー選手
goal ゴール
kick キック
pass パス
goalkeeper ゴールキーパー
dribble ドリブル
soccer field サッカー場

sock
[sάk サック]
(短い)くつ下

アペアロヴ サックス
a pair of socks
くつ下1足

スタキング
stocking　(長い)くつ下, ストッキング

soft
[sɔ́:ft ソーふト]
やわらかい

アソーふト ピロウ
a soft pillow
やわらかいまくら

 hard　固い

some
[弱 səm サム, 強 sʌ́m サム]
いくつか(の), いくらか(の)

メイアイハヴ サム クキズ
May I have some cookies?
いくつかクッキーをいただけますか？

someone*
[sʌ́mwʌn サムワン]
だれか

サムワンニズ アッだドー
Someone is at the door.
ドアのところにだれかいる。

サムバディ
somebody　だれか

something*
[sʌ́mθiŋ サムすィング]
何か

アイワント サムすィング ハッ トゥドリンク
I want something hot to drink.
何か熱いものを飲みたいです。

sometimes
[sʌ́mtaimz サムタイムズ]
時々

アイサムタイムズ スタディ ウィぢゅハ〜
I sometimes study with her.
ぼくは時々, かの女といっしょに勉強します。

son
[sʌ́n サン]
息子

ドータ
daughter　むすめ

song
[sɔ́:ŋ ソーング]
歌

レッツ スィンガ ソーング
Let's sing a song.
歌を歌おう。

soon
[súːn スーン]
すぐに，早く

カムバック スーン
Come back soon.
すぐに帰ってきなさい。

sorry
[sɑ́ri サリ]
すまなく思って，かわいそうで

サリ アバウ ダット
Sorry about that.
それはすみませんでした。

42

I'm sorry. I'm late.
すみません。おくれました。
— **That's all right.**
Don't worry about it.
だいじょうぶ。心配しないで。

sound
[sáund サウンド]
音；鳴る

ワッツ ダット サウンド
What's that sound?
それは何の音ですか？

- Ahchoo. ハクション。
- bang バン
- beep ビーッ
- bump ドスン
- buzz ブンブン
- clap パチパチ
- crash ガシャン
- gulp ゴクゴク
- Ha-ha. アハハ。
- Oops. おっと。
- Ouch. 痛っ。
- ring リンリン
- splash パシャ
- tick-tock チクタク
- ting-a-ling チリンチリン
- Uh-huh. うん。
- zzz グーグー

soup
[súːp　スープ]

スープ

south
[sáuθ　サウす]

南

⇔ north　北

space
[spéis　スペイス]

空間, 宇宙

Spain
［spéin　スペイン］
スペイン

Spanish　スペイン語，スペイン人；スペイン(人)の

sparrow
［spǽrou　スパろウ］
スズメ

speak
［spíːk　スピーク］
話す

Do you speak English?
あなたは英語を話しますか？
— Yes, I do. Can I help you?
　はい，話します。お困りですか？
Hello. May I speak to Lisa, please?
こんにちは。リサをお願いします。
— Speaking.
　リサです。
I spoke about the trip.
私は旅の話をしました。

▶ spoke　話した

special
［spéʃəl　スペシャル］
特別の

Kent is a special friend to me.
ケントは私の特別な友だちだ。

spell
［spél　スペル］
つづる

Spell your name.
自分の名前をつづりなさい。

spelling bee　スペリングコンテスト

How do you spell your name?
あなたの名前はどういうつづりですか？
— K-E-N-T.
　K，E，N，Tです。

spend
［spénd　スペンド］
(お金を)使う，(時間を)過ごす

spend a lot of money
たくさんのお金を使う

I spent 1000 yen yesterday.
私は昨日1000円使った。

▶ spent　使った

spider
[spáidər スパイダ]

クモ

ウェッブ
web クモの巣

The Eency Weency Spider 🔊 25
The eency weency spider
Went up the water spout.
Down came the rain and
Washed the spider out.

ちっちゃなクモさんが、
雨どいを登った。
そこに雨が降ってきて、
クモさんを流してしまった。 (→p.259)

spin
[spín スピン]

(糸を)つむぐ, (コマを)回す

スピナ ウェッブ
spin a web
クモの巣を張る

スピナ タップ
spin a top
コマを回す

spinach
[spínitʃ スピナッチ]

ホウレンソウ

spoon
[spúːn スプーン]

スプーン

sport
[spɔ́ːrt スポート]

スポーツ

ベイスボール
baseball 野球 (→p.20)

サカ
soccer サッカー (→p.176)

スウィミング
swimming 水泳 (→p.191)

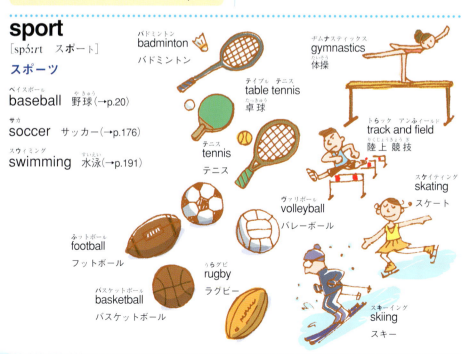

バドミントン
badminton
バドミントン

テイブル テニス
table tennis
卓球

テニス
tennis
テニス

フットボール
football
フットボール

バスケットボール
basketball
バスケットボール

ラグビ
rugby
ラグビー

ヴァリボール
volleyball
バレーボール

ジムナスティックス
gymnastics
体操

トラック アンふィールド
track and field
陸上競技

スケイティング
skating
スケート

スキーイング
skiing
スキー

spread
[spréd スプ**れ**ッド]
広げる

スプ**れ**ッド バタ アンだブ**れ**ッド
spread butter on the bread
パンにバターをぬる

spring
[spríŋ スプ**リ**ング]
春，泉，バネ

square
[skwéər スク**ウェ**ア]
正方形，四角形

squirrel
[skwə́:rəl スク**ワ**〜れル]
リス

stamp
[stǽmp ス**タ**ンプ]
切手；ドスンとふむ

コレクト スタンプス
collect stamps
切手を集める

スタンプ ユアふィート
stamp your feet
足をドスンとふむ

stand
[stǽnd ス**タ**ンド]
立つ；売店

60

stand up
立つ

stand in line
列に並ぶ

stand on my hands
逆立ちをする

アイストゥッド ウェイティングふォ だバス
I stood waiting for the bus.
私はバスを立って待っていました。

▶ ストゥッド
stood 立った

⇔ スィット
sit すわる

stapler
[stéiplər ス**テ**イプラ]
ホッチキス

star
[stá:r ス**タ**ー]
星，星形

26

Twinkle, Twinkle, Little Star
Twinkle, twinkle, little star.
How I wonder what you are.
Up above the world so high,
Like a diamond in the sky.

きらきら光る，小さな星。

あなたはいったいだれなの。

お空に高く，

ダイヤのように光ってる。 (→p.259)

start

[stɑ́ːrt スタート]
出発する, 始まる

What time does school start?
学校は何時に始まりますか？

— It starts at eight-thirty.
 8時半です。

Let's start eating.
食べ始めましょう。

station

[stéiʃən ステイション]
駅, ～署

police station 警察署
fire station 消防署

ticket gate 改札口
stationmaster 駅長
platform プラットホーム
track 線路

stationery

[stéiʃəneri ステイショネり]
文ぼう具

 eraser 消しゴム
 glue のり
 pen ペン
 pencil 鉛筆
 scissors はさみ

 Scotch tape セロハンテープ
 compasses コンパス
 crayon クレヨン
 notebook ノート
 paper 紙

 pencil case 筆箱
 ruler 定規
 stapler ホッチキス
 marker マーカーペン

stay

[stéi　ステイ]

いる，たい在する；たい在

ステイ　ヒア
Stay here.

ここにいて。

デュリングマイステイ　インニンディア
during my stay in India

インドにたい在している間

60

stay home

家にいる

stay up late

夜ふかしする

stay with my friend

友だちといっしょにいる

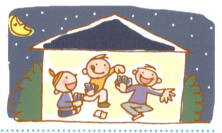

step

[stép　ステップ]

1歩，1段

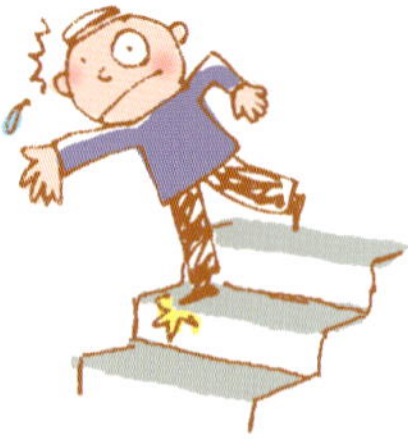

ワッチ　ユアステップ
Watch your step.

足元に注意して。

テイク　ワンステップ　バック
Take one step back.

1歩下がって。

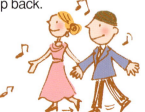

stick

[stík　スティック]

棒；つきさす，はる

スティッカ　スタンプ　アンでィエンヴェロウプ
stick a stamp on the envelope

ふうとうに切手をはる

スティッカ
sticker　シール

still

[stíl　スティル]

まだ

アイム　スティル　ハングリ
I'm still hungry.

私はまだ，おなかがすいています。

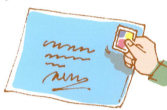

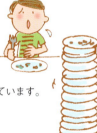

stone

[stóun　ストウン]

石

stop

[stάp　スタップ]

やめる，止まる；停止

スタップ　クらイング
Stop crying.

泣くのをやめて。

バス　スタップ
bus stop　バス停

story →student

story
[stɔ́ːri ストーり]
話, 物語

Once upon a time...
昔々…

Stories Around the World 世界の物語

(アメリカ) The Wizard of Oz
オズの魔法使い

(ロシア) The Big Turnip
大きなカブ

(日本) The Peach Boy
もも太郎

(アフリカ) The Hare and the Tortoise
ウサギとカメ

(イギリス) Alice's Adventures in Wonderland
不思議の国のアリス

(中東) Aladdin and His Magic Lamp
アラジンと魔法のランプ

(デンマーク) The Little Mermaid
人魚ひめ

unicorn
一角じゅう

queen
女王

palace
宮殿

castle
城

pirate
海ぞく

wand
魔法のつえ

fairy
よう精

dragon
ドラゴン

prince
王子

king
王

goblin
小鬼

giant
巨人

princess
王女

magic
魔法

dwarf
(おとぎ話の)小人

straight
[stréit ストれイト]
まっすぐな；まっすぐに

Go straight.
まっすぐ進んで。

a straight line
直線

strange
[stréindʒ ストれインヂ]
変な，きみょうな

That's strange.
それは変だ。

strawberry
[strɔ́:beri ストろーべり]
イチゴ

street
[strí:t ストリート]
通り

Go along this street and turn left.
この通りをずっと行って左に曲がりなさい。

strict
[stríkt ストリクト]
きびしい

Our teacher is strict.
私たちの先生はきびしいです。

strike
[stráik ストらイク]
なぐる，打つ；ストライク

string
[stríŋ ストリング]
ひも

strong
[strɔ́:ŋ ストろーング]
強い

a strong wind
強い風

⇔ weak 弱い

student
[stjú:dənt ステューデント]
生徒，学生

There are 200 students in our school.
私たちの学校には200人の生徒がいます。

study

[stʌ́di スタディ]
勉強する

Study hard!
しっかり勉強しなさい！

subject
参照 232

[sʌ́bdʒikt サブヂェクト]
科目，テーマ

My favorite subject is English.
私の好きな科目は英語です。

subway

[sʌ́bwei サブウェイ]
地下鉄

● underground (= tube)
地下鉄(イギリス)

such

[sʌ́tʃ サッチ]
そのような

Don't say such a thing.
そんなことを言ってはいけません。

suddenly

[sʌ́dnli サドンリ]
とつ然

sugar

[ʃúgər シュガ]
砂糖

summer

[sʌ́mər サマ]
夏

sun

[sʌ́n サン]
太陽

sunny 晴れた

● 60

sunrise
日の出
sunset
日の入り
sunshine
日光

Sunday

[sʌ́ndi サンディ]
日曜日

supper
[sʌ́pər サパ]
夕食

sure
[ʃúər シュア]
確信して；確かに，もちろん

May I ask a question?
質問してもいいですか？

— Sure.
もちろん。

🔊 42
Are you sure that you locked the door?
ちゃんとドアをしめた？
— No, I'm not sure.
いや，わからない。

surprise
[sərpráiz サプライズ]
おどろかせる；おどろき，びっくりさせるもの

Don't surprise me.
おどろかさないで。

swan
[swán スワン]
ハクチョウ

sweat
[swét スウェット]
あせ

sweat shirt
スウェットシャツ
sweat pants
スウェットパンツ

sweater
[swétər スウェタ]
セーター

sweep
[swíːp スウィープ]
はく

sweep the floor
床をはく

sweet
[swíːt スウィート]
あまい；(あまい)お菓子

a sweet candy
あまいアメ

⇔ bitter 苦い

swim

[swím スウィム]
泳ぐ

Kent swims very well.
ケントは泳ぎがとてもじょうずだ。

I swam across the river.
私は川を泳いでわたった。

▶ swam 泳いだ

swimsuit
水着

swimmer
泳ぐ人

swimming pool
プール

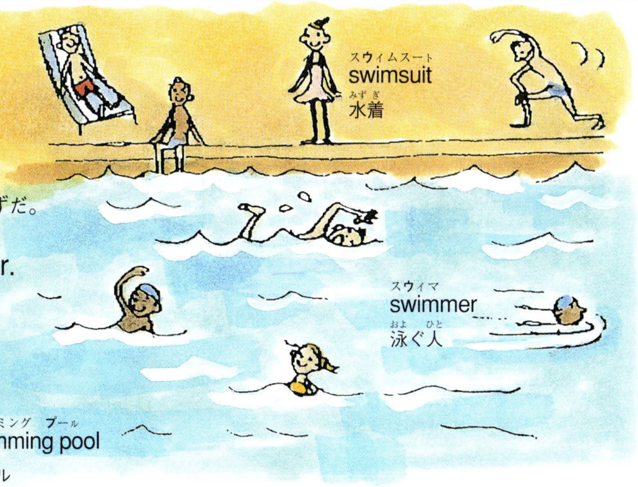

swimming

[swímiŋ スウィミング]
水泳

freestyle 自由形

breaststroke 平泳ぎ

backstroke 背泳ぎ

butterfly バタフライ

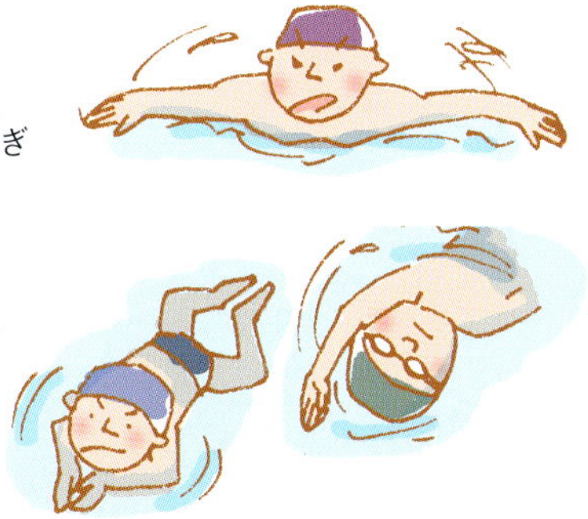

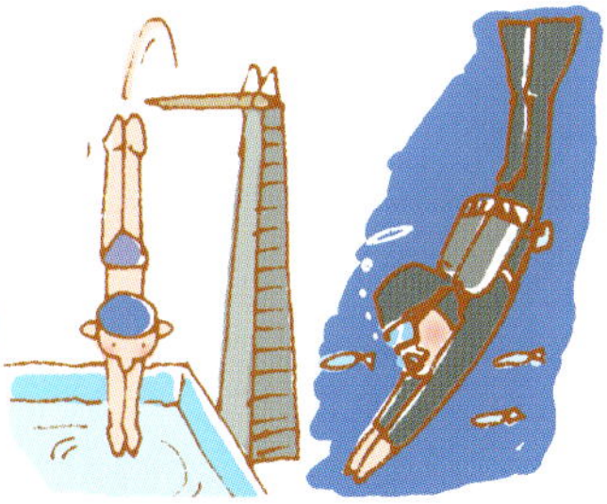

diving 飛びこみ，潜水

swing

[swíŋ スウィング]

ブランコ；ふる

swing on the swing
ブランコをこぐ

switch

[swítʃ スウィッチ]

(電気の)スイッチ

switch on
スイッチを入れる

switch off
スイッチを消す

table →tea

Tt

table
[téibl テイブル]
テーブル，食たく

セット ダテイブル
set the table
食たくの準備をする

テイブルクローす
tablecloth
テーブルクロス

tag
[tǽg タッグ]
鬼ごっこ

🔘 43

Let's play tag.
鬼ごっこをしよう。
Rock, scissors, paper.
One, two, three!
ジャンケンポン。
You're it.
君が鬼だ。

tail
[téil テイル]
しっぽ，(tailsで)こう貨の裏

ヘッズ オーテイルズ
Heads or tails?
表か裏か？（コインを投げる時に言う）

take
[téik テイク]
とる，連れていく，乗る

🔘 61

Take care.
気をつけて。
Take your time.
ゆっくりやりなさい。
Take an umbrella with you.
かさを持っていきなさい。

🔘 61

take a walk
散歩する
take a bath
風呂に入る
take a picture
写真をとる

アイトゥッカ マス テスト イェスタディ
I took a math test yesterday.
昨日，算数のテストを受けました。

▶ トゥック
   took とった

⇄ ブリング
   bring 持ってくる，連れてくる

192 one hundred and ninety-two

talk

[tɔ́ːk　トーク]

話す；話

アイム トーキング　ウィズ　マイ　ふれンド
I'm talking with my friend.
私は友だちと話をしています。

● スピーク
speak　話す

tall

[tɔ́ːl　トール]

背が高い，背の高さが～で

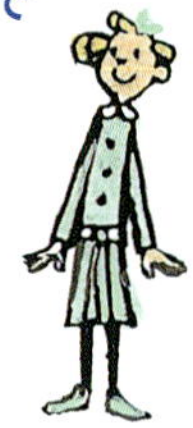

シー イズ　トール
She is tall.
かの女は背が高い。

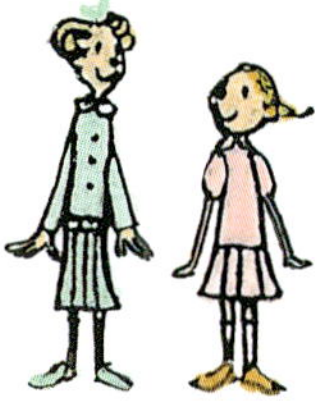

シー イズ　トーラ　だン ナイ
She is taller than I.
かの女は私より背が高い。

シー イズ　だ トーレスト　イン だ クラス
She is the tallest in the class.
かの女はクラスでいちばん背が高い。

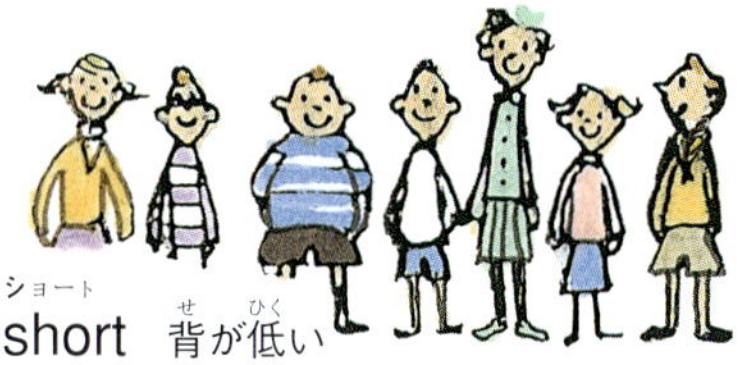

⇔ ショート
short　背が低い

43

How tall are you?
身長はどのくらいですか？
— I am 140 cm tall.
140 cmです。

taste

[téist　テイスト]

味；味がする

でィス　スープ　テイスツ　グッド
This soup tastes good.
このスープはおいしい。

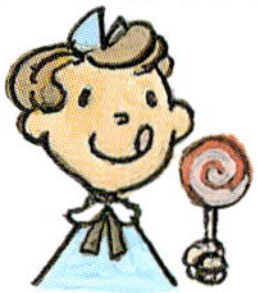

スウィート
sweet
あまい

ハット
hot
からい

サウア
sour
すっぱい

ビタ
bitter
苦い

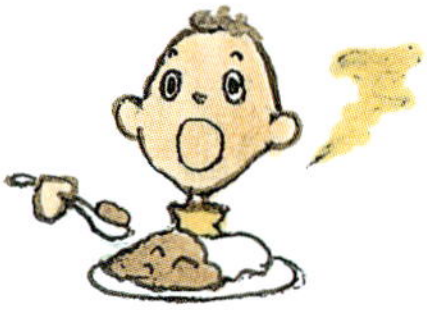

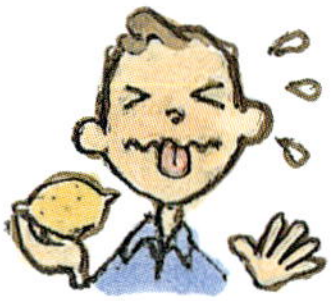

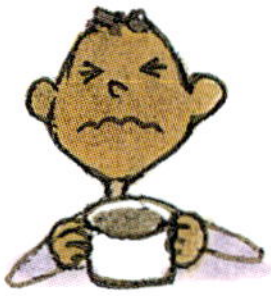

taxi

[tǽksi　タクスィ]

タクシー

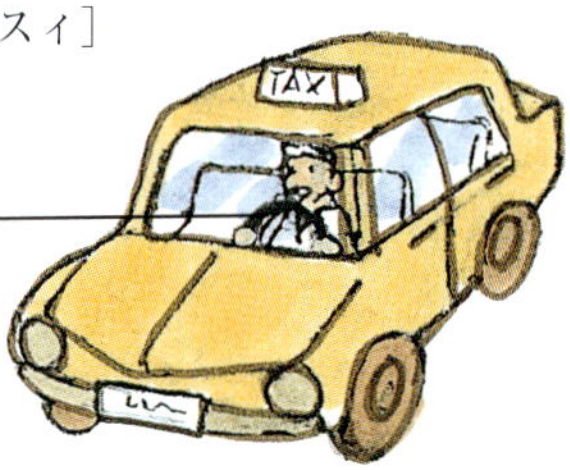

タクスィ　ドらイヴァ
taxi driver
タクシー運転手

tea

[tíː　ティー]

茶

アカップオヴ　ティー
a cup of tea
お茶1ぱい

グリーン　ティー
green tea　緑茶

teach
[tíːtʃ ティーチ]
教える

Teach me how to play.
遊び方を教えてください。

He taught me English.
かれは私に英語を教えた。

▶ taught 教えた

teacher
[tíːtʃər ティーチャ]
先生, 教師

principal 校長先生

⇔ student 生徒

team
[tíːm ティーム]
チーム

tear
[tíər ティア]
(tearsで)なみだ

teeth
[tíːθ ティース]
歯 (toothの複数形)

telephone
[téləfoun テレふォウン]
電話

🔊 43

Hello, this is Kent speaking.
Can I speak to Lisa?
こんにちは、ケントです。リサはいますか？
— Yes, just a second, please.
はい、ちょっとお待ちください。
— Hi, Kent. This is Lisa.
こんにちは、ケント。リサです。

hang up （電話を)きる

hold on （電話で)待つ

telescope
[téləskoup テレスコウプ]
望遠鏡

microscope
けんび鏡

telescope

television
[téləviʒən テレヴィジョン]
テレビ(= TV)

tell
[tél テル]
言う，教える

Tell us a story, Grandma.
おばあちゃん，お話をして。

Mother told me to buy some eggs.
お母さんは，私に卵を買ってきてと言いました。

▶ told 言った

terrible
[térəbl テリブル]
ひどい，おそろしい

How was the movie?
映画はどうだった？
— Terrible.
ひどかった。

● very bad
とても悪い，ひどい

ten
[tén テン]
10(の)

tenth 10番目(の)
ten thousand 10,000(の)

test
[tést テスト]
試験，テスト

I have an English test today.
今日，英語のテストがあります。

tennis
[ténis テニス]
テニス

play tennis
テニスをする

textbook
[tékstbuk テクストブック]
教科書

tent
[tént テント]
テント

than*
[ðən ダン]
〜より

I'm taller than you.
私はあなたより背が高いです。

I like milk better than juice.
私はジュースより牛乳が好きです。

thank →thick

thank
[θǽŋk サンク]
感謝する；感謝

Thank you for your present.
贈り物をありがとうございます。

— You're welcome.
どういたしまして。

Would you like some more? 🔊43
もう少しいかがですか？
— No, thank you.
いえ、結構です。

Thanks. 🔊61
ありがとう。
No thanks.
結構です。
Many thanks.
どうもありがとう。

that*
[ðǽt ダット]

あれは(が)；あの

That's it. 🔊61
それだ(以上です)。
That's all.
以上です。
What's that?
あれは何？

⇔ this これは(が)；この

the*
[ðə ダ, ði ディ]

その

I have a dog.
私はイヌを飼っています。
The dog's name is Koro.
そのイヌの名前はコロです。

theater
[θíətər スィアタ]
劇場

their*
[ðɛ́ər ゼア]

かれ(かの女)らの，それらの

theirs
[ðɛ́ərz ゼアズ]

かれ(かの女)らのもの，それらのもの

them*
[ðəm ゼム]

かれ(かの女)らに(を)，それらに(を)

then*
[ðén　デン]

その時, それから, それでは

I was living in Sydney then.
私はその時シドニーに住んでいました。

⇔ now　今

there
[ðéər　デア]

そこに；～がある

Look over there.
あそこをごらんなさい。

There is a cat on the chair.
いすの上にネコがいる

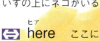
⇔ here　ここに

these*
[ðíːz　ディーズ]

これらは(が)；これらの

What are these?
これらは何ですか？

— They are candles.
ろうそくです。

⇔ those　あれらは(が)；あれらの

they*
[ðei　デイ]

かれらは(が), かの女らは(が),
それらは(が)

They are my sisters.
かの女たちは私の姉妹です。

they

Their names are Lisa and Sally.
かの女たちの名前は, リサとサリーです。

their names

I like them.
私はかの女たちが好きです。

them

These bags are theirs.
これらのかばんはかの女たちのものです。

 theirs

thick
[θík　スィック]

厚い

This book is very thick.
この本はとても厚い。

 thin　うすい

one hundred and ninety-seven **197**

thin
[θín スィン]
うすい，やせた

thin ice
うすい氷

⇄ thick 厚い

⇄ fat 太った

thing
[θíŋ スィング]
物，事

Take your things with you.
自分の物を持っていきなさい。

think
[θíŋk スィンク]
思う，考える

I think Kent is right.
私はケントが正しいと思う。

— I think so, too.
ぼくもそう思う。

"Kent is nice," I thought.
「ケントはすてき」と，私は思いました。

▶ thought 思った

thirsty
[θə́ːrsti サ〜スティ]
のどがかわいた

🔊 43

Are you thirsty?
のどがかわいていますか？

— No, but I'm hungry.
いいえ，でもおなかがすいてます。

this*
[ðís ディス]
これは(が)；この

This is my coat.
これは私のコートです。

That is your coat.
あれはあなたのコートです。

These are my books.
これらは私の本です。

Those are your books.
あれらはあなたの本です。

⇄ that あれは(が)；あの

🔊 61

this morning
今朝

this week
今週

this summer
今年の夏

those*
[ðóuz ドウズ]
あれらは(が); あれらの
⇔ these
これらは(が); これらの

thousand
[θáuzənd サウザンド]
1,000(の)

thread
[θréd すレッド]
糸

three
[θríː すりー]
3(の)

thirteen 13(の)
thirty 30(の)
third 3番目(の)

through*
[θrúː するー]
〜を通って

go through the tunnel
トンネルを通って行く

throw
[θróu すロウ]
投げる
⇔ catch とる

thumb
[θʌ́m サム]
親指

thumbs down
(不同意のサイン)

thumbs up
(同意のサイン)

thunder
[θʌ́ndər サンダ]
かみなり

lightning
いなづま

Thursday
[θə́ːrzdi さ〜ズディ]
木曜日

ticket
[tíkit ティケット]
きっぷ, チケット

one hundred and ninety-nine 199

tickle

[tíkl　ティクル]

くすぐる

ドウント　ティクルミー
Don't tickle me.
くすぐらないで。

tie

[tái　タイ]

ネクタイ；結ぶ

タイ　ユアシューレイスィズ
Tie your shoelaces.
くつのひもを結びなさい。

tiger

[táigər　タイガ]

トラ

tight

[táit　タイト]

きつい；きつく，しっかり

タイト　ヂーンズ
tight jeans
きついジーンズ

ホウルダン　タイト
Hold on tight.
しっかりつかまって。

⇔ ルース
loose
ゆるい；ゆるく

till*

[tíl　ティル]

〜まで

レッツ　ウェイ　ティルトゥマろウ
Let's wait till tomorrow.
明日まで待ちましょう。

● アンティル
until　〜まで

time

[táim　タイム]

時間，〜回，〜倍

イッツタイム　フォランチ
It's time for lunch.
お昼ごはんの時間だ。

🔊 43

What time do you get up?
あなたは何時に起きますか？
— I get up at seven.
私は7時に起きます。

How many times a week do you practice the piano?
週に何回ピアノを練習しますか？
— Three times a week.
週に3回です。

tiny
[táini タイニ]

ちっちゃな

アタイニ　タイニ　アント
a tiny, tiny ant
ちっちゃなちっちゃなアリ

リトル　　　ちい
● little 小さい

tire
[táiər タイア]

タイヤ

tired
[táiərd タイアド]

つかれた

アイムタイアド
I'm tired.
わたし
私はつかれてます。

to*
[tu トゥ]

〜へ，〜に

カムトゥ　スクール　アンマンデイ　アッテイト
Come to school on Monday at eight.
げつよう び　　　じ　　がっこう　　き
月曜日の8時に学校に来なさい。

イッツ　テン　トゥふァイヴ
It's ten to five.
じ　　ぷんまえ
5時10分前です。

today
[tədéi トゥデイ]

きょう
今日

🎧 61

today
きょう
今日

tomorrow
あした
明日

yesterday
きのう
昨日

だデイ　アふタ　トゥマろウ
the day after tomorrow　あさって

だデイ　ビふォー　イェスタデイ
the day before yesterday　おととい

toe
[tóu トウ]

さき　あし　ゆび
つま先，足の指

ウォーク　アンティップトウ
walk on tiptoe
あし　　あし　ある
ぬき足さし足で歩く

together
[təgéðər トゥゲだ]

いっしょに

レッツ　プレイ　トゥゲだ
Let's play together.
あそ
いっしょに遊びましょう。

Tokyo

[tóuki:ou トウキーオウ]
東京
とうきょう

tomato

[təméitou トメイトウ]
トマト

tomatoes   tomatoの複数形
トメイトウズ   ふくすうけい

tomorrow

[təmárou トゥマろウ]
明日
あした

See you tomorrow.
スィーユー トゥマろウ
また明日。
あした

yesterday   昨日
イェスタデイ   きのう

today   今日
トゥデイ   きょう

the day after tomorrow   あさって
ダデイ アふタ トゥマろウ

tongue

[tʌ́ŋ タング]
舌
した

tongue twister

[tʌ́ŋ twìstər タング トウィスタ]
早口言葉
はやくちことば

Peter Piper picked a peck of pickled peppers.
ピーターパイパーがトウガラシのピクルスをたくさんつまみ食いしました。
ぐ

She sells seashells by the seashore.
かの女は海辺で貝がらを売りました。(→p.259)
じょ うみべ かい う

tonight

[tənáit トゥナイト]
今晩
こんばん

too

[túː トゥー]
〜も，あまりにも

I like dogs.
アイライク ドーグズ
私はイヌが好き。
わたし す

— Me too.
ミー トゥー
私も。
わたし

You talk too much.
ユートーク トゥーマッチ
あなたはしゃべりすぎです。

The tea is too hot to drink.
だティーイズ トゥーハッ トゥドリンク
お茶が熱くて飲めない。
ちゃ あつ の

tool
[túːl トゥール]
道具

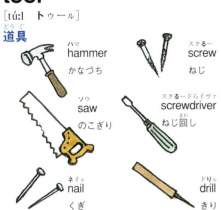

- hammer ハマ かなづち
- screw スクル ねじ
- saw ソウ のこぎり
- screwdriver スクルードらイヴァ ねじ回し
- nail ネイル くぎ
- drill ドリル きり

tooth
[túːθ トゥーす]
歯

teeth ティーす toothの複数形

🔊 61

- toothbrush 歯ブラシ
- toothpaste 歯みがき粉
- toothache 歯いた 歯痛

top
[táp タップ]
てっぺん(の)

the top of the hill
だタッポヴ だヒル
丘のてっぺん

⇔ bottom バトム 底 そこ

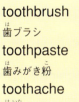

touch
[tʌ́tʃ タッチ]
さわる；感触

Don't touch.
ドウント タッチ
さわってはいけません。

Touch your toes.
タッチ ユア トウズ
つま先をさわって。

towel
[táuəl タウる]
タオル

tower
[táuər タウア]
タワー

Tokyo Tower
トウキーオウ タウア
東京タワー

town
[táun タウン]
町

A town is smaller than a city.
アタウンニズ スモーラ だンナ スィティ
町は都市より小さい。

train

[tréin トレイン]
電車, 列車

I got on the 7:30 train.
私は7時30分の電車に乗りました。

I missed the last train.
私は最終電車に乗りおくれました。

station 駅
passenger car 客車

trash

[trǽʃ トラッシュ]
ごみ

dust ほこり

trash can ごみ箱

travel

[trǽvl トラヴル]
旅行する；旅行

treasure

[tréʒər トレジャ]
宝物

tree

[tríː トリー]
木

There is a big cherry tree.
大きな桜の木がある。

branch 枝
trunk 幹
root 根
leaf 葉
pine tree マツの木
palm tree ヤシの木

triangle

[tráiæŋgl トライアングル]
三角形, トライアングル

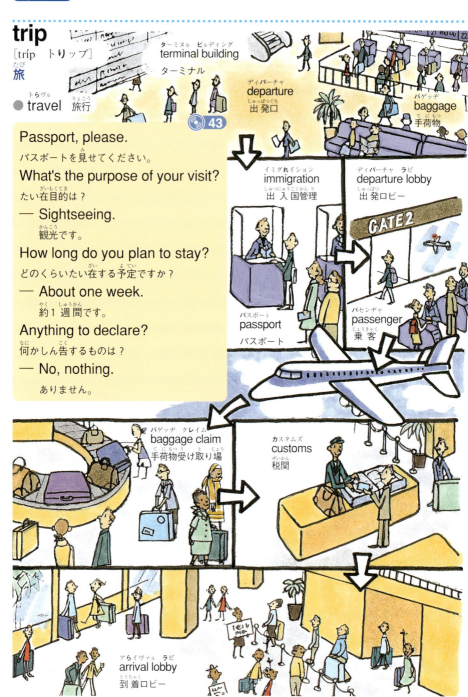

trouble
[trʌ́bl トらブル]
心配, もめ事; 悩ます
I'm sorry to trouble you.
ご迷惑をおかけしてすみません。

truck
[trʌ́k トラック]
トラック

true
[trú: トるー]
本当の

true or false
正解か不正解か
⇔ false 間違った

try
[trái トらイ]
ためす, 〜しようとする
Try your best.
ベストをつくしなさい。

Tuesday
[tjú:zdi テューズディ]
火曜日

tulip
[tjú:lip テューリップ]
チューリップ

tunnel
[tʌ́nl タヌル]
トンネル

turn
[tə́:rn ターン]
回る, 曲がる; 順番

 43

Whose turn is it?
だれの番?
— Is it your turn?
君の番じゃないの?
— No, it's my turn.
いいえ, 私の番です。
OK, then roll the dice.
よし, サイコロをふって。

61

turn right
右に曲がる
turn the page
ページをめくる
turn at the corner
角を曲がる

turnip
[tə́ːrnip　ターニップ]

カブ

turtle
[tə́ːrtl　タ～トル]

カメ，海(うみ)ガメ

トータス
tortoise　陸(りく)ガメ

タートルネック
turtleneck

タートルネック

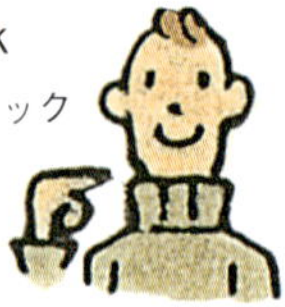

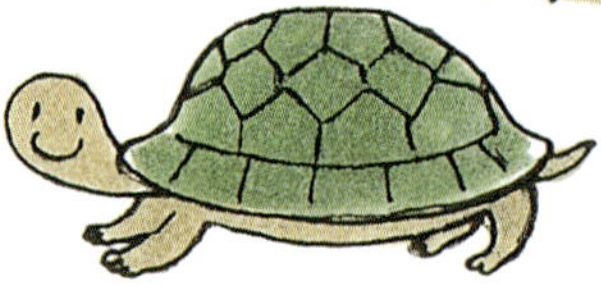

TV
[tíːvíː　ティーヴィー]

テレビ(= television(テレヴィジョン))

ワッチ　ティーヴィー
watch TV

テレビを見(み)る

ターンナン　だティーヴィー
turn on the TV

テレビをつける

ターンノーふ　だティーヴィー
turn off the TV

テレビを消(け)す

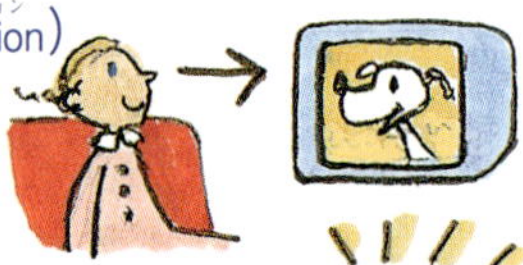

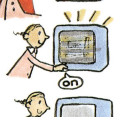

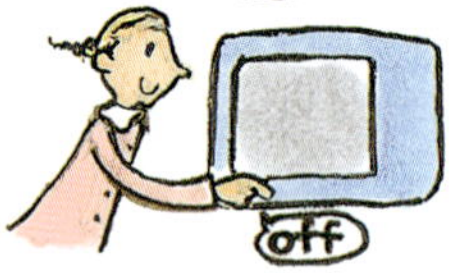

twelve
[twélv　トウェルヴ]

12(の)

twenty
[twénti　トウェンティ]

20(の)

twice
[twáis　トワイス]

2度(ど)，2倍(ばい)

ワンス　オートワイス
once or twice

1，2度(ど)

twins
[twínz　トウィンズ]

ふた子(ご)

twirl
[twə́ːrl　トワ～ル]

くるくる回(まわ)す，回(まわ)る

バタン　トワ～ラ
baton twirler

バトントワラー

(行進(こうしん)するバンドの先頭(せんとう)でバトンを回(まわ)す人(ひと))

two
[túː　トゥー]

2(の)

トウェルヴ
twelve　12(の)

トウェンティ
twenty　20(の)

セカンド
second　2番目(ばんめ)(の)

typhoon
[taifúːn　タイふーン]

台風(たいふう)

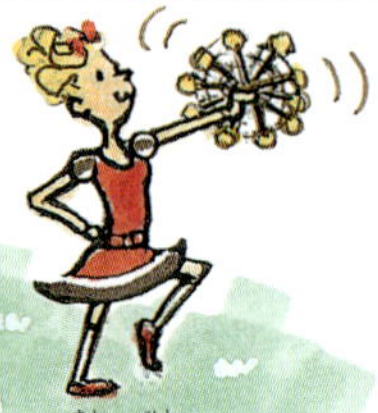

umbrella
[ʌmbrélə　アンブ**れ**ラ]
かさ

uncle
[ʌ́ŋkl　**ア**ンクル]
おじ

⇔ aunt　おば

under*
[ʌ́ndər　**ア**ンダ]
〜の下に(を)

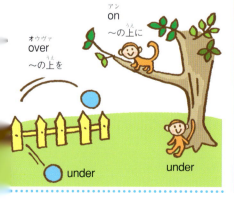

understand
[ʌ̀ndərstǽnd　アンダス**タ**ンド]
理解する，わかる

I don't understand what you mean.
おっしゃっている意味がわかりません。

I understood the lesson.
レッスン(の内容)を理解しました。

▶ understood　わかった

uniform
[júːnəfɔːrm　**ユ**ーニふォーム]
ユニフォーム，制服

United Kingdom
[juːnáitid kíŋdəm　ユー**ナ**イテッド　**キ**ングダム]
(the〜で)連合王国，イギリス

Great Britain　大ブリテン(島)，イギリス

British　イギリス(人)の

United States of America
[juːnáitid stéits əv əmérikə　ユー**ナ**イテッド　ス**テ**イツ　オヴ　ア**メ**リカ]
(the〜で)アメリカ合衆国

the USA　アメリカ合衆国

universe → vase

universe
[júːnəvərs　ユーニヴァ〜ス]
宇宙

university
[juːnəvə́ːrsəti　ユーニヴァ〜スィティ]
大学

until*
[ʌntíl　アンティル]
〜まで

up*
[ʌ́p　アップ]
上に；上がって

スタンダップ
stand up
立ち上がる

アップサイド　ダウン
upside down　逆さまに

 ダウン
down　下に

upstairs
[ʌ́pstéərz　アップステアズ]
上の階，2階

 ダウンステアズ
downstairs　下の階

us*
[əs　アス]
私たちに(を)

ブリーズ　ヘルパス
Please help us.
私たちを助けてください。

use
[júːz　ユーズ]
使う

メイアイ　ユーズ　ユアフォウン
May I use your phone?
電話をお借りしていいですか？

useful
[júːsfəl　ユースふル]
役に立つ

ティス　ブックイズ　ヴェリ　ユースふル
This book is very useful.
この本はとても役に立つ。

ユースレス
useless　役に立たない

usually
[júːʒuəli　ユージュアリ]
ふつうは，いつもは

アイ　ユージュアリ　ゴウトゥ　ベッド　アットナイン
I usually go to bed at nine.
私はいつもは9時にねます。

Valentine's Day
[vǽləntainz dèi   ヴァレンタインズ　デイ]
バレンタインデー

ハピ　ヴァレンタインズ　デイ
Happy Valentine's Day!
ハッピーバレンタイン！

ヴァレンタイン　カード
valentine card
バレンタインカード

Be my Valentine!
私のバレンタインになって。

heart　ハート

欧米では男女とも，異性にプレゼントやカードを贈る。

valley
[vǽli   ヴァリ]
谷

vacation
[veikéiʃən   ヴェイケイション]
休暇，休み

デュリングだヴェイケイション
during the vacation
休暇中

ハヴァ　ナイス　サマ　ヴェイケイション
Have a nice summer vacation.
よい夏休みをお過ごしください。

●28

Roses are Red
Roses are red,
Violets are blue,
Sugar is sweet,
And so are you.
バラは赤色で，
スミレは青色，
砂糖はあまくて，
あなたもかわいいです。
（→p.259）

バレンタインデーにちなんだ愛の詩で，カードに書いて相手に贈る。sweetにはあまいという意味のほかに，やさしいという意味もある。

van
[vǽn   ヴァン]
バン，箱型の車

vase
[véis   ヴェイス]
花びん

vegetable

[védʒətəbl　ヴェヂタブル]

野菜（やさい）

ヴェヂタブル ガードン
vegetable garden
野菜畑（やさいばたけ）

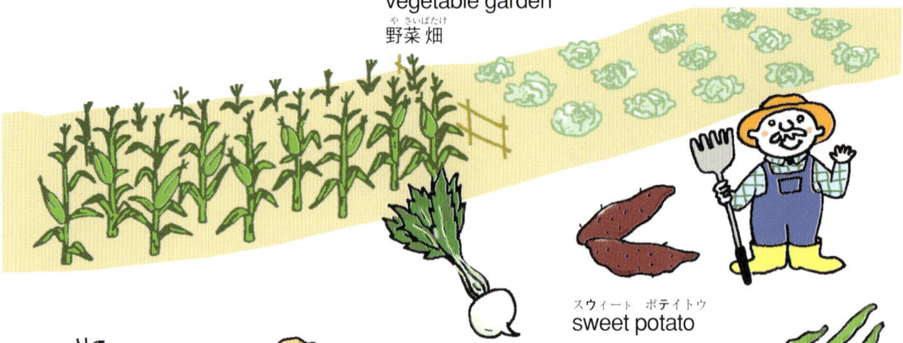

スウィート ポテイトウ
sweet potato
サツマイモ

ターニップ
turnip
カブ

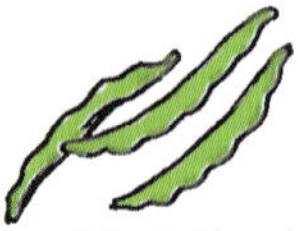

ストリング ビーンズ
string beans
サヤインゲン

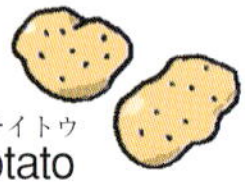

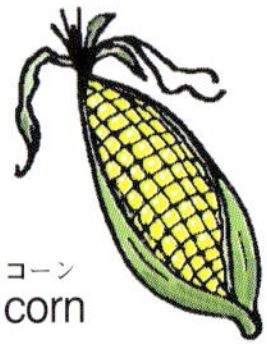

ポテイトウ
potato
ジャガイモ

コーン
corn
トウモロコシ

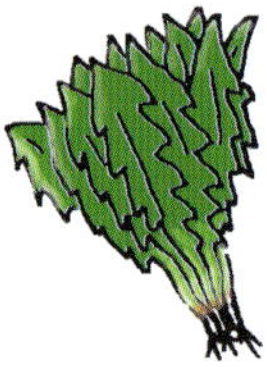

レタス
lettuce
レタス

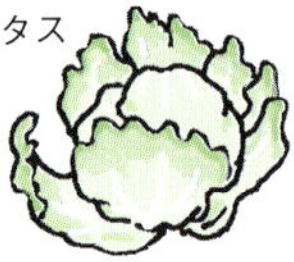

スピナッチ
spinach
ホウレンソウ

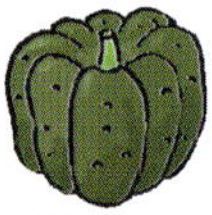

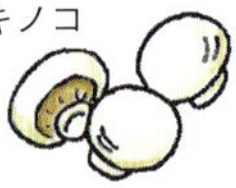

マッシュるーム
mushroom
キノコ

パンプキン
pumpkin
カボチャ

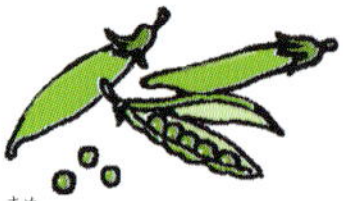

ピー
pea
エンドウ豆（まめ）

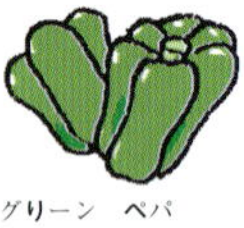

キューカンバ
cucumber
キュウリ

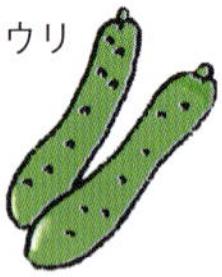

グリーン ペパ
green pepper
ピーマン

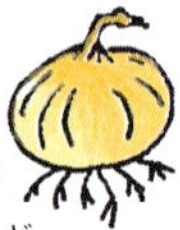

アニョン
onion
タマネギ

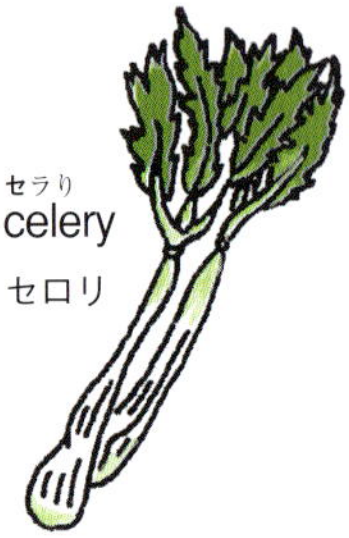

セラり
celery
セロリ

キャろット
carrot
ニンジン

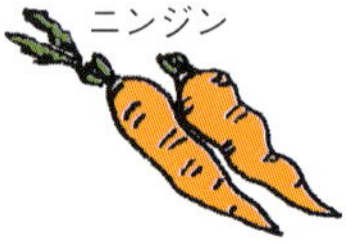

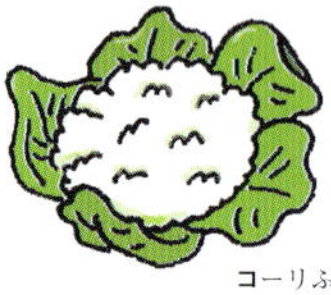

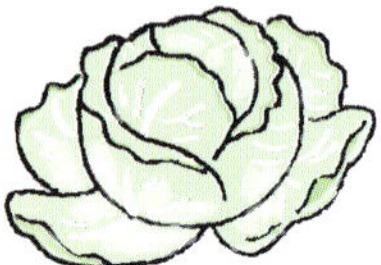

コーリふラウア
cauliflower
カリフラワー

キャベッヂ
cabbage
キャベツ

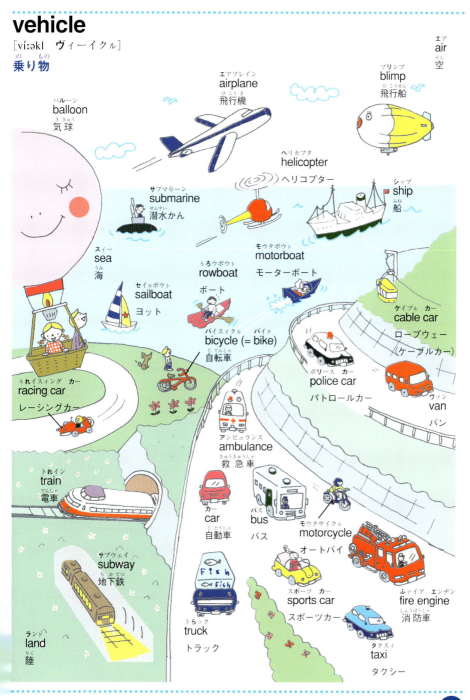

very

[véri ヴェり]

とても

ヴェリ グッド
Very good.

とてもいいね。

さンキュー ヴェリマッチ
Thank you very much.

どうもありがとう。

video

[vídiou ヴィデオウ]

ビデオ

ヴィースィーアー(ヴィデオ カセット うりコーダ)
VCR (video cassette recorder)

ビデオデッキ

village

[vílidʒ ヴィレッヂ]

むら
村

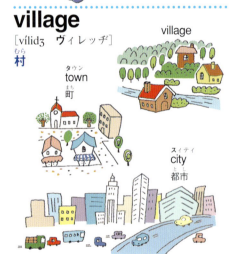

town タウン
まち
町

city スィティ
と し
都市

vine

[váin ヴァイン]

き
ブドウの木, つる

violin

[vaiəlín ヴァイオリン]

バイオリン

アイ プらクティス だヴァイオリン エヴリ デイ
I practice the violin every day.

わたし まいにち れんしゅう
私は毎日バイオリンの練習をしています。

ヴァイオリニスト
violinist バイオリニスト

visit

[vízit ヴィズィット]

ほうもん
おとずれる；訪問

アイム ゴウイング トゥ ヴィズィット マイ ふレンド
I'm going to visit my friend.

わたし とも い
私は友だちのところに行くつもりです。

voice

[vɔ́is ヴォイス]

こえ
声

volcano

[vɑlkéinou ヴァルケイノウ]

か ざん
火山

volunteer

[vɑləntíər ヴァランティア]

ボランティア；すすんでやる

エニ ヴァランティアズ
Any volunteers?

ひと
すすんでやりたい人はいますか？

Ww

wagon
[wǽgən ワゴン]

ワゴン, おもちゃのワゴン

wait
[wéit ウェイト]

待つ

🎧 62

Wait a minute.
ちょっと待って。
Wait for me.
待ってて。
Wait your turn.
君の番を待ちなさい。

Sorry to keep you waiting.
お待たせしてすみません。

wake
[wéik ウェイク]

目を覚ます, 起こす

wake up 目を覚ます

I woke Kent up.
ぼくはケントを起こしました。

▶ woke 起こした
● get up 起きる

walk
[wɔ́:k ウォーク]

歩く；散歩

walk to school
歩いて学校に行く

take a walk
散歩する

wall
[wɔ́:l ウォール]

かべ, へい

wallet
[wúlit ワレット]

財布, 札入れ

purse
小銭入れ

wallet

two hundred and fifteen **215**

want
[wánt　ワント]
ほしい，～したい

I want a dog.
イヌがほしい。
I want to go home.
家に帰りたい。
I want to eat chocolate.
チョコレートを食べたい。

war
[wɔ́ːr　ウォー]
戦争

No more wars.
戦争反対。

⇔ peace　平和

warm
[wɔ́ːrm　ウォーム]
暖かい

a warm day
暖かい日

was
[弱 wəz ワズ，強 wάz ワズ]
～であった，～にいた

Kent was at home yesterday.
昨日ケントは家にいました。
Was he busy?
かれはいそがしかったの？
— No, he wasn't. He was playing games.
いいえ，かれはゲームをしてました。

▶ wasn't　was not を短くした形

wash
[wάʃ　ワッシュ]
洗う

Mulberry Bush
This is the way
We wash our hands,
We wash our hands,
We wash our hands.
こうやって
手を洗うのさ，
手を洗うのさ，
手を洗うのさ。

(→p.260)

watch
[wɑ́tʃ ワッチ]
じっと見る；うで時計

クラック
clock
かけ時計(置き時計)

watch

🔊 62

Watch out.
注意しなさい。

Watch your step.
足元に気をつけて。

watch TV
テレビを見る

water
[wɔ́ːtər ウォータ]
水

🔊 62

hot water
湯

cold water
冷水

a glass of water
グラス1ぱいの水

watermelon
[wɔ́ːtərmelən ウォータメロン]
スイカ

wave
[wéiv ウェイヴ]
波；手をふる

way
[wéi ウェイ]
道，方法

ティスウェイ　プリーズ
This way, please.
こちらへどうぞ。

テルミー　ダウェイ　トゥダステイション
Tell me the way to the station.
駅までの道を教えて。

we
[wi ウィ]
私たちは(が)

ウィアー　スィスタズ
We are sisters.
私たちは姉妹です。

we

ウィラヴ　アウアペアれンツ　アンでイラヴァス　トゥー
We love our parents, and they love us, too.
私たちは両親を愛しています，かれらも私たちを愛しています。

our parents
us

ティーザー　ピクチャズ　オヴアウアズ
These are pictures of ours.
これは私たちの絵です。

ours

weak

[wíːk ウィーク]

弱い

アウィーク ポイント
a weak point
弱点

⇔ ストローング strong 強い

wear

[wéər ウェア]

身につけている，着ている

ウェア グラスィズ
wear glasses
めがねをかける

● プッタン put on 着る

weather

[wéðər ウェだ]

天気

イッツ サニ
It's sunny.
天気がよい。

イッツ クラウディ
It's cloudy.
くもっている。

イッツ ウィンディ
It's windy.
風が強い。

イッツ れイニ
It's rainy.
雨が降っている。

イッツ スノウイ
It's snowy.
雪が降っている。

れイン
rain
雨

クラウド
cloud
雲

サン
sun
太陽

ウィンド
wind
風

スノウ
snow
雪

ストーミ
stormy
嵐の

サンダ
thunder
かみなり

ライトニング
lightning
いなづま

ふァギ
foggy
霧がこい

ハット
hot
暑い

コウルド
cold
寒い

ウォーム
warm
暖かい

クール
cool
すずしい

ヒューミッド
humid
湿気のある

> How's the weather today?
> 今日の天気は？
> — It's snowy.
> 雪です。

44

web

[wéb ウェッブ]

クモの巣，ワールド ワイド ウェブ(WWW)

Wednesday

[wénzdi ウェンズディ]

水曜日

week

[wíːk ウィーク]
週，1週間

| マンディ Monday 月曜日 | テューズディ Tuesday 火曜日 | ウェンズディ Wednesday 水曜日 | さーズディ Thursday 木曜日 | ふらイディ Friday 金曜日 | サタディ Saturday 土曜日 | サンディ Sunday 日曜日 |

ラスト サンディ last Sunday 先週の日曜日

てィス ふらイディ this Friday 今週の金曜日

ウィークデイ weekday 平日

ウィークエンド weekend 週末

There are Seven Days
There're seven days.
There're seven days.
There're seven days in a week.
7曜日あります。
7曜日あります。
1週間は7曜日あります。　(→p.260)

What day of the week is it today?
今日は何曜日？
— It's Thursday.
木曜日です。

weigh

[wéi ウェイ]
重さを量る，重さが～ある

ウェイト weight 重さ

welcome

[wélkəm ウェルカム]
ようこそ；かんげいする

ウェルカム トゥ ヂャパン
Welcome to Japan.
日本へようこそ。

ユーア ウェルカム
You're welcome.
どういたしまして。

well

[wél ウェル]
よく，じょうずに；健康で；えーと

アイドウント ふィール ウェル トゥデイ
I don't feel well today.
今日はあまり気分がよくないです。

ユー スィング ウェリ ウェル
You sing very well.
君は歌がじょうずだ。

ウェル レットミー スィー
Well, let me see.
えーと，そうね。

※better もっとよい，best いちばんよい

two hundred and nineteen 219

were → who

were

[弱 wər ワ〜, 強 wə́ːr ワ〜]

〜だった, 〜にいた

My sister and I were sick yesterday.
姉と私は昨日病気でした。

Were you in bed all day?
一日中ねこんでいたの？

— No, we weren't. We watched some TV.
いいえ。テレビを見てたの。

▶ weren't　were not を短くした形

west

[wést　ウェスト]

西

wet

[wét　ウェット]

ぬれた；ぬらす

a wet towel
ぬれたタオル

⇔ dry　かわいた；かわかす

whale

[wéil　ウェイル]

クジラ

what*

[wʌ́t　ワット]

何が；何の, なんて〜！

What a big clock!
なんて大きな時計！

when　いつ
which　どちらが
where　どこに
who　だれ
whose　だれの
what　何が
why　なぜ

What's your name?
お名前は？
— My name is Sato Kent.
ぼくの名前は佐藤ケントです。
What's your favorite food?
好きな食べ物は何ですか？
— My favorite food is spaghetti.
スパゲッティです。

wheel

[wíːl　ウィール]

車輪, ハンドル

wheelchair
[wíːltʃɛər　ウィールチェア]
車いす

when*
[wén　ウェン]
いつ；〜する時

When is your birthday?
誕生日はいつですか？
── It's March 31.
3月31日です。

where*
[wɛ́ər　ウェア]
どこに

Where do you live?
どこに住んでるの？
── I live in Tokyo.
東京です。

which*
[wítʃ　ウィッチ]
どちらが(の)

Which do you like better, frogs or spiders?
カエルとクモはどっちが好き？
── I like frogs.
私はカエル。
── I like both.
ぼくは両方。

whisper
[wíspər　ウィスパ]
ひそひそ話をする

whistle
[wísl　ウィスル]
口笛をふく；口笛

Can you whistle?
君は口笛をふける？
── Yes, I can. Listen.
できるよ。聞いて。

white
[wáit　ワイト]
白；白い

whiteboard
[wáitbɔːrd　ワイトボード]
ホワイトボード

who*
[húː　フー]
だれ

Who is absent today?
今日のお休みはだれですか？
── Lisa is.
リサです。

whose*
[húːz フーズ]
だれの(もの)

Whose bag is this?
このかばんはだれのですか？
— It's Kent's.
ケントのです。

why*
[wái ワイ]
なぜ

Why don't you come and see us?
私たちのところに来ない？

Why are you late?
どうして遅れたの？
— Because I overslept.
ねぼうしたからです。

wide
[wáid ワイド]
はばが広い；はばが～ある

a wide river
(はばが)広い川

⇔ narrow せまい

wife
[wáif ワイふ]
妻

She is my wife.
かの女は私の妻です。

wives wife の複数形

 husband 夫

wild
[wáild ワイルド]
野生の

wild animals
[wáild ǽnəməlz ワイルド アニマルズ]
野生動物

参照 248

will*
[弱 wəl ウィル, 強 wíl ウィル]
～だろう，～してくれませんか

It will snow today.
今日は雪が降るだろう。

Will you open the window?
窓を開けてくれませんか？
— Certainly.
いいですよ。

win
[wín ウィン]
勝つ

We want to win the game.
ぼくたちは試合に勝ちたいです。

Which team won the game?
試合に勝ったのはどっちのチーム？

▶ won 勝った

wind
[wínd ウィンド]
風

window
[wíndou ウィンドウ]
窓

wine
[wáin ワイン]
ワイン

wing
[wíŋ ウィング]
(鳥の)つばさ，(こん虫の)羽

feather
(鳥の)羽

winter
[wíntər ウィンタ]
冬

wipe
[wáip ワイプ]
ふく

Wipe your mouth.
口をふきなさい。

wiper ワイパー

wish
[wíʃ ウィッシュ]
願う，いのる

I wish you a happy birthday.
お誕生日おめでとう。

I wish I had a brother.
私にお兄さんがいたらなあ。

witch
[wítʃ ウィッチ]
魔女

⇔ wizard (男の)魔法使い

with → wow

with*
[wið ウィどゥ]

～といっしょに，～を使って

カムウィどゥミー
Come with me.
いっしょに来て。

イート ウィどゥ ナイふ アンふォーク
eat with knife and fork
ナイフとフォークで食べる

⇔ ウィだウト
without ～なしで

without*
[wiðáut ウィだウト]

～なしで

ウィだウタ ハット
without a hat
ぼうしをぬいでいる

ウィどゥア ハット
with a hat
ぼうしをかぶっている

wolf
[wúlf ウるふ]

オオカミ

woman
[wúmən ウマン]

おんな ひと
女の人

ウィメン
women　woman の複数形

⇔ マン
man　男の人

wonder
[wʌ́ndər ワンダ]

～かしら，おどろく

アイ ワンダ フー シー イズ
I wonder who she is.
かの女はだれかしら。

wonderful
[wʌ́ndərfəl ワンダふル]

すばらしい

ハヴァ ワンダふル タイム
have a wonderful time
すばらしい時を過ごす

wood
[wúd ウッド]

き まるた
木，丸太

だブリッヂイズ メイドヴ ウッド
The bridge is made of wood.
この橋は木でできている。

ウッズ
woods
森

ウッドペカ
woodpecker
キツツキ

word
[wə́ːrd ワ～ド]

たんご
単語

イングリッシュ ワード
English word　英単語

ワード プらセサ
word processor　ワープロ

work

[wə́ːrk ワ〜ク]
働く，勉強する；仕事

イッツ ナット ワーキング
It's not working.
それは故障している。

ワークブック
workbook　ワークブック

world

[wə́ːrld ワ〜ルド]
世界

トラヴル アラウンドダ ワ〜ルド
travel around the world
世界中を旅する

ワールド マップ
world map
世界地図

worry

[wə́ːri ワ〜り]
心配する；心配

アイム ワ〜リド アバウチュー
I'm worried about you.
あなたのことを心配しています。

worse

[wə́ːrs ワ〜ス]
もっと悪い；もっと悪く

worst

[wə́ːrst ワ〜スト]
いちばん悪い；いちばん悪く

アバッド グれイド
a bad grade
悪い成績

アワ〜ス グれイド
a worse grade
もっと悪い成績

ダワ〜スト グれイド
the worst grade
いちばん悪い成績

would*

[弱 wud ウッド，強 wúd ウッド]
〜だろう

Would you like some cookies?
クッキーはいかがですか？
— Yes, please.
　　はい，いただきます。
— No, thank you.
　　いいえ，結構です。

wow

[wáu ワウ]
(おどろいたり喜んだりして)わあ，まあ

write →yellow

write
[ráit　うらイト]
書く，手紙を書く

うらイトダウン　ユアアンサズ
Write down your answers.
答えを書きなさい。

アイロウタ　レタ　トゥマイふレンド
I wrote a letter to my friend.
ぼくは友だちに手紙を書きました。

▶ wrote　書いた

うらイタ　さっか
writer　作家

🔊 44

What are you writing?
何を書いているの？
— I'm writing a diary.
日記を書いています。

wrong
[rɔ́ːŋ　うろーング]
間違った，悪い

ワッツ　うろーング
What's wrong?
どうかしたの？

うろーング　ナンバ
wrong number
(電話で)間違った番号

サムすィングイズ　うろーング　ウィずマイバイク
Something is wrong with my bike.
私の自転車はどこかおかしい。

⇔ right　正しい

Xmas
[krísməs　クリスマス]
クリスマス(= Christmas)

クリスマスカードを書くときに，よく使われる表現。

X-ray
[éksréi　エックスれイ]
X線，レントゲン写真

xylophone
[záiləfoun　ザイロふォウン]
木琴

Yy

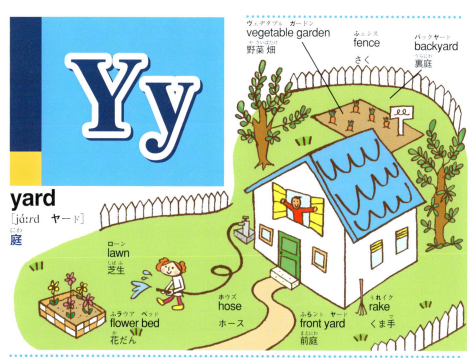

yard
[jáːrd ヤード]
庭

yawn
[jɔ́ːn ヨーン]
あくび；あくびをする

year
[jíər イア]
年，～歳

last year
去年

this year
今年

next year
来年

yell
[jél イェル]
さけぶ，どなる

Don't yell at me.
私にどならないで。

yellow
[jélou イェロウ]
黄；黄色い

yen

[jén イェン]

円(¥)

ハウ マッチイズ ディスキャップ
How much is this cap?
このぼうしはいくらですか？

— イッツ トゥー サウザンド イェン
It's 2000 yen.
2,000円です。

yes

[jés イエス]

はい

● イェア
yeah　はい

⇔ ノウ
No　いいえ

🔊 45

Are you Kent?
きみ
君はケントですか？
— Yes, I am.
　　はい，そうです。
Do you like dogs?
あなたはイヌが好きですか？
— Yes, I do.
　　はい，好きです。
Would you like some juice?
ジュースはいかが？
— Yes, please.
　　はい，いただきます。

yesterday

[jéstərdi イェスタディ]

きのう
昨日

トゥデイイズ マンデイ
Today is Monday.
きょう　げつようび
今日は月曜日。

イェスタデイワズ サンデイ
Yesterday was Sunday.
きのう　にちようび
昨日は日曜日。

トゥデイ
today　今日

トゥマろウ　　あした
tomorrow　明日

yet

[jét イェット]

ひ ていぶん
(否定文で)まだ～ない

アーユー うれディ
Are you ready?
よう い
用意はいい？

— ノウ ナット イェット
No, not yet.
　　まだです。

イズリサ アウトヴベッド イェット
Is Lisa out of bed yet?
　　　　お
リサはもう起きた？

yogurt

[jóugərt ヨウガト]

ヨーグルト

you*
[juː ユー]

あなたは(が)，あなたたちは(が)，
あなたに(を)，あなたたちに(を)

ユー アンダイアー グッド ふれンヅ
You and I are good friends.
君とぼくはよい友だちです。

you

ユアペッティザァ ドーグ アンマイペッティザ キャット
Your pet is a dog and my pet is a cat.
君のペットはイヌで，ぼくのペットはネコです。

your pet

アイワントゥ ギヴユー マイキャット
I want to give you my cat.
ぼくはぼくのネコを君にあげたいです。

you

だキャッティズ ユアズ
The cat is yours.
このネコは君のです。

yours

young
[jʌŋ ヤング]

若い

ヤング ピープル
young people
若い人たち

⇔ old 年とった

your*
[juər ユア]

あなたの，あなたたちの

ユアシューズァー ビッグ
Your shoes are big.
君のくつは大きい。

yours*
[júərz ユアズ]

あなたのもの，あなたたちのもの

yourself
[juərsélf ユアセるふ]

あなた自身

テイク ケアろヴ ユアセるふ
Take care of yourself.
からだに気をつけて。

yo-yo
[jóujou ヨウヨウ]

ヨーヨー

Zz

zebra
[zíːbrə ズィーブら]
シマウマ

zero
[zíərou ズィアろウ]
ゼロ(の)

zigzag
[zígzæg ズィグザッグ]
ジグザグ(の)

ズィグザグ ライン
zigzag line　ジグザグ線

zip code
[zíp kòud ズィップ コウド]
郵便番号

zipper
[zípər ズィパ]
ジッパー，ファスナー

zoo
[zúː ズー]
動物園

ウィ ウェン トゥだ ズー ラスト サンデイ
We went to the zoo last Sunday.
私たちは先週の日曜日に動物園に行きました。

付録目次

テーマページ　232

- theme 1　School 学校　232
- theme 2　House 家　234
- theme 3　Clothes 服　236
- theme 4　Games ゲーム　238
- theme 5　Opposites 反対語　240
- theme 6　Town & Jobs 町と職業　242
- theme 7　Countries & Continents 国と大陸　244
- theme 8　Japanese Culture 日本文化　246
- theme 9　Wild Animals 野生動物　248
- theme 10　Diary 日記　250

歌とチャンツ　252

ローマ字表　261

フォニックス　262

不規則変化表　264

単語さくいん　267

和英さくいん　280

theme 1
SCHOOL 学校
がっこう

library ライブらり 図書室

teachers' room ティーチャズ ウるーム 職員室

classroom クラスるーム 教室

classmate クラスメイト

nurse's office ナ〜スィズ オーふィス 保健室

School Subjects スクール サブヂェクツ 学校の科目
がっこう かもく

math マす 算数

social studies ソウシャル スタディズ 社会科

English イングリッシュ 英語

PE ピーイー 体育

arts and crafts アーツ アンクらふツ 美術(図工)

recess リセス 休み時間

School Events スクール イヴェンツ 学校行事
がっこうぎょうじ

entrance ceremony エントランス セれモウニ 入学式

examination イグザミネイション 試験

field day ふィールド デイ 運動会

64 絵を見て話してみましょう！

Hi. My name is Sato Kent.（やあ、ぼくの名前は佐藤ケントです。）
I go to Aozora Elementary School.（ぼくは青空小学校に通っています。）
We have a large swimming pool at our school.
（ぼくたちの学校には、大きなプールがあります。）

theme 2
HOUSE 家

65 絵を見て話してみましょう！

This is my family.（こちらがぼくの家族です。）
I have one sister and one brother.
（ぼくには妹がひとり、弟がひとりいます。）
I clean the bathroom every week.（ぼくは毎週お風呂そうじをします。）

theme 3
CLOTHES 服

絵を見て話してみましょう！

This is my favorite T-shirt.（これがぼくのお気にいりのTシャツです。）
It's yellow and green.（黄色と緑色のシャツです。）
My sister's favorite pants are blue.（妹のお気にいりのズボンは青です。）

What games do you like?（君は何の遊びをするのが好きですか？）

I like playing cards with my friends.
（ぼくは友だちとトランプをするのが好きです。）

My brother likes playing computer games.
（弟はコンピュータゲームをするのが好きです。）

theme 5
OPPOSITES 反対語(はんたいご)

絵を見て話してみましょう！

I have two dogs, Shiro and Kuro.
（ぼくはイヌを2ひき飼っています。シロとクロです。）
Shiro is big, Kuro is small.（シロは大きくて、クロは小さいです。）
They run very fast.（かれらは走るのがとても速いです。）

TOWN & JOBS 町と職業

theme 6

絵を見て話してみましょう！

This is our town.（これがぼくたちの町です。）
My mother is a doctor.（ぼくのお母さんは医者です。）
She works in the hospital.（かの女は病院で働いています。）

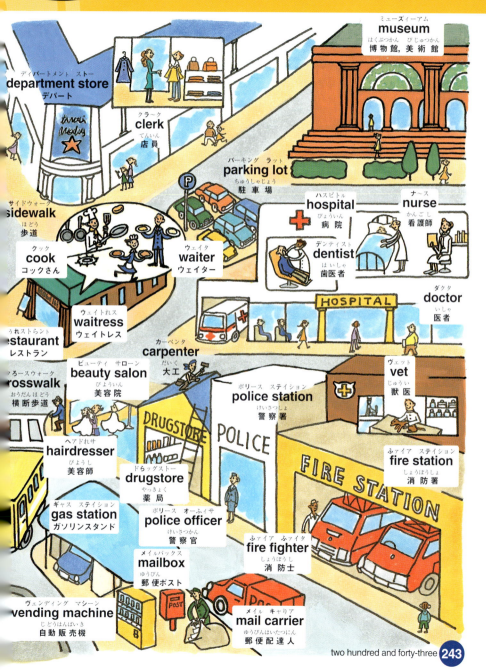

theme 7
COUNTRIES & CONTINENTS 国と大陸

70

I live in Japan.（ぼくは日本に住んでいます。）
I am Japanese.（ぼくは日本人です。）
My friend Mulan is from China.
（ぼくの友だちのムーランは中国人です。）

絵を見て話してみましょう！

the Arctic
北極

North America
北アメリカ

キャナダ
Canada
カナダ

ニューヨーク
New York
ニューヨーク

ジャパン
Japan
日本

トーキョウ
Tokyo
東京

ユーナイテッド ステイツォヴ アメリカ
the United States of America
アメリカ合衆国

ワシントン ディースィー
Washington, D.C.
ワシントン

メクスィコウ
Mexico
メキシコ

ディアトランティック オウシャン
the Atlantic Ocean
大西洋

ディパスィふぃック オウシャン
the Pacific Ocean
太平洋

スィドニー
Sydney
シドニー

ニュー ズィーランド
New Zealand
ニュージーランド

ブラズィル
Brazil
ブラジル

サウス アメリカ
South America
南アメリカ

アーヂェンティーナ
Argentina
アルゼンチン

キャピトル
capital（●印）
首都

two hundred and forty-five

theme 8
JAPANESE CULTURE 日本文化

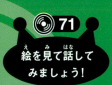

71 絵を見て話してみましょう!

I write letters to Mulan.（ぼくはムーランに手紙を書きます。）
I tell her about Japan.（ぼくはかの女に日本のことを教えます。）
She wants to wear a kimono some day.
（かの女はいつか着物を着たいと思っています。）

Japanese Foods 日本の食べ物

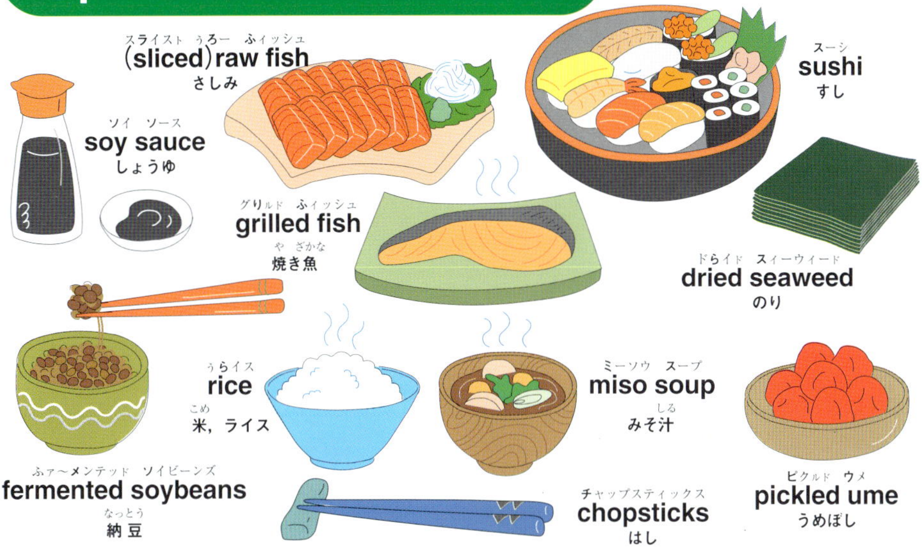

(sliced) raw fish (スライスト ぅろー ふィッシュ) さしみ
sushi (スーシ) すし
soy sauce (ソイ ソース) しょうゆ
grilled fish (グリルド ふィッシュ) 焼き魚
dried seaweed (ドらイド スィーウィード) のり
rice (ぅらイス) 米, ライス
miso soup (ミーソウ スープ) みそ汁
fermented soybeans (ふァ〜メンテッド ソイビーンズ) 納豆
chopsticks (チャップスティックス) はし
pickled ume (ピクルド ウメ) うめぼし

Japanese Sports 日本のスポーツ

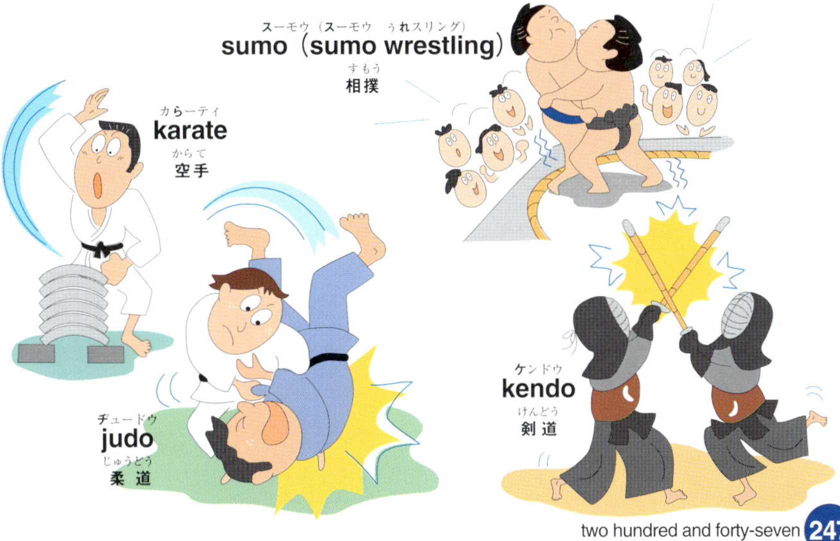

sumo (sumo wrestling) (スーモウ（スーモウ ぅれスリング）) 相撲
karate (カらーティ) 空手
judo (チュードウ) 柔道
kendo (ケンドウ) 剣道

Tigers live in the jungles of Asia.
（トラはアジアのジャングルに住んでいます。）
They are endangered animals.（かれらは絶滅危機の動物です。）
I want to be a scientist so I can help them.
（ぼくは科学者になって、かれらを助けたいです。）

theme 10
DIARY 日記(にっき)

Sunday, January 28

Sunday, January 28
サンディ チャニュアリ トウェンティ エイトす
1月28日（日）

It was sunny today.
イットワズ サニ トゥデイ
今日は晴れでした。

I got up at 6:00 this morning.
アイガッタップ アット スィックス ディスモーニング
ぼくは朝6時に起きました。

I ate two bananas for breakfast.
アイエイト トゥー バナナず ふォブれックふァスト
朝食にバナナを2本食べました。

I went to school at 7:00.
アイウェン トゥスクール アットセヴン
7時に学校に行きました。

I had a soccer game today.
アイハッダ サカゲイム トゥデイ
今日はサッカーの試合がありました。

We played very well.
ウィプれイド ヴェりウェル
ぼくたちは、すごくいいプレーをしました。

73

絵を見て話してみましょう！

I had a soccer game today.（今日はサッカーの試合がありました。）
Our team won the game.（ぼくたちのチームは試合に勝ちました。）
It was very exciting!（わくわくする、おもしろい試合でした！）

It was so exciting!
すごくわくわくして、おもしろかった！

Our team won the game.
ぼくたちのチームは試合に勝ちました。

I got home at 5:00.
5時に家に帰りました。

I was very tired, but I had a great day.
すごく疲れたけど、今日はうれしい日でした。

SONGS & CHANTS
歌とチャンツ

ABC Song
(→p.11　alphabet)　01

ABCDEFG, HIJKLMNOP,
QRS, TUV, WX, Y and Z.
Now I know my ABCs.
Next I want you to sing with me.

ＡＢＣＤＥＦＧ，ＨＩＪＫＬＭＮＯＰ，
ＱＲＳ，ＴＵＶ，ＷＸ，ＹとＺ。
ＡＢＣを覚えたよ。
今度は君もいっしょに歌おうよ。

London Bridge
(→p.32　bridge)　02

London Bridge is falling down,
Falling down, falling down.
London Bridge is falling down.
My Fair Lady.

Build it up with iron bars,
Iron bars, iron bars.
Build it up with iron bars.
My Fair Lady.

ロンドン橋が落っこちる，
落っこちる，落っこちる。
ロンドン橋が落っこちる。
マイ・フェア・レイディ。

鉄の棒で橋をつくろう，
鉄の棒，鉄の棒。

鉄の棒で橋をつくろう。
マイ・フェア・レイディ。

Make a Circle
(→p.43　circle)　03

Make a circle, do-oh, do-oh.
Make a circle, do-oh, do-oh.
Make a circle, do-oh, do-oh.
Shake those fingers down.

Circle left, do-oh, do-oh.
Circle left, do-oh, do-oh.
Circle left, do-oh, do-oh.
Shake those fingers down.

Circle right, do-oh, do-oh.
Circle right, do-oh, do-oh.
Circle right, do-oh, do-oh.
Shake those fingers down.

Circle in, do-oh, do-oh.
Circle in, do-oh, do-oh.
Circle in, do-oh, do-oh.
Shake those fingers down.

Circle out, do-oh, do-oh.
Circle out, do-oh, do-oh.
Circle out, do-oh, do-oh.
Shake those fingers down.

輪を作りましょう，ドゥーオウ，ドゥーオウ。
（くりかえし）
指をふっておろしましょう。

左に回りましょう，ドゥーオウ，ドゥーオウ。
（くりかえし）
指をふっておろしましょう。

右に回りましょう、ドゥーオウ、ドゥーオウ。
（くりかえし）
指をふっておろしましょう。

内側に入りましょう、ドゥーオウ、ドゥーオウ。
（くりかえし）
指をふっておろしましょう。

外側に出ましょう、ドゥーオウ、ドゥーオウ。
（くりかえし）
指をふっておろしましょう。

Hot Cross Buns
(→p.63　Easter)

Hot cross buns!
Hot cross buns!
One a penny, two a penny,
Hot cross buns!
If you have no daughters,
Give them to your sons.
One a penny, two a penny,
Hot cross buns!

ほかほかの十字の入ったパンだよ！
ほかほかの十字の入ったパンだよ！
１ペニーでひとつ、１ペニーでふたつ。
ほかほかの十字の入ったパンだよ！
もし、むすめがいなかったら、
息子にあげたらいいよ。
１ペニーでひとつ、１ペニーでふたつ。
ほかほかの十字の入ったパンだよ！

Humpty Dumpty
(→p.64　egg)

Humpty Dumpty sat on a wall.
Humpty Dumpty had a great fall.
All the king's horses and all the king's men,
Couldn't put Humpty together again.

ハンプティ・ダンプティがへいにすわってた。
ハンプティ・ダンプティがへいから落っこちた。
王様の馬も王様のけらいもだれも、
ハンプティをもとどおりにできなかった。

Let's Make a Face
(→p.69　face)

Let's make a face.
A happy, happy face.
Eyes, ears, mouth and nose.
Happy!

Let's make a face.
A sad, sad face.
Eyes, ears, mouth and nose.
Sad!

Let's make a face.
A surprised, surprised face.
Eyes, ears, mouth and nose.
Surprised!

Let's make a face.
An angry, angry face.
Eyes, ears, mouth and nose.
Angry!

Let's make a face.
A scared, scared face.
Eyes, ears, mouth and nose.
Scared!

Let's make a face.
A funny, funny face.

Eyes, ears, mouth and nose.
Funny!

いろんな表情(ひょうじょう)を作(つく)ってみようよ。
楽(たの)しい顔(かお)だよ。
目(め)，耳(みみ)，口(くち)と鼻(はな)。
楽(たの)しい！

いろんな表情(ひょうじょう)を作(つく)ってみようよ。
悲(かな)しい顔(かお)だよ。
目(め)，耳(みみ)，口(くち)と鼻(はな)。
悲(かな)しい！

いろんな表情(ひょうじょう)を作(つく)ってみようよ。
おどろいた顔(かお)だよ。
目(め)，耳(みみ)，口(くち)と鼻(はな)。
おどろき！

いろんな表情(ひょうじょう)を作(つく)ってみようよ。
おこった顔(かお)だよ。
目(め)，耳(みみ)，口(くち)と鼻(はな)。
おこってる！

いろんな表情(ひょうじょう)を作(つく)ってみようよ。
こわがってる顔(かお)だよ。
目(め)，耳(みみ)，口(くち)と鼻(はな)。
こわい！

いろんな表情(ひょうじょう)を作(つく)ってみようよ。
おかしな顔(かお)だよ。
目(め)，耳(みみ)，口(くち)と鼻(はな)。
おかしい！

Old MacDonald Had a Farm 07
(→p.71 farm)

Old MacDonald had a farm, ee-igh, ee-igh, oh!
And on this farm he had some chicks,
　ee-igh, ee-igh, oh!
With a chick, chick here,
　and a chick, chick there,
Here a chick, there a chick,
　everywhere a chick, chick.
Old MacDonald had a farm, ee-igh, ee-igh, oh!

Old MacDonald had a farm, ee-igh, ee-igh, oh!
And on this farm he had some ducks,
　ee-igh, ee-igh, oh!
With a quack, quack here,
　and a quack, quack there,
Here a quack, there a quack,
　everywhere a quack, quack.
Old MacDonald had a farm, ee-igh, ee-igh, oh!

Old MacDonald had a farm, ee-igh, ee-igh, oh!
And on this farm he had some turkeys,
　ee-igh, ee-igh, oh!
With a gobble, gobble here,
　and a gobble, gobble there,
Here a gobble, there a gobble,
　everywhere a gobble, gobble.
Old MacDonald had a farm, ee-igh, ee-igh, oh!

Old MacDonald had a farm, ee-igh, ee-igh, oh!
And on this farm he had some pigs,
　ee-igh, ee-igh, oh!
With an oink, oink here, and an oink, oink there,
Here an oink, there an oink,
　everywhere an oink, oink.
Old MacDonald had a farm, ee-igh, ee-igh, oh!

マクドナルドじいさんには農場(のうじょう)があった。
イーアイ，イーアイ，オー！
農場(のうじょう)には*ヒヨコがいた。
イーアイ，イーアイ，オー！
*ピヨピヨピヨピヨ。

こちらで，あちらで，そこらじゅうで。
マクドナルドじいさんには農場があった。

＊2番は「アヒル」で「ガーガー」，3番は「シチメンチョウ」で「ゴロゴロ」，4番は「ブタ」で「ブーブー」。

Eenie, Meenie, Minie, Moe
(→p.83　game)

Eenie, Meenie, Minie, Moe.
Catch a tiger by his toe.
If he hollers, let him go.
Eenie, Meenie, Minie, Moe.
You're it.

イーニー，ミーニー，マイニー，モー。
トラの足をつかまえろ。
もしガォーとさけんだら，にがしてあげよう。
イーニー，ミーニー，マイニー，モー。
君が鬼だよ。

Head, Shoulders, Knees and Toes
(→p.92　head)

Head, shoulders, knees and toes, knees and toes.
Head, shoulders, knees and toes, knees and toes.
Eyes and ears and mouth and nose.
Head, shoulders, knees and toes, knees and toes.

頭，かた，ひざ，つま先，ひざ，つま先。
頭，かた，ひざ，つま先，ひざ，つま先。
目，耳，口，鼻。
頭，かた，ひざ，つま先，ひざ，つま先。

Hello
(→p.93　hello)

Hello! Hello!

Hello, how are you?
I'm fine. I'm fine.
I hope that you are, too.

こんにちは，こんにちは。
こんにちは，元気ですか？
元気です。元気です。
あなたも元気だといいな。

Pease Porridge Hot
(→p.97　hot)

Pease porridge hot, pease porridge cold,
Pease porridge in the pot, nine days old.
Some like it hot, some like it cold,
Some like it in the pot, nine days old.

熱い豆のおかゆ，冷めた豆のおかゆ，
9日前に作ったなべの中の豆のおかゆ。
熱いのが好きな人，冷めたのが好きな人，
9日前に作った豆のおかゆが好きな人。

I Scream for Ice Cream
(→p.100　ice cream)

I scream,
You scream,
We all scream, for ice cream!

私がさけんで，
あなたがさけんで，
みんなでさけぶよ，アイスクリーム！

Jelly in the Bowl
(→p.105　jelly)

Jelly in the bowl,
Jelly in the bowl.

Wiggle, waggle, wiggle, waggle,
Jelly in the bowl.

おわんにゼリーが乗っているよ,
おわんにゼリーが乗っているよ。
ゆらゆら，ゆらゆら，
おわんにゼリーが乗っているよ。

Teddy Bear
(→p.106　jump rope)

Teddy bear, teddy bear, turn around.
Teddy bear, teddy bear, touch the ground.
Teddy bear, teddy bear, show your shoe.
Teddy bear, teddy bear, that will do!
Teddy bear, teddy bear, go upstairs.
Teddy bear, teddy bear, say your prayers.
Teddy bear, teddy bear, turn off the light.
Teddy bear, teddy bear, say good-night.

クマちゃん，クマちゃん，ぐるっと回って。
クマちゃん，クマちゃん，地面をさわって。
クマちゃん，クマちゃん，くつを見せて。
クマちゃん，クマちゃん，うまくいくよ。
クマちゃん，クマちゃん，2階に行って。
クマちゃん，クマちゃん，おいのりをして。
クマちゃん，クマちゃん，電気を消して。
クマちゃん，クマちゃん，おやすみなさい。

Mary Had a Little Lamb
(→p.110　lamb)

Mary had a little lamb,
Little lamb, little lamb,
Mary had a little lamb,
Its fleece was white as snow.

And everywhere that Mary went,
Mary went, Mary went,
Everywhere that Mary went,
The lamb was sure to go.

It followed her to school one day,
School one day, school one day,
It followed her to school one day,
Which was against the rules.

It made the children laugh and play,
Laugh and play, laugh and play,
It made the children laugh and play,
To see a lamb at school.

メリーさんはヒツジを飼っていた。
かわいい，かわいい子ヒツジを。
メリーさんはヒツジを飼っていた。
雪のように白い毛だった。

メリーさんが行くところ。
行く先がどこであっても。
メリーさんが行くところ。
ヒツジはついていった。

学校についていってしまった。
ある日ついに。
学校についていってしまった。
これは規則やぶり。

子どもたちは笑いころげた。
ヒツジを見て。
子どもたちは笑いころげた。
学校へ来たヒツジを見て。

I Love Coffee
(→p.118　love)

I love coffee,

I love tea.
I love the boys,
And the boys love me.

私はコーヒーが好きで,
紅茶も好きよ。
男の子たちも好きだし,
男の子たちも私が好きよ。

Five Little Monkeys
(→p.125　monkey)

Five little monkeys jumping on the bed.
One fell down and broke his head.
Mama called the doctor and the doctor said,
"No more monkeys jumping on the bed."

Four little monkeys jumping on the bed.
One fell down and broke his head.
Mama called the doctor and the doctor said,
"No more monkeys jumping on the bed."

Three little monkeys jumping on the bed.
One fell down and broke his head.
Mama called the doctor and the doctor said,
"No more monkeys jumping on the bed."

Two little monkeys jumping on the bed.
One fell down and broke his head.
Mama called the doctor and the doctor said,
"No more monkeys jumping on the bed."

One little monkey jumping on the bed.
One fell down and broke his head.
Mama called the doctor and the doctor said,
"No more monkeys jumping on the bed."

No more monkeys jumping on the bed.

5ひきの小ザルがベッドの上でジャンプしていたよ。
1ぴきが落ちて,頭を打ちました。
お母さんがお医者さんに電話したら,
「もうベッドの上でジャンプしたらだめだよ」
と言いました。

4ひきの小ザルがベッドの上でジャンプしていたよ。
1ぴきが落ちて,頭を打ちました。
お母さんがお医者さんに電話したら,
「もうベッドの上でジャンプしたらだめだよ」
と言いました。

3びきの小ザルがベッドの上でジャンプしていたよ。
1ぴきが落ちて,頭を打ちました。
お母さんがお医者さんに電話したら,
「もうベッドの上でジャンプしたらだめだよ」
と言いました。

2ひきの小ザルがベッドの上でジャンプしていたよ。
1ぴきが落ちて,頭を打ちました。
お母さんがお医者さんに電話したら,
「もうベッドの上でジャンプしたらだめだよ」
と言いました。

1ぴきの小ザルがベッドの上でジャンプしていたよ。
1ぴきが落ちて,頭を打ちました。
お母さんがお医者さんに電話したら,
「もうベッドの上でジャンプしたらだめだよ」
と言いました。

そして誰もベッドの上でジャンプしなくなりました。

Apples, Peaches, Pears and Plums
(→p.126　month)

Apples, peaches, pears and plums,
Tell me when your birthday comes.
January, February, March, April, May, June, July,
　August, September, October, November,
　December.

リンゴとモモとナシとプラム。
あなたの誕生日はいつですか。
1月，2月，3月，4月，5月，6月，7月，
8月，9月，10月，11月，12月。

Bingo
(→p.131　name)

There was a farmer had a dog,
And Bingo was his name, oh.
B-I-N-G-O, B-I-N-G-O, B-I-N-G-O,
And Bingo was his name, oh.

昔，農夫がいて，イヌを飼っていた。
「ビンゴ」という名前だった。
つづりはB-I-N-G-O。
「ビンゴ」という名前だった。

Seven Steps
(→p.136　number)

One, two, three, four, five, six, seven,
One, two, three, four, five, six, seven,
One, two, three, one, two, three,
One, two, three, four, five, six, seven,
One, two, three, one, two, three,
One, two, three, four, five, six, seven.

いち，に，さん，し，ご，ろく，しち，
いち，に，さん，し，ご，ろく，しち，
いち，に，さん，いち，に，さん，
いち，に，さん，し，ご，ろく，しち，
いち，に，さん，いち，に，さん，
いち，に，さん，し，ご，ろく，しち。

Pat-a-Cake
(→p.143　pat)

Pat-a-cake, pat-a-cake, baker's man,
Bake me a cake as fast as you can.
Pat it and prick it, and mark it with B,
Put it in the oven for baby and me.

ペタ，ペタ，パン屋さん，
急いでケーキを焼いてください。
たたいて，穴をあけて，Bのマークをつけて，
赤ちゃんと私のケーキ，オーブンに入れて。

This Little Pig Went to Market
(→p.146　pig)

This little pig went to market.
This little pig stayed home.
This little pig had roast beef.
This little pig had none.
And this little pig cried,
Wee-wee-wee-wee-wee,
I can't find my way home.

この子ブタはマーケットに行きました。
この子ブタはお留守番。
この子ブタはローストビーフを食べました。
この子ブタは何も食べませんでした。
そしてこの子ブタは，ウイーウイーウイー，
迷子になっちゃった，と泣きました。

Rain Rain Go Away
(→p.153　rain)

Rain, rain, go away.
Come again another day.
Little Johnny wants to play.
Rain, rain, go away.

雨，雨，やんで。
ほかの日にまた来てね。
ジョニーちゃんは外で遊びたいんだよ。
雨，雨，やんで。

Ring-a-Ring o'Roses
(→p.158　rose)

Ring-a-ring o'roses,
A pocketful of posies,
A-tishoo! A-tishoo!
We all fall down.

輪になってバラの花輪を作ろうよ。
ポケットいっぱい花だらけ。
ハクション，ハクションで
みんないっしょにたおれちゃった。

The Eency Weency Spider
(→p.181　spider)

The eency weency spider
　　went up the water spout.
Down came the rain and
　　washed the spider out.
Out came the sun and dried up all the rain.
The eency weency spider
　　went up the spout again.

ちっちゃなクモさんが雨どいを登った。
そこに雨が降ってきて，クモさんを流してしまった。
やがてお日様が出てきて，雨はかわいた。
クモさんはもう一度雨どいを登っていった。

Twinkle, Twinkle, Little Star
(→p.182　star)

Twinkle, twinkle, little star.
How I wonder what you are.
Up above the world so high,
Like a diamond in the sky.
Twinkle, twinkle, little star.
How I wonder what you are.

きらきら光る，小さな星。
あなたはいったいだれなの。
お空に高く，
ダイヤのように光ってる。
きらきら光る，小さな星。
あなたはいったいだれなの。

Tongue Twister
(→p.202　tongue twister)

Peter Piper picked a peck of pickled peppers.

ピーターパイパーがトウガラシのピクルスを
　たくさんつまみ食いしました。

She sells seashells by the seashore.

かの女は海辺で貝がらを売ります。

Roses are Red
(→p.211　Valentine's Day)

Roses are red,

Violets are blue,
Sugar is sweet,
And so are you.

バラは赤色で、
スミレは青色、
砂糖はあまくて、
あなたもかわいいです。

Mulberry Bush (→p.216 wash)

Here we go round the mulberry bush,
The mulberry bush, the mulberry bush.
Here we go round the mulberry bush,
On a cold and frosty morning.

This is the way we wash our hands,
We wash our hands, we wash our hands.
This is the way we wash our hands,
On a cold and frosty morning.

This is the way we brush our teeth,
We brush our teeth, we brush our teeth.
This is the way we brush our teeth,
On a cold and frosty morning.

This is the way we comb our hair,
We comb our hair, we comb our hair.
This is the way we comb our hair,
On a cold and frosty morning.

さあ、クワの木のまわりを回るよ、
クワの木を、クワの木を。
さあ、クワの木のまわりを回るよ、
寒い、こごえるような朝に。

こうやって手を洗うのさ、
手を洗うのさ、手を洗うのさ。
こうやって手を洗うのさ、
寒い、こごえるような朝に。

こうやって歯をみがくのさ、
歯をみがくのさ、歯をみがくのさ。
こうやって歯をみがくのさ、
寒い、こごえるような朝に。

こうやって髪をとかすのさ、
髪をとかすのさ、髪をとかすのさ。
こうやって髪をとかすのさ、
寒い、こごえるような朝に。

There are Seven Days (→p.219 week)

There're seven days.
There're seven days.
There're seven days in a week.
There're seven days.
There're seven days.
There're seven days in a week.

Sunday, Monday, Tuesday, Wednesday,
　Thursday, Friday, Saturday.
Sunday, Monday, Tuesday, Wednesday,
　Thursday, Friday, Saturday.

7曜日あります。
7曜日あります。
1週間は7曜日あります。
（くりかえし）

日曜日、月曜日、火曜日、水曜日、
　木曜日、金曜日、土曜日。
（くりかえし）

ローマ字表（ヘボン式）

[ ]内は非ヘボン式

	a	i	u	e	o		ya	yu	yo
—	a あ	i い	u う	e え	o お		—	—	—
k	ka か	ki き	ku く	ke け	ko こ		kya きゃ	kyu きゅ	kyo きょ
s	sa さ	shi [si] し	su す	se せ	so そ		sha [sya] しゃ	shu [syu] しゅ	sho [syo] しょ
t	ta た	chi [ti] ち	tsu [tu] つ	te て	to と		cha [tya] ちゃ	chu [tyu] ちゅ	cho [tyo] ちょ
n	na な	ni に	nu ぬ	ne ね	no の		nya にゃ	nyu にゅ	nyo にょ
h	ha は	hi ひ	fu [hu] ふ	he へ	ho ほ		hya ひゃ	hyu ひゅ	hyo ひょ
m	ma ま	mi み	mu む	me め	mo も		mya みゃ	myu みゅ	myo みょ
y	ya や	(i) い	yu ゆ	(e) え	yo よ				
r	ra ら	ri り	ru る	re れ	ro ろ		rya りゃ	ryu りゅ	ryo りょ
w	wa わ	(i) い	(u) う	(e) え	(o) を	n ん	—	—	—
g	ga が	gi ぎ	gu ぐ	ge げ	go ご		gya ぎゃ	gyu ぎゅ	gyo ぎょ
z	za ざ	ji [zi] じ	zu ず	ze ぜ	zo ぞ		ja [zya] じゃ	ju [zyu] じゅ	jo [zyo] じょ
d	da だ	ji [zi] ぢ	zu づ	de で	do ど		ja [zya] ぢゃ	ju [zyu] ぢゅ	jo [zyo] ぢょ
b	ba ば	bi び	bu ぶ	be べ	bo ぼ		bya びゃ	byu びゅ	byo びょ
p	pa ぱ	pi ぴ	pu ぷ	pe ぺ	po ぽ		pya ぴゃ	pyu ぴゅ	pyo ぴょ

フォニックス Phonics ― 英語のつづりと発音

フォニックスは，音とつづり字の関係をルール化した，英語を読むための学習法です。まずはジングルでアルファベットの名前と音を，声を出して言ってみましょう。母音のaもcap[キャップ]とcape[ケイプ]では読み方が異なります。子音が2個つながる単語も覚えましょう。

おもな母音

5つの短母音

- a　cat, hat, bat
- e　hen, pen, ten
- i　sit, hit, mitt
- o　top, hop, stop
- u　run, sun, fun

母音＋e

- cap [ア] → cape* [エイ]
- pet [エ] → Pete* [イー]
- pin [イ] → pine [アイ]
- not [ア] → note [オウ]
- cub* [ア] → cube [ウー]

その他の母音

- ar　car
- ea, ee　tea, week, bread
- oo　food, foot
- ei, ey　eight, they
- au, ou　caught, bought
- oa　coat, boat

おもな子音

子音＋h

- ch　chair, cheese, church*
- sh　ship, shop, fish
- ph　phone, elephant, dolphin
- wh　white, what, where
- th　thank, three, bath
- th　this, that, mother

子音＋r

- br　brown
- pr　prince
- gr　green
- cr　cream
- fr　frog
- dr　drink
- tr　train

子音＋l

- bl　black
- pl　plane
- gl　glove
- cl　clock
- fl　flower

子音s＋p,t,k,l,w,m,n

- sp　spring
- st　star
- sk　skip
- sl　sleep
- sw　swim
- sm　smile
- sn　snow

その他の子音

- ck　sock
- ng　king
- dg　bridge
- gh　laugh
- tch　kitchen

発音しない子音字

- k　knife
- b　lamb
- gh　high

*cape[ケイプ]…マント　Pete[ピート]…少年の名前　cub[カップ]…子グマ　church[チャ〜チ]…教会

不規則変化表

名詞の不規則変化表

単数	複数
child 子ども	children
foot 足	feet
gentleman 紳士	gentlemen
goose ガチョウ	geese
Japanese 日本人	Japanese

単数	複数
man 男の人	men
mouse ハツカネズミ	mice
sheep ヒツジ	sheep
tooth 歯	teeth
woman 女の人	women

形容詞・副詞の不規則変化表

原級	比較級	最上級
good よい	better	best
well よく		
bad 悪い	worse	worst
ill 病気で		
many たくさんの	more	most
much たくさんの		
little 少ない	less	least
old 年とった，年上の	older, elder	oldest, eldest
far 遠くに	farther	farthest
はるかに	further	furthest
late （時間が）遅い	later	latest
（順序が）遅い	latter	last

不規則動詞の変化表

現在(原形)	過去	過去分詞	現在分詞
am (be) ~である	was	been	being
are (be) ~である	were	been	being
be ~である	was, were	been	being
become ~になる	became	become	becoming
begin 始める	began	begun	beginning
blow ふく	blew	blown	blowing
break こわす	broke	broken	breaking
bring 持ってくる	brought	brought	bringing
build 建てる	built	built	building
buy 買う	bought	bought	buying
can ~できる	could	—	—
catch つかまえる	caught	caught	catching
choose 選ぶ	chose	chosen	choosing
come 来る	came	come	coming
cut 切る	cut	cut	cutting
dive 飛びこむ	dove, dived	dove, dived	diving
do, does する	did	done	doing
draw かく	drew	drawn	drawing
drink 飲む	drank	drunk	drinking
drive 運転する	drove	driven	driving

現在(原形)	過去	過去分詞	現在分詞
eat 食べる	ate	eaten	eating
fall 落ちる	fell	fallen	falling
feel 感じる	felt	felt	feeling
find 見つける	found	found	finding
fly 飛ぶ	flew	flown	flying
get 手に入れる	got	got, gotten	getting
give あげる	gave	given	giving
go 行く	went	gone	going
grow 成長する	grew	grown	growing
have, has 持っている	had	had	having
hear 聞く	heard	heard	hearing
hide かくれる	hid	hidden, hid	hiding
hit 打つ	hit	hit	hitting
hold 持つ	held	held	holding
hurt けがをする	hurt	hurt	hurting
is (be) ~である	was	been	being
keep とっておく	kept	kept	keeping
know 知る	knew	known	knowing
leave 去る	left	left	leaving
lend 貸す	lent	lent	lending

現在(原形)	過去	過去分詞	現在分詞
let ～させる	let	let	letting
lie 横になる	lay	lain	lying
lose なくす	lost	lost	losing
make 作る	made	made	making
meet 会う	met	met	meeting
pay 支払う	paid	paid	paying
put 置く	put	put	putting
read 読む	read	read	reading
ride 乗る	rode	ridden	riding
ring 鳴る	rang	rung	ringing
rise 昇る	rose	risen	rising
run 走る	ran	run	running
say 言う	said	said	saying
see 見る	saw	seen	seeing
sell 売る	sold	sold	selling
send 送る	sent	sent	sending
set 置く	set	set	setting
shall ～しましょうか	should	—	—
shoot 撃つ	shot	shot	shooting
shut 閉める	shut	shut	shutting

現在(原形)	過去	過去分詞	現在分詞
sing 歌う	sang	sung	singing
sit すわる	sat	sat	sitting
sleep ねむる	slept	slept	sleeping
speak 話す	spoke	spoken	speaking
spend お金を使う	spent	spent	spending
spread 広げる	spread	spread	spreading
stand 立つ	stood	stood	standing
strike なぐる	struck	struck	striking
swim 泳ぐ	swam	swum	swimming
take とる	took	taken	taking
teach 教える	taught	taught	teaching
tell 言う	told	told	telling
think 思う	thought	thought	thinking
understand 理解する	understood	understood	understanding
wake 目を覚ます	woke, waked	woken, waked	waking
wet ぬらす	wet, wetted	wet, wetted	wetting
will ～だろう	would	—	—
win 勝つ	won	won	winning
write 書く	wrote	written	writing

単語さくいん

*本書に収録した見出し語・関連語をアルファベット順に配列した。
*用例中の単語は一部の例外をのぞきふくまない。
*ゴシック体の数字は見出し語があるページをしめす。
*テーマページ(p.232〜251)に収録されている語については，各テーマ見開き左側のページ数をしめした。

A

a **7**
able **7**
about **7**
above **7**,24
absent **7**,149
accessory **7**
accident **8**
accordion 129
ace 37
acorn **8**
acrobat 43
across **8**
act **8**
actor 8,242
addition 121
address **8**
adventure **8**
afraid 9
Africa **9**,244
after **9**,23,240
afternoon **9**,134
again 9
ago 9
agree 9
ahchoo 176,178
air **10**
airplane **10**,147,213
airport **10**
Aladdin and his Magic Lamp 186
alarm clock 23,45
album **10**
Alice's Adventures in Wonderland 186
alien 179
alive **10**,53
all **10**
alligator **10**,248
alone **11**
along **11**
a lot of 120
aloud **11**
alphabet **11**
already **11**
also **11**
aluminum can 155
always **12**
am **12**
ambulance **12**,213
America **12**,244
American 12
among **12**,25
amusement park **13**
an **13**
and **13**
angel 42
angry **13**,73
animal(s) **13**,248
ankle 28
another **14**
answer **14**,152
ant **14**,101
Antarctica 244
any **14**
anybody 14
anyone **14**
anything **14**
anyway **14**
apartment house **14**,98,242
ape 125
apple **15**,81
apple bobbing 89
apple pie 145
April **15**,126
apron **15**
aquarium **15**
Arabic 93
Arctic(the) 244
are **15**
aren't 15,135
Argentina **15**,244
Argentine 15
arm **15**,28
armchair 40,116
around **15**
arrival lobby 206
arrive **16**
arrow **16**
arts and crafts 232
as **16**
Asia **16**,244
ask **16**
asleep **16**,17
astronaut **16**,179
at **16**
ate 63
Atlantic Ocean(the) 137,244
atlas 120
attention **17**
attic 234
August **17**,126
aunt **17**,50,70,209
Australia **17**,244
Australian 17
author 29
autumn **17**,69,126,163
awake 16,**17**
away **17**
azalea 77

B

baa 71,168
baby **18**
baby bottle 18,30
back **18**,28,80
backpack 18,36
back side 171
backstroke 191
backyard 227
bacon and eggs 31
bad **18**,23,86,240
bad cough 170
badminton 181
bag **18**
baggage 206
baggage claim 206
baht 125
bake **18**
baker 242
bakery 185,189,242
balcony 234
ball **18**,20
ballet **19**
balloon 13,**19**,213
ballpoint pen 143
bamboo **19**
banana **19**,81
band **19**
bandage 171
bang 178
bank **19**,242
barber 242
barbershop 185,242
bark **19**
barn 71
barrier-free **19**
base 20
baseball **20**,181
basement 234
basket **20**
basketball **20**,181
bat1 **20**
bat2 **20**
bath **20**
bathroom **21**,234
bathtub 21
baton twirler 208
batter 20
be **21**
beach **21**
beach ball 21
beach umbrella 21
beads 204
bean **22**
bear **22**,248
beard **22**
beautiful **22**
beauty salon 185,242
became 22
because **22**
beckon 84
become **22**
bed **22**,23,234
bedroom **23**,234
bee **23**,101
beef 122
been 21
beep 178
beer 55
beetle 101
before 9,**23**,240
began 23
begin **23**
behind **23**
Beijing 244
believe **24**
bell(s) **24**,42,129
belong **24**
below 7,**24**

two hundred and sixty-seven 267

belt 236
bench **24**,40,142
Berlin 244
best **24**,86,219
better **25**,86,219
between **25**
beverages 189
bib 18
bicycle **25**,213
big **25**,110,115
Big Turnip(The) 186
bike **25**
bill 125
billion 136
bingo 238
bird **26**
birthday **26**
birthday cake 26,**35**
birthday card 26
birthday party 26
birthday present 26
bite **27**
bitter 190,193
black **27**,47
black cat 89
blackboard **27**,44
blanket 23
blimp 213
block(s) **27**,204
block letter 113
blood **27**
blouse 236
blow **27**
BLT 161
blue **27**,47,153
blue sky 27
board game 204,238
boat **27**,168
body **28**
boil **28**,48
boiled egg 28,64
boiled water 28
bone **28**
bong 24
bonito 76
book **29**,44
book report 29
bookshelf 29
bookstore 185
boot(s) **29**,236
bored **29**,73
boring **29**,102
born **29**

borrow **29**,112
both **29**
bottle **30**,155
bottom **30**,203
bought 34
bow1 **30**
bow2 **30**
bowwow 58
box **30**
boxing **30**
boy **30**,85
bracelet 7
Braille 19
brain **30**
branch 147,205
brass band 19,46
Brazil 244
bread **31**
break **31**
breakfast **31**,122
breaststroke 191
bridge **32**
bright **32**,52
bring **32**,192
British 209
broke 31
broom 44,89
brother **32**,70,173
brought 32
brown **32**,47
brush **32**
bubble **33**
bubble gum 33
bug **33**
build **33**
building 33
built 33
bull 50
bulletin board 44
bump 178
bun 31
bus **33**,213
bus driver 33,242
bus stop 33,184
busy **33**,79
but **33**
butter 31,**34**
butterfly **34**,101,191
button **34**
buy **34**,165
buzz **34**,178
by **34**

cabbage **35**,212
cable car 213
cactus **35**
cage **35**
cake **35**,54,118
calendar **35**
calf 50
call **35**
calligraphy 246
came 47
camel **35**,248
camera **35**
camp **36**
camper 36
campsite 36
can1 **36**
can2 **36**
Canada **36**,244
Canadian 36
Canberra 244
candle 26,**36**
candy **36**
candy and snacks 189
candy cane 42
canned goods 189
can't 36,135
cap 20,**37**,91,236
capital **37**,244
capital letter 37
captain **37**,168
car **37**,213
card(s) **37**,204,238
cardboard 155
care **38**
careful **38**
careless 38
carnation 77
carp **38**
carpenter 242
carpet 116
carp streamer 246
carrot **38**,212
carry **38**
cashier 189
castanets 129
castle 186
cat **38**,71,109,144
catch **38**,199,238
catcher 20,38

caterpillar 34,**38**
cat's cradle 238
caught 38
cauliflower 212
cave 146
caw 26,51,71
CD **39**
CD player 44
CD-ROM 48
ceiling **39**,77,234
celery 212
cell phone 39
cellular phone **39**
cent **39**,58
center **39**
center fielder 20
centimeter 121
century **39**
cereal(s) 31,**39**,189
ceremony **39**
chair **40**,44,54
chalk 27,**40**,44
chameleon 144
change **40**
chat **40**
cheap **40**,68
cheat **40**
cheek 69
cheese 31,**40**
cherry **41**,81
cherry blossoms **41**,77
cherry tree 41
chest 28
chest of drawers 82
chew **41**
chick **41**,71,93
chicken **41**,122
child **41**
children **41**
Children's Day 246
chilly 171
chimney **41**,234
chimpanzee 125,248
chin 69
China **41**,244
Chinese **41**,93
Chinese food 78
chirp 26
chocolate 36,**41**,100
choose **41**
chopsticks 246
chorus 129

Christmas **42**,96,226
Christmas card **42**
Christmas present **42**
Christmas tree **42**
chrysalis **34**
chrysanthemum **77**
chubby **72**
cicada **101**
circle **43**,167
circus **43**
city **43**,214
city hall **89**
clam **76**
clap **43**,178
clarinet **129**
class **43**
classical music **129**
classmate **43**,232
classroom **44**,232
clay **44**
clean **44**,56,240
cleaner's **44**
clerk **189**,242
click **45**
climb **45**,57
clock **44**,**45**,116,217
close1 **45**,170
close2 **45**
closet **23**
clothes **45**,155,236
cloud **45**,218
cloudy **45**,218
clown **43**
club1 **37**
club2 **46**
club activity **46**
cluck **71**,93
coat **46**,236
cock-a-doodle-do **71**,93
cockroach **101**
coffee **46**
coin **46**,125
cola **118**
cold **46**,97,218,240
collect **46**
color **47**
colored pencil **144**
comb **89**
come **47**,86
comet **179**
comic book **29**
communicate **48**

compact disk **39**
compasses **183**
computer **44**,**48**
computer game **238**
computer programmer **242**
cone **167**
congratulation **48**
constellation **179**
content **29**
continent **48**,**244**
convenience store **185**
conversation **48**
cook **48**,242
cookie **49**
cool **49**,218
cooperate **49**
coral **163**
corn **49**,212
corner **49**
cornflakes **39**
cosmos **77**
costume **89**
cotton candy **13**
cough **171**
could **36**,**49**
count **49**
country **49**,146,**244**
course **49**
cousin **50**,70
cover **50**
cow **50**,71
crab **50**,163
crane **50**,248
crash **178**
crawl **50**
crayfish **144**
crayon **50**,183
cream **35**,**50**
crescent **50**,127,167
cricket **101**
crocodile **10**,248
croissant **31**
croo **26**
cross **50**
cross fingers **84**
crosswalk **242**
crossword puzzle **238**
crow **26**,**51**,71
cry **51**,57
cube **167**
cucumber **51**,212

cup **51**,108
cupboard **82**,108
cupcake **35**
curly hair **89**
curry and rice **55**
curtain **51**,116
curved line **167**
cushion **116**
customs **206**
cut **48**,**51**
cute **51**
cutting board **108**
cylinder **167**

dad **52**,72,124
daddy **52**,72
daffodil **77**
dairy products **189**
daisy **77**
dance **52**,57
dandelion **77**
danger **52**
Danger **172**
dangerous **160**
dark **32**,**52**
dark blue **47**
date **52**,113
daughter **52**,177
day **52**
day after tomorrow(the) **201**,202
day before yesterday(the) **201**
dead **10**,**53**
Dead end **172**
Dear **53**
December **53**,126
decide **53**
deciliter **121**
deep **53**,166,240
deep-fry **48**
deer **248**
degree **53**
delicious **53**
dentist **53**,242
dentist's office **53**
department store **53**,185,242
departure **206**
departure lobby **206**
desert **53**,248

desk **44**,**54**
dessert **54**
detergent **108**,189
diagonal **167**
diameter **167**
diamond **37**,**54**,167
diaper **18**
diarrhea **171**
diary **54**,105,250
dice **54**,238
dictionary **54**
did **54**,56
didn't **54**,135
die **55**
different **55**,161,240
difficult **55**,63
dig **55**
digital camera **35**
dime **39**
dimple **69**
ding-dong **24**
dining room **234**
dinner **55**,122
dinosaur **56**
dirty **44**,**56**,240
disappointed **73**
discount **185**
dish **56**,108
dive **56**
diver **56**
diving **191**
division **121**
dizzy **171**
do **56**
doctor **58**,171,242
dodge ball **238**
dodo **65**
does **56**,**58**
doesn't **58**,135
dog **58**,71,144,151
doll **58**,204
dollar **39**,**58**,125
doll house **58**,204
Doll Festival **246**
dolphin **58**,163
donkey **58**,71
Do not litter **172**
don't **56**,135
Don't walk **172**
door **37**,**59**,234
doughnut **59**,118
dove **26**,**59**
down **59**,210

downstairs 59,210,234
dragon 59,186
dragonfly 59,101
drank 60
draw 60
drawer 54
dream 60
dress 60,236
dresser 23
dress-up doll 58
drew 60
dribble 176
dried seaweed 246
drill 203
drink 60
drive 60
driver 60,61
drop 61,167
drop the handkerchief 238
drove 60
drugstore 185,242
drum 129
dry 61,220,240
duck 61,71
duckling 61
during 61
dust 61,205
dustpan 44
dusty 61
dwarf 186

E

each 62
eagle 26,62
ear 62,69
early 62,111,240
earrings 7
earth 62,85
Earth 179
Earth Day 62
earthquake 62
earthworm 62
east 62
Easter 63,96
Easter bunny 63
Easter egg 63
Easter egg hunt 63
easy 55,63,90
eat 57,63
eel 76

egg and spoon race 63
egg(s) 26,34,**64**,80
Egypt **64**,244
Egyptian 64
eight **64**,136
eighteen 64,136
eighth 64,136
eighty 64,136
either **64**
elbow 15,28
elderly people 19
electric appliance store 185
elementary school 232
elephant **64**,248
elevator 19,**64**
eleven **65**,136
eleventh 136
else **65**
e-mail **65**,119
e-mail address 65
empty **65**,81
end **65**
endangered **65**
energy **65**
engine 37
England **65**
English 66,93,232
English club 46
English conversation 48
English word 224
enjoy **66**
enough **66**
enter **66**
entrance **66**,68
entrance ceremony 39,232
eraser 27,**66**,183
escalator 19,**66**
essay 105
Euro 125
Europe **66**,244
evening **67**
ever **67**
every **67**
everybody **67**
everyone **67**
everything **67**
exam **67**
examination **67**,232

example **67**
excellent **67**
Excellent 87
excited **68**,73
exclamation mark 120
excuse **68**
exercise **68**
exit 66,**68**
expensive 40,**68**
explain **68**
extinct animals 65
extra **68**
eye **68**,69
eyebrow **68**
eyelash **68**

face 28,**69**
factory **69**
Fail 87
fair **69**
fairy 186
fall(s) 17,**69**,126,146,163
false 207
family **70**
family name 131
famous **70**
fan1 **70**
fan2 **70**
far **70**,132,240
farm **71**
farmer 71,**72**
farmhouse 71
fashion **72**
fashion designer 72
fashion show 72
fast **72**,175,240
fasten **72**
fat **72**,198
father 52,70,**72**,127,142
Father's Day 96
faucet 21
favorite **72**
feather 26,223
February **72**,126
feed **73**
feel **73**
feeling **73**
feet **74**
fell 69

felt 73
felt pen 143
fence 71,**74**,227
fermented soybeans 246
Ferris wheel 13
fever **74**
few **74**
field 71,**74**
field day 74,232
field trip 74,232
fifteen 76,136
fifth 76,136
fifty 76,136
fig 81
fight **74**
fill **74**
find **75**
fine **75**
finger **75**,90
finish **75**
fire **75**
fire engine 75,213
fire fighter 75,242
firefly 101
fireplace 116
fire station 75,183,242
fireworks **75**
first **75**,111,136,240
first baseman 20
first name 131
fish **76**
fisher 76
fishing **76**
fishing boat 76
fishing rod 76
fish shop 185
five 76,136
five senses(the) 165
fix **76**
flag **76**
flash 35
flatfish 76
flew 78
flight attendant 10,242
float **76**
floor 39,**77**,234
florist 242
flour **77**
flower **77**
flower arrangement

246
flower bed
  77,142,227
flower shop   185,242
flute   129
fly1   57,**78**
fly2   101
foggy   218
fold   **78**
folding fan   246
follow   **78**
food   **78**
foot   28,74,**78**,112
football   181
for   **78**
forefinger   75
forehead   69
foreign   **78**
foreign language   110
forest   **79**,146
forget   **79**,155
forgot   79
fork   56,**79**
forty   79,136
forward   **79**
found   75
fountain   146
fountain pen   143
four   **79**,136
fourteen   79,136
fourth   79,136
fox   71,**79**
franc   125
France   **79**,244
freckles   69
free   33,**79**
freestyle   191
freeze   **80**
freezer   108
French   79,93
French fries   118
Friday   **80**,219
friend   **80**
friendly   80
frog   **80**
from   **80**
front   18,**80**
front side   171
front yard   227
frown   **80**
frozen foods   189
fruit(s)   **81**,189
frying pan   108

full   65,**81**,99,240
full moon   127
fun   **82**
funny   **82**
furniture   **82**
future   **82**

game   **83**,238
garage   **83**,234
garbage   **83**
garbage can   83
garden   **83**
gardening   95
gas station   242
gate   74,**83**,234
gave   85
geese   87
gentleman   **83**,110
German   84,93
Germany   **84**,244
gesture   **84**
get   **84**
ghost   **84**,89
giant   186
giggle   111,175
gingerbread man   42
giraffe   **85**,248
girl   30,**85**
give   **85**
glad   **85**
glass(es)
  85,108,155,236
global citizen   85
globe   44,**85**,120
glove(s)   20,**85**,236
glue   **85**,183
go   47,**86**
goal   176
goalkeeper   176
goat   71,**86**
gobble   71
goblin   186
gold   47,**86**
goldfish   144
good   18,**86**,240
Good   87
goodbye   **86**
goose   71,**87**
gorilla   **87**,125,248
got   84
grade   87

graduation ceremony
  39,232
gram   121
grandfather   70,**87**
grandma   87
grandmother   70,**87**
grandpa   87
grape(s)   81,**87**
grapefruit   31,81,**87**
grass   **87**
grasshopper   101
grassland   248
gray   47,**87**
great   **88**
Great Britain   209
green   47,**88**,153,204
greenhouse   **88**
greenhouse effect   88
green peas   22
green pepper   212
green tea   193
grew   88
grill   48
grilled fish   246
grocery store   185
ground   **88**
group   **88**
grow   **88**
guess   **88**
guest   **88**
guitar   **88**,129
gulp   178
gum   36
gummy   36
gym   232
gymnastics   181

had   91
ha-ha   178
hair   28,**89**
hairdresser   242
half   **89**
half moon   127
hall   **89**,234
Halloween   **89**,96
ham   31
ham and egg   161
hamburger   31,**90**,118
hammer   **90**,203,234
hamster   144
hand   15,28,**90**

handbag   18,236
handkerchief   236
hang   **90**
hang up   194
happen   **90**
happy   73,**90**
hard   **90**,177,240
hare   **91**,153
Hare and the Tortoise
  (The)   186
harmonica   129
has   **91**
hat   **91**,236
hate   **91**
haunted house   13
have   **91**
have to   130
hay   71
he   **92**
head   28,**92**
headache   171
headlight   37
heads or tails   238
hear   **92**
heard   92
hearing   165
heart   37,**92**,167,211
heavy   **92**,114,240
hee-haw   58,71
heel   78
height   167
helicopter   **92**,213
hello   **93**
helmet   20
help   **93**
hen   71,**93**
her   **94**
here   **94**,197,240
hers   **94**
hexagon   167
hi   93
hide   57,**94**
hide-and-seek   238
high   **94**,118,240
highchair   40
hiking   **94**
hill   **94**,146
him   92,**94**
hip   28
hippo   94
hippopotamus   **94**,248
his   92,**95**
hit   **95**

hobby   95
hold   95
hold on   194
hole   95
holiday   96
home   96,98
home economics   232
homeroom   232
homework   97
honest   97
honey   97
honk   71,87
hop   57
hope   97
hopscotch   238
horn   129
horse   71,**97**
hose   227,234
hospital   **97**,242
hot
   46,**97**,193,218,240
hot dog   31,118
hotel   **97**,242
hour   **97**,124
hour hand   45
house   **98**,**22**
how   98
hug   99
huge   99
humid   218
hundred   **99**,136
hungry   81,**99**,240
hurry   99
hurt   99
husband   **99**,222
hydrangea   77

I   70,**100**
ice   100
ice cream   54,**100**
ice cream cone   100
ice cube   100
idea   100
if   101
immigration   206
important   101
in   **101**,140
inch   74
India   **101**,244
Indian   101
Indian Ocean(the)   244

indigo   153
insect   101
inside   **102**,140
interested   102
interesting   29,**102**
international   102
Internet   102
into   102
introduce   102
invite   103
iron   **103**,234
is   103
island   103
isn't   103,135
it   103
Italian   103
Italian food   78
Italy   **103**,244

jack   37
jacket   **104**,236
jack-in-the-box
   104,204
jack-o'-lantern
   89,**104**,151
jaguar   248
jam   31,**104**
January   **104**,126
Japan   **104**,244
Japanese   **104**,232
Japanese food   78
jar   104
jazz   129
jeans   **104**,236
jelly   54,55,**105**
jelly beans   22,36,105
jellyfish   105,163
jigsaw puzzle   204
job   **105**,242
join   105
joker   37
journal   105
journalist   105
J-pop music   129
judo   246
juggler   43
juice   105
July   **105**,126
jump   57,**105**
jump rope   **106**,238
June   **106**,126

jungle   **106**,248
jungle gym   142
junior   106
junior college   232
junior high school   232
Jupiter   179
just   106

kangaroo   **107**,248
karate   246
keep   107
Keep off the grass
   172
kendo   246
Kenya   **107**,244
Kenyan   107
kept   107
ketchup   118
kettle   108
key   107
keyboard   48
keyhole   107
kick   57,**107**,176
kid   86,**107**
kill   108
kilogram   121
kilometer   121
kimono   246
kind1   108
kind2   108
kindergarten   232
king   37,**108**,186
kiss   108
kitchen   **108**,234
kite   **109**,204
kitten   38,**109**
kiwi fruit   81
knee   28,**109**
knew   109
knife   56,**109**
knock   109
know   109
koala   **109**,248
Korea   93,**109**,244
Korean   109

lady   83,**110**
ladybug   101,**110**
lake   **110**,146

lamb   71,**110**,168
lamp   116
land   110
language   110
lap   28
large
   110,173,175,240
last   75,**111**,133,240
late   62,**111**,240
later   111
laugh   57,**111**,175
lawn   227
lawyer   242
lay   111
lazy   111
leader   111
leaf   **111**,147,205
learn   112
leave   112
leaves   111
left1   **112**,157,240
left2   112
left fielder   20
leg   28,78,**112**
lemon   81,**112**
lend   29,**112**
lens   35
lent   112
lesson   112
let   113
let's   113
letter   113
lettuce   212
library   **114**,232
lie1   114
lie2   114
life   114
lift   64
light1   **114**,240
light2   92,**114**
light blue   47
lightning   199,218
like1   114
like2   114
lily   77,**114**
lily of the valley   77
line   115
lion   **115**,248
lips   69,128
listen   57,**115**
liter   121
litter   115
little   25,128,**115**,201

little finger   75
Little Mermaid(The)
    186
live   **115**
living room   **116**,234
lizard   248
lobster   76
lock   107
lollipop   36
London   244
lonely   73
long   **116**,170,240
look   **117**
loose   **117**,200
lose   **117**
lost   117
lot   **117**
loud   **117**
love   **118**
low   94,**118**,240
lucky   **118**
lunch   **118**,122
lunchtime   232

maa   71,86
machine   **119**
mad   73
made   119
magazine   **119**
magic   186
mail   **119**
mailbox   119,242
mail carrier   119,242
make   **119**
man   **119**,224
mandarin orange
    81,139
manner(s)   **120**
mansion   14
mantis   101
many   74,117,**120**
map   44,**120**
marbles   204,238
March   **120**,126
mark   **120**
marker   183,238
market   **120**
marry   **120**
Mars   179
mashed potatoes   55
mask   89,**120**

math   **121**,232
matter   **121**
may   **122**
May   **121**,126
maybe   **122**
me   70,100,**122**
Me   84
meal   **122**
mean1   **122**
mean2   **122**
meat   **122**,189
meat shop   185
mechanical pencil
    144
medicine   **123**,171
medium   173
meet   **123**
melon   81
men   119
Men   172
meow   38
Mercury   179
merry-go-round   13
messy   **123**,132
met   123
meter   121
Mexican   123
Mexico   **123**,244
mice   128
microscope   194
microwave oven   108
middle finger   75
milk   31,**123**
milk carton   155
Milky Way   179
millimeter   121
million   **123**,136
mind   **123**
mine   100,**123**
minus   121
minute   97,**124**
minute hand   45
mirror   21,**124**
miso soup   246
miss   **124**
Miss   128
mistake   **124**
mitt   20
mitten(s)   85,**124**,236
mix   **124**
moa   65
mole1   **124**
mole2   69

mom   **124**,127
mommy   124,127
Monday   **124**,219
money   **125**
monitor   48
monkey   **125**,248
monster   89
month   **126**
moo   50,71
moon   **127**,179
more   120,**127**
morning   **127**
morning glory   77
morning paper   141
Moscow   244
mosquito   101
most   120,**127**
moth   101
mother
    70,72,124,**127**,142
Mother Goose   **127**
Mother's Day   96
motorboat   27,213
motorcycle   213
mountain
    128,146,248
mouse   48,**128**
mouth   28,69,**128**
move   **128**
movie   **128**
movie theater   128
Mr.,Mr   **128**
Mrs.,Mrs   128
Ms.,Ms   **128**
Mt.   128
much
    115,117,120,**128**
mud   **129**
multiplication   121
mummy   89
museum   **129**,242
mushroom   212
music   **129**,232
musical chairs   238
musical instrument
    129
musician   129
must   **130**
mustache   22,69,**130**
mustard   118
my   100,**130**
myself   **130**

nail   75,**131**,203
nail clippers   131
name   **131**
nan   31
nap   **131**
narrow   **131**,222,240
nature   **132**
navel   28
near   45,70,**132**,240
neat   123,**132**
neck   28,**132**
necklace   7
need   **132**
needle   **132**
neigh   71
neighbor   **132**
nephew   **132**,133
Neptune   179
nervous   73,**132**
nest   26,**132**
never   12,**133**
new   **133**,138,240
news   **133**
newspaper   **133**,155
New Year's card   246
New Year's Day
    96,246
New York   244
New Zealand   244
next   **133**
nice   **133**
nickel   39
niece   132,**133**
night   52,**133**
nine   **134**,136
nineteen   134,136
ninety   134,136
ninth   134,136
no   **134**,228
No dogs allowed   172
noise   **134**
noisy   **134**,152
none   **134**
noodle(s)   118,**134**
noon   9,**134**
No parking   172
north   62,**134**,179
North America   244
North Korea   109
North Star(the)   134

two hundred and seventy-three **273**

north wind 134
nose 69,**134**
nosebleed 171
No smoking 175
not **135**
notebook **135**,183
nothing **135**
November 126,**135**
now **135**,197
nuclear power 149
number **136**
nurse **136**,171,242
nursery rhyme 127
nursery school 232
nurse's office 232
nut **136**

oatmeal 39
ocean **137**,248
ocher 47
o'clock **137**
octagon 167
October 126,**137**
octopus 76,**137**
of **137**
off **137**,138
office **138**
office building 242
office worker 242
often 12,**138**
oh **138**
oil **138**
oink 71,146
OK 84,**138**
old 133,**138**,229,240
older sister 173
on 137,**138**,209
once **139**
one 136,**139**
one-way traffic 204
onion **139**,212
only **139**
oops 178
open 45,**139**,170
opposite **139**,240
or **139**
orange 47,81,**139**,153
orangutan 125
orbit 179
order **140**
organ 129

ostrich 248
other **140**
ouch 178
our **140**,217
ours **140**,217
out 101,**140**
out of 102
outside 102,**140**
oval **140**,167
oven 108
over **140**,209
owl 26,89
own **140**
oyster **140**

Pacific Ocean(the) 137,244
page **141**
pail 21
paint **141**
paintbrush 141
painting 95,141
pair **141**
pajamas 23,236
palace **141**,186
pale orange 47
palm tree 205
pancakes 31
panda 65,**141**,248
pansy 77
pants **141**,236
paper **141**,183
paper bag 18
paper crane(s) 141,238
paper products 189
pardon **142**
parent(s) **142**
Paris 244
park **142**
parking lot 242
parrot 26,**142**
part **142**
party **142**
pass **142**,176
Pass 87
passenger 10,206
passenger car 205
passport 206
past **143**
pat **143**

patient 58,171
pay **143**
PE 232
pea **143**,212
peace **143**,216
peach 81,**143**
Peach Boy(The) 186
peacock 26,248
peanut **143**
peanut butter and jelly 161
pear 81,**143**
pen **143**,183
pencil **144**,183
pencil case 144,183
pencil sharpener 144
penguin **144**,248
penny 39
pentagon 167
people **144**
pepper 160
persimmon 81
person 144
peso 125
pet **144**
PET bottle 155
pet shop 185
pet supplies 189
photo 35,**145**
photograph 145
photographer 145
physically challenged people 19
pianist 145
piano 129,**145**
pick **145**
pickled ume 246
picnic **145**
picture 116,**145**
picture book 29
pie 54,55,**145**
piece **145**
pig 71,**146**
pigeon 59
piggy bank 19,146
piglet 146
pillow 23
pilot 10,242
pin **146**
pineapple 81
pine tree 205
pink 47,**146**
pin the tail on the

donkey 58
pinwheel 146
pirate 186
pitcher 20
pizza 31,118,**146**
place **146**
plan **147**
plane **147**
planet 179
plant **147**
plastic 155
plastic bag 155
plastic bandage 171
plate 56,**147**
platform 183
play **147**
player 147
playground **147**,232
play house 98,238
please **147**
plus 121,**148**
Pluto 179
pocket **148**
poem **148**
point **148**
polar bear 248
pole 248
police **148**
police car 148,213
police officer 148,242
police station 148,183,242
polite **148**
pond 146,**148**
pony 43,71
pool **148**
poor **148**,156
popcorn 13,**148**
popular 149
popular music 129
porch 234
pork 122
postcard **149**
post office **149**,242
pot 108
potato(es) **149**,212
poultry 189
pound 125
pour **149**
power 65,**149**
practice **149**
prepare **149**
present1 7,**149**

present2 **150**
pretend **150**
pretty **150**
prince **150**,186
princess **150**,186
principal 194
printer 48
prize **150**
problem **150**
promise **150**
proud 73,**150**
pudding 54,55,**151**
pull **151**
pumpkin **151**,212
pumpkin pie 96,145,**151**
puppet **151**
puppy 58,**151**
purple 47,**151**
purse **151**,215,236
push **151**
put **151**
pyramid 167

quack 61,71
quarrel 74
quarter 39,**152**
queen 37,**152**,186
question **152**
question mark 120,152
quick **152**
quiet 134,**152**
quilt **152**
quite **152**
quiz **152**
quiz show 152

rabbit 71,144,**153**
raccoon 248
race **153**
racing car 213
racket **153**
radio **153**
railroad 242
rain **153**,218
rainbow **153**
raincoat 236
rain forest 79,248

rainy 153,218
raise **154**
rake 227,234
ramp 19
ran 159
rat 128
rat-a-tat 26
raw fish(sliced〜) 246
reach **154**
read 57,**154**
reading 95
ready **154**
real **154**
really **154**
reason **154**
recess 232
recorder 129
rectangle 167
recycle **155**
red 47,153,**155**,204
reduce 155
refrigerator 108,**155**
reindeer 42
relaxed 132
remember **155**
repeat **155**
report **155**
report card 155
rest **156**
restaurant 156,185,242
rest room 156
return **156**
reuse 155
rhinoceros 248
rhyme **156**
ribbit 80
ribbon 7,236
rice 55,**156**,246
rice ball 156
rice cake 156,246
rice field 74
rich 148,**156**
riddle **156**
ride **157**
right 112,**157**,226,240
right fielder 20
ring1 7,**157**
ring2 24,**157**,178
ring finger 75
rise **157**
river 76,146,**157**
road **157**

road sign 157
roast 48
roast beef 55
robot **157**
rock **158**
rock band 19
rock music 129
rock,scissors,paper 158,238
rode 157
roll 31,55,**158**
roller coaster 13
Rome 244
roof **158**,234
room **158**
rooster 71,93
root 205
rope **158**
rose1 77,**158**
rose2 157
rough **158**,175,240
round **158**
row1 **159**
row2 **159**
rowboat 27,159,213
rubber **159**
rubber band 159
rug 116
rugby 181
rule **159**
ruler **159**,183
run 57,**159**
runner 159
rupee 125
Russia **159**,244
Russian 159

sad 73,**160**
safe **160**
safety pin 146,160
said 161
sail **160**
sailboat 27,160,213
sailor 160
salad 55,**160**
salmon 76
salt **160**
same 55,**161**,240
sand **161**
sandbox 142,161
sand castle 21,161

sandwich 118,**161**
sang 173
Santa Claus 42
sardine 76
sat 173
Saturday **161**,219
Saturn 179
Saudi Arabia 244
sausage **161**
save **161**
saw1 164
saw2 203
say **161**
scale **161**
scarecrow 71,**161**
scared 73,**162**
scarf 7,**162**,236
schedule **162**
school **162**,**232**
school bag 18
school bus 33,232
school festival 232
school rules 159
science **162**,232
scientist 162
scissors **162**,183
scold **162**
score **162**
scoreboard 162
Scotch tape 183
scrambled egg 64
screw 203
screwdriver 203
sea 76,146,**163**
sea bream 76
seafood 189
seagull 163
seahorse 163
seal 163
Sea of Japan(the) 104
season **163**
seat **163**
seaweed 163
second1 136,**163**,208
second2 97,124,**163**
second baseman 20
second hand 45
secret **164**
see **164**
seed(s) 81,**164**
seeing 165
seem **164**

two hundred and seventy-five 275

seen   164
seesaw   142,**164**
selfish   **164**
sell   34,**165**
send   **165**
senior   **165**
senior high school
   232
sense   **165**
sent   165
Seoul   244
September   126,**165**
serious   **165**
set   **166**
seven   136,**166**
seventeen   136,166
seventh   136,166
seventy   136,166
sew   **166**
sewing machine
   119,166,234
shadow   **166**
shake   **166**
shake hands   166
shall   **166**
shallow   53,**166**,240
shampoo   21
shape   **167**
share   **167**
shark   163
sharp   **167**
shaved ice   21
she   **168**
sheep   71,**168**
sheet   23,**168**
shelf   44,**168**
shell   **168**
shellfish   163,168
shine   **168**
ship   **168**,213
shirt   **168**,236
shoe(s)   **169**,236
shoelace   169
shoot   **169**
shooting star   169
shop   **169**
shopper   189
shopping   169
shopping basket   189
shopping cart   189
short
   116,**170**,193,240
shorts   236

shortstop   20
shot   171
should   **170**
shoulder   28,**170**
shout   **170**
shovel   21
show   **170**
show and tell   170
shower   21,**170**
shrimp   76
shrine   246
shrug   84
shut   **170**
shutter   35
shy   73
sick   **171**
side   **171**
sidewalk   242
sight   **171**
sign   **172**
signature   113
sign language   110
silent   **172**
silly   **172**
silver   47,**172**
since   **172**
sing   57,**173**
singer   173
sink   21,108
sister   32,70,**173**
sit   **173**,182
six   136,**173**
sixteen   136,173
sixth   136,173
sixty   136,173
size   **173**
skate   **174**
skateboard   **174**
skateboarding   174
skating   174,181
skeleton   28,89
ski   **174**
skiing   174,181
skip   57,**174**
skirt   **174**,236
sky   **174**
sleep   57,**174**
sleeping bag   36,**174**
sleepy   **174**
sleigh   42
slept   174
slide   142
slim   72

slow   72,**175**,240
slowly   **175**
small
   110,173,**175**,240
smart   **175**,240
smell   **175**
smelling   165
smile   111,**175**
smoke   **175**
smooth   158,**175**,240
snail   101,**176**
snake   144,**176**,248
snakes and ladders
   238
sneakers   236
sneeze   **176**
snorkel   21
snow   **176**,218
snowboard   176
snowflake   176
snowman   176
snowy   218
so   **176**
soap   21,**176**
soccer   **176**,181
soccer ball   176
soccer field   176
soccer match   176
soccer player   176
social studies   232
sock(s)   **177**,236
sofa   40,82,116
soft   90,**177**,240
solar power   149
sold   165
some   **177**
somebody   177
someone   **177**
something   **177**
sometimes   12,**177**
son   52,**177**
song   **177**
soon   **178**
sore throat   171
sorry   **178**
sound   **178**
soup   55,**179**
sour   193
south   62,134,**179**
South America   244
South Korea   109
soy sauce   246
space   **179**

space shuttle   179
space station   179
spade   37
spaghetti   55
Spain   **180**,244
Spanish   93,180
sparrow   26,**180**
speak   **180**,193
special   **180**
Speed limit   172
spell   **180**
spelling bee   180
spelling quiz   152
spend   **180**
spent   180
sphere   167
spider   101,**181**
spin   **181**
spinach   **181**,212
spiral   167
splash   178
spoke   180
spoon   56,**181**
sport   **181**
sports car   213
spread   **182**
spring   126,163,**182**
square   158,167,**182**
squid   76
squirrel   **182**
stairs   234
stamp   8,**182**
stand   13,**182**
stapler   **182**,183
star   167,**182**
Star Festival   246
starfish   163
start   **183**
station   **183**,205,242
stationery   **183**
stationery store   185
stationmaster
   183,242
stay   **184**
steak   55
steel can   155
steering wheel   37
stem   147
step   **184**
stick   **184**
sticker   184
still   **184**
stir   48

stocking   42,177
stomach   28
stomachache   171
stone   **184**
stood   182
stool   40
stop   **184**
Stop   172
store   **185**
stormy   218
story   **186**
stove   108
straight   **187**
straight hair   89
straight line   167
strange   **187**
strawberry
   81,100,**187**
street   **187**,242
strict   **187**
strike   **187**
string   **187**
string beans   22,212
stroller   18
strong   **187**,218,240
student   **187**,194
study   **188**
stupid   240
subject   **188**,232
submarine   213
subtraction   121
subway   **188**,213,242
such   **188**
suddenly   **188**
sugar   160,**188**
suit   236
summer   126,163,**188**
sumo   246
sumo wrestling   246
sun   179,**188**,218
sundae   118
Sunday   **188**,219
sunflower   77
sunglasses   236
sunny   **188**,218
sunny-side up   64
sunrise   188
sunset   188
sunshine   188
supermarket   **189**
supper   **190**
sure   **190**
surprise   **190**

surprised   73
swallow   26
swam   191
swan   26,**190**
sweat   **190**
sweater   **190**,236
sweat pants   190,236
sweat shirt   190,236
sweep   **190**
sweet   **190**,193
sweet potato   212
swim   **191**
swimmer   191
swimming   181,**191**
swimming pool
   148,191,232
swim ring   21
swimsuit   21,191,236
swing   142,**191**
switch   **191**
Sydney   244

table   54,82,116,**192**
tablecloth   192
table tennis   181
taco   31
tadpole   80
tag   **192**,238
tail   **192**
take   32,**192**
talk   40,57,**193**
tall   170,**193**,240
tambourine   129
tape   183
taste   **193**
tasting   165
tatami mat   246
taught   194
taxi   **193**,213
taxi driver   193
tea   **193**
tea ceremony   246
tea set   166
teach   **194**
teacher   44,**194**
teachers' room   232
team   **194**
tear   **194**
teddy bear   22
teeth   128,**194**,203
telephone   116,**194**

telescope   **194**
television
   116,**194**,208
tell   **195**
temple   246
ten   136,**195**
ten thousand   136,195
tennis   181,**195**
tent   36,**195**
tenth   136,195
terminal building   206
terrible   **195**
Terrific   67
test   **195**
textbook   44,**195**
Thailand   244
than   **195**
thank   **196**
Thanksgiving Day   96
that   **196**,198
the   **196**
theater   **196**,242
their   **196**
theirs   **196**
them   **196**
then   135,**197**
there   94,**197**,240
thermometer   171
these   **197**,199
they   **197**
thick   **197**,198,240
thigh   28
thin   72,197,**198**,240
thing   **198**
think   **198**
third   136,199
third baseman   20
thirsty   **198**
thirteen   136,199
thirty   136,199
this   **196**,**198**
those   197,**199**
thought   198
thousand   136,**199**
thread   132,**199**
three   136,**199**
3R's(The)   155
through   **199**
throw   **199**
thumb   75,**199**
thumbs down   199
thumbs up   199
thunder   **199**,218

Thursday   **199**,219
ticket   **199**
ticket gate   183
tickle   **200**
tick-tock   178
tic-tac-toe   238
tie   **200**,236
tiger   65,**200**,248
tight   117,**200**
till   **200**
time   **200**
ting-a-ling   24,178
tiny   **201**
tire   37,**201**
tired   73,**201**
title   29
to   **201**
toad   80
toast   31
today   **201**,202,228
toe   75,78,**201**
together   **201**
toilet   21
Tokyo   **202**,244
told   195
tomato(es)   **202**
tomorrow
   201,**202**,228
tongue   128,**202**
tongue twister   **202**
tonight   **202**
too   **202**
took   192
tool   **203**
tooth   128,194,**203**
toothache   171,203
toothbrush   21,203
toothpaste   21,203
top   **203**
tortilla   31
touch   **203**
touching   165
towel   21,**203**
tower   **203**
town
   146,**203**,214,**242**
toy   **204**
toy box   204
toy shop   185
toy truck   204
track   183
track and field   181
tractor   71

traffic **204**
traffic light
　114,204,**242**
train **205**,213
trash **205**
trash can　44,**205**
travel **205**,206
treasure **205**
tree　142,**205**
triangle　129,167,**205**
Trick or treat　89
tricycle　25
trip **206**
tropical fish　144
trouble **207**
truck **207**,213
true **207**
trumpet　129
trunk　37,**205**
try **207**
T-shirt **236**
tube　188
Tuesday **207**,219
tug of war　**238**
tulip　77,**207**
tuna　76
tunnel **207**
turkey　71,96
turn **207**
turnip **208**,212
turtle　144,163,**208**
turtleneck **208**
TV　44,194,**208**
twelfth　136
twelve　136,**208**
twenty　136,**208**
twice **208**
twins **208**
twirl **208**
two　136,**208**
two-story house　98
typhoon **208**

UFO　179
ugly　22
Uh-huh　178
umbrella **209**
umpire　20
uncle　17,50,70,**209**
under **209**
underground　188

understand **209**
understood　209
underwear **236**
unicorn　186
unicycle　25
uniform **209**
United Kingdom(the)
　209,244
United States of
　America(the)
　12,**209**,244
universe **210**
university **210**,232
until　200,**210**
up　59,**210**
upside down　210
upstairs　59,**210**,234
Uranus　179
us **210**
USA(the)　209
use **210**
used clothes　155
useful **210**
useless　210
usually **210**

vacation **211**
vacuum cleaner　234
valentine card　211
Valentine's Day
　96,**211**
valley **211**
van **211**,213
vanilla　100
vase　116,**211**
VCR　44,214
vegetable garden
　83,212,227
vegetable(s)　189,**212**
vehicle **213**
vending machine
　119,242
Venus　179
very **214**
very bad　193
very large　99
vest **236**
vet　242
video **214**
video cassette recorder
　214

village **214**
vine　147,**214**
violet　77,153
violin　129,**214**
violinist　214
visit **214**
voice **214**
volcano　146,**214**
volleyball　181
volleyball team　46
volunteer **214**

wagon **215**
wait **215**
waiter　242
waitress　242
wake **215**
walk　57,**215**
Walk　172
wall **215**,234
wallet　151,**215**
wand　186
want **216**
war　143,**216**
warm **216**,218
was **216**
wash　57,**216**
washing machine
　119,234
wasn't　135,216
watch　45,**217**
water **217**
watermelon　81,**217**
wave **217**
way **217**
we **217**
weak　187,**218**,240
wear **218**
weather **218**
web　181,**218**
Wednesday **218**,219
week **219**
weekday　219
weekend　219
weigh **219**
weight　219
welcome **219**
well **219**
went　86
were **220**
weren't　135,220

west　62,**220**
wet　61,**220**,240
Wet paint　172
whale　163,**220**
what **220**
wheel　37,**220**
wheelchair　19,40,**221**
when　220,**221**
where　220,**221**
which　220,**221**
whirling teacups　13
whiskers　22
whisper **221**
whistle **221**
white　47,**221**
whiteboard **221**
who　220,**221**
whole　142
whoo　26
whose　220,**222**
why　220,**222**
wide　131,**222**,240
width　167
wife　99,**222**
wild **222**
wild animals **222**,248
will **222**
win　117,**223**
wind　218,**223**
window **223**,234
wind power　149
windy　218
wine　55,**223**
wing　26,**223**
winter　126,163,**223**
wipe **223**
wiper　37,223
wish **223**
witch　89,**223**
with **224**
without **224**
wives　222
wizard　223
Wizard of Oz(The)
　186
woke　215
wolf **224**,248
woman　119,**224**
women　224
Women　172
won1　125
won2　223
wonder **224**

wonderful **224**
won't 135
wood **224**
woodpecker 26,**224**
woods 224
word **224**
word processor 224
work **225**
workbook 225
world **225**
world map 120,**225**
worm 101
worry **225**
worse 18,**225**
worst 18,**225**
would **225**
wow **225**

wreath 42
wrinkle 69
wrist 15,28
write 57,**226**
writer 226
wrong 157,**226**
wrote 226

Xmas 42,**226**
X-ray **226**
xylophone 129,**226**

yard **227**

yawn **227**
yeah 228
year **227**
yell **227**
yellow
  47,153,204,**227**
yellow green 47
yen 125,**228**
yes 134,**228**
yesterday
  201,202,**228**
yet **228**
yogurt 31,**228**
you **229**
young 138,**229**,240
younger sister 173
your **229**

yours **229**
yourself **229**
yo-yo 204,**229**
yuan 125
yummy 53

zebra **230**,248
zero 136,**230**
zigzag **230**
zigzag line 167,230
zip code 8,**230**
zipper **230**
zoo **230**
zzz 178

和英さくいん

＊本書に収録した見出し語・関連語の日本語の意味をひらがな・カタカナで五十音順に配列した。
＊外来語の音引き(長音)は直前の母音の音と見なした。
＊同音異義語や意味がわかりにくい語には＜＞で漢字をつけた。
＊用例中の単語は一部の例外をのぞきふくまない。
＊ゴシック体の数字は見出し語があるページをしめす。
＊テーマページ(p.232〜251)に収録されている語については、各テーマ見開き左側のページ数をしめした。

あ

ああ oh **138**
あい＜愛＞ love **118**
あい＜藍＞ indigo **153**
アイスクリーム
　ice cream 54,**100**
アイスクリームコーン
　ice cream cone **100**
あいする love **118**
あいだ(なか)に among **12**,25
あいだに between **25**
アイロン iron **103**,234
アイロンをかける iron 103, 234
あう meet **123**
　　 see **164**
あお blue **27**,47,153
　　 green **204**
あおい blue **27**
あおぞら blue sky **27**
あか red 47,153,**155**,204
あかい red **155**
あかちゃん baby **18**
あがって up **210**
あがっている nervous **73**
あがる climb **45**
　　　 rise **157**
あかるい bright **32**,52
　　　　 light1 **114**
あき autumn **17**,69,126,163
　　 fall 17,**69**,126,163
あきた bored **73**
あくしゅをする
　shake hands **166**
アクセサリー accessory **7**

あくび yawn **227**
あくびをする yawn **227**
あげた gave **85**
あける open 45,**139**,170
あげる give **85**
あげる＜上げる＞ raise **154**
あげる＜揚げる＞ deep-fry **48**
あご chin **69**
アコーディオン accordion **129**
あさ morning **127**
あさい shallow 53,**166**,240
アサガオ morning glory **77**
あさって day after tomorrow(the) 201,202
アザラシ seal **163**
あし＜足＞ feet **74**
　　　　 foot 28,**78**,112
あし＜脚＞ leg 28,78,**112**
あじ taste **193**
アジア Asia **16**,244
あじがする taste **193**
あしくび ankle **28**
アジサイ hydrangea **77**
あした tomorrow 201,**202**,228
あしのゆび toe 75,**201**
あせ sweat **190**
あそこに there **94**
あそび game 83,**238**
あそびば playground **147**
あそぶ play **147**
あたたかい warm **216**,218
あたま head 28,**92**
あたまがいたい headache **171**
あたまがよい bright **32**
あたらしい new **133**,138,240
あつい＜暑い，熱い＞
　hot 46,**97**,218,240
あつい＜厚い＞
　thick **197**,198,240
あった＜会った＞ met **123**
あった was **216**
アップルパイ apple pie **145**
あつめる collect **46**
あてさき address **8**
あとで later **111**
あとに after 9,**23**,240
あな hole **95**
あなたじしん yourself **229**
あなたたち(が) you **229**
あなたたち(を) you **229**
あなたたちの your **229**
あなたたちのもの yours **229**
あなたに(を) you **229**
あなたの your **229**
あなたのもの yours **229**

あなたは(が) you **229**
あに brother **32**,173
あね sister **32**,**173**
　　 old sister 173
あの that **196**,198
アパート
　apartment house **14**,98,242
アハハ ha-ha **178**
アヒル duck **61**,71
アヒルのこ duckling 61
あぶら oil **138**
アフリカ Africa **9**,244
あまい sweet **190**,193
あまのがわ Milky Way **179**
あまりにも too **202**
あみもの knitting **95**
あめ rain **153**,218
あめがふる rain **153**
あめふりの rainy **153**
アメリカ America **12**,244
アメリカがっしゅうこく
　United States of America(the) 12,**209**,244
　USA(the) **209**
アメリカじん American 12
あやつりにんぎょう
　puppet **151**
あやとり cat's cradle **238**
アライグマ raccoon **248**
あらう wash 57,**216**
あらし stormy **218**
アラジンとまほうのランプ
　Aladdin and His Magic Lamp **186**
アラビアご Arabic **93**
アリ ant **14**,101
ある there **197**
あるく walk 57,**215**
アルゼンチン Argentina **15**,244
アルゼンチンじん Argentine 15
アルバイト part-time job **142**
アルバム album **10**
アルファベット alphabet **11**
アルミかん aluminum can **155**
あれは(が) that **196**,198
あれらの those 197,**199**
あれらは(が) those 197,**199**
あわ bubble **33**
あんぜんな safe **160**
あんぜんピン
　safety pin 146,**160**
あんないする show **170**

い　stomach　28
いいあてる　guess　88
いいえ　no　134,228
イースター　Easter　63,96
イースターエッグ
　　Easter egg　63
イースターバニー
　　Easter bunny　63
イーメール　e-mail　65,119
イーメールアドレス
　　e-mail address　65
いう　say　161
　　　tell　195
いえ　house　98,234
いえへ　home　96
イカ　squid　76
いきて　alive　10,53
いきどまり　Dead end　172
イギリス　England　65
　　　　　Great Britain　209
　　　　　United Kingdom(the)
　　　　　209,244
イギリス（じん）の　British　209
いきる　live　115
いく　come　47
　　　go　47,86
いくつか（の）　some　177
いくらか（の）　some　177
いくらかの　any　14
いけ　pond　146,148
いけばな
　　flower arrangement　246
いし　rock　158
　　　stone　184
いしけり　hopscotch　238
いしゃ　doctor　58,171,242
いしょう　costume　89
いじわるな　mean2　122
いす　chair　40,44,54
いすとりゲーム
　　musical chairs　238
いずみ　fountain　146
　　　　spring　182
いそいで　quick　152
いそがしい　busy　33,79
いそぐ　hurry　99
いそげ　Hurry up!　99
いた　was　216
　　　were　220
いたい（は）　toothache　171
いだいな　great　88
いたっ　ouch　178

イタリア　Italy　103,244
イタリアご　Italian　103
イタリアじん　Italian　103
イタリアりょうり
　　Italian food　78
いち（の）　one　136
いちがつ　January　104,126
イチゴ　strawberry　81,187
イチジク　fig　81
いちじかん　hour　97
いちだん＜一団＞　band　19
いちだん＜1段＞　step　184
いちど　once　139
いちにち　day　52
いちば　market　120
いちばんおおい　most　120,127
いちばんしたのところ
　　bottom　30
いちばんめ（の）
　　first　75,136,240
いちばんよい　best　24,86,219
いちばんわるい　worst　18,225
いちまい（かみなどの）
　　sheet　168
いちまん（の）
　　ten thousand　136,195
いちりんしゃ　unicycle　25
いちるいしゅ　first baseman　20
いつ　when　220,221
いつか　once　139
いっかい　downstairs　234
　　　　　the first floor　77
いっかくじゅう　unicorn　186
いっしゅうかん　week　219
いっしょうけんめいに　hard　90
いっしょに　along　11
　　　　　together　201
　　　　　with　224
いっしょにつかう　share　167
いった＜言った＞　said　161
　　　　　　　　told　195
いった＜行った＞　went　86
いっつい　pair　141
いっぱいにする　fill　74
いっぱいの　full　65,81,240
いっぱいの（おなかが）　full　99
いっぴきの　a　7
　　　　　 an　13
いっぽ　step　184
いっぽうつうこう
　　one-way traffic　204
いつも　always　12
いつもは　usually　210
いと　thread　132,199
いとこ　cousin　50,70

いなか　country　49,146
いなくてさびしい　miss　124
いなづま　lightning　199,218
イヌ　dog　58,71,144,151
いのち　life　114
いのる　wish　223
いま　living room　116,234
　　　now　135,197
いままでに　ever　67
いみする　mean1　122
いもうと　sister　32,173
　　　　　younger sister　173
イモムシ　caterpillar　34,38
イヤリング　earrings　7
いりぐち　entrance　66,68
いる　am　12
　　　are　15
　　　be　21
　　　is　103
　　　stay　184
イルカ　dolphin　58,163
いろ　color　47
いろえんぴつ　colored pencil
　　144
いわ　rock　158
イワシ　sardine　76
イングランド　England　65
インターネット　Internet　102
インチ　inch　74
インド　India　101,244
インドじん　Indian　101
インドよう
　　Indian Ocean(the)　244

う

ウェイター　waiter　242
ウェイトレス　waitress　242
うえに　above　7,24
　　　　on　138,209
　　　　over　140
　　　　up　59,210
うえのかい
　　upstairs　59,210
うえる　plant　147
うえを　over　209
ウォン　won　125
うかべる　float　76
うきわ　swim ring　21
うく　float　76
うごかす　move　128
うごかなくなる　freeze　80
うごく　move　128
ウサギ　rabbit　71,144,153
ウサギとカメ　Hare and

the Tortoise(The) 186	えいが movie **128**	おうじょ princess **150**,186
ウシ cow **50**	えいがかん movie theater 128	おうだんほどう crosswalk 242
うしろ(の) back **18**,80	えいご(の) English **66**,93,232	おうどいろ ocher 47
うしろに behind **23**	えいごぶ English club 46	オウム parrot 26,**142**
うすい thin 197,**198**,240	えいたんご English word 224	おえる finish **75**
うそ lie2 **114**	エース ace 37	おお oh 138
うそをつく lie2 **114**	えーと let me see 164	おおあめがふる pour 149
うた song **177**	well **219**	おおう cover **50**
うたう sing 57,**173**	えき station **183**,205,242	オオカミ wolf **224**,248
うたった sang 173	えきちょう	おおきい big **25**,110,115,240
うちがわ(に) inside **102**,140	stationmaster 183,242	large **110**,175,240
うちゅう space **179**	えくぼ dimple 69	おおきい(おと、こえが)
universe **210**	えさをあげる feed **73**	loud **117**
うちゅうじん alien **179**	エジプト Egypt **64**,244	おおきさ size **173**
うちゅうステーション	エジプトじん Egyptian 64	おおきなかぶ
space station **179**	エスカレーター escalator 19,**66**	Big Turnip(The) 186
うちゅうひこうし	えだ branch 147,205	おおく(の) many **120**
astronaut **16**,179	えっくすせん X-ray **226**	much **128**
うちわ fan1 **70**	エネルギー energy **65**	オーケー OK 84,**138**
うつ hit **95**	power **149**	おおごえで loud **117**
shoot **169**	えのぐ paint **141**	おおざら dish **56**
strike **187**	エビ shrimp **76**	オーストラリア
うつくしい beautiful **22**	えふで paintbrush 141	Australia 8,**17**,244
うった sold 165	エプロン apron **15**	オーストラリアじん
うで arm **15**,28	えほん picture book 29	Australian 17
うでどけい watch 45,**217**	えらぶ choose **41**	オートバイ motorcycle 213
ウナギ eel 76	pick **145**	オートミール oatmeal 39
ウマ horse 71,**97**	エレベーター elevator 19,**64**	オーブン oven 108
うまれる born **29**	lift 64	おおもじ capital 37
うみ ocean **137**,248	えをかくこと painting 95	capital letter 37
sea 76,146,**163**,213	えん circle **43**,167	おか hill **94**,146
うみガメ turtle 163,**208**	yen 125,**228**	おかあさん
うめぼし pickled ume 246	えんじる act **8**	mother 72,124,**127**,142
うら(こうかの) tails **192**	エンジン engine 37	おかし candy **36**
うらにわ backyard 227	えんすいけい cone 167	おかし(あまい) sweet **190**
うる sell 34,**165**	えんそうする play **147**	おかしい funny **82**
うるさい noisy **134**,152	えんそく field trip 74,232	おかね money **125**
うるさいおと noise **134**	えんちゅうけい cylinder 167	おきて awake 16,**17**
うれしい glad **85**	エンドウまめ pea **143**,212	おきにいり favorite **72**
happy 73,**90**	えんとつ chimney 41,**234**	おきる get up 215
うわぎ jacket **104**,236	えんぴつ pencil **144**,183	おく lay **111**
うん uh-huh 178	えんぴつけずり	put **151**
うんがよい lucky **118**	pencil sharpener 144	set **166**
うんてんした drove 60		おくった sent 165
うんてんしゅ driver **61**	**お**	おくびょうな nervous **132**
うんてんする drive **60**		おくる＜送る＞ send **165**
うんどう exercise **68**	おい nephew **132**,133	おくる＜贈る＞ present2 **150**
うんどうかい field day 74,232	おいしい delicious **53**	おこした woke 215
うんどうじょう ground **88**	good **86**	おこす wake **215**
	yummy 53	おこった angry **13**,73
え	おいていく leave **112**	おこる happen **90**
	おいわいのひ holiday **96**	おじ uncle 17,50,70,**209**
え painting **141**	おう king **108**,186	おじいさん grandfather **87**
picture 116,**145**	おウシ bull **50**	おじいちゃん grandpa 87
エイ(せいせき) excellent **67**	おうじ prince **150**,186	おしえた taught **194**

おしえる	show	**170**	オフィスビル			
	teach	**194**	office building	**242**		
	tell	**195**	おぼえている	remember	**155**	

おしえる　show　**170**
　　　　　teach　**194**
　　　　　tell　**195**
おじぎをする　bow2　**30**
おしボタン　button　**34**
おす　push　**151**
おす(カチッと)　click　**45**
オズのまほうつかい
　Wizard of Oz(The)　**186**
おそい　late　**62,111**,240
　　　　slow　**72,175**,240
おそく　late　**62,111**
　　　　slow　**72,175**
おそろしい　terrible　**195**
オタマジャクシ　tadpole　**80**
おちる　fell　**69**
おちる　drop　**61**
　　　　fall　**69**
おっ　oops　**178**
おっと＜夫＞　husband　**99**,222
おつり　change　**40**
おと　sound　**178**
おとうさん
　father　**52,72,127,**142
おとうと　brother　**32,**173
おとこのこ　boy　**30,**85
おとこのひと
　gentleman　**83,**110
　man　**119,**224
おとしより　elderly people　**19**
おとずれる　visit　**214**
おととい
　day before yesterday(the)　**201**
おとなしい　quiet　**152**
おどる　dance　**52,**57
おどろいた　surprised　**73**
おどろかせる　surprise　**190**
おどろき　surprise　**190**
おどろく　wonder　**224**
おなかがいたい
　stomachache　**171**
おなかがすいた
　hungry　**81,99,**240
おなじ　same　**55,161,**240
おなじくらい　as　**16**
おにぎり　rice ball　**156**
おにごっこ　tag　**192,**238
おば　aunt　**17,**50,70,209
おばあさん　grandmother　**87**
おばあちゃん　grandma　**87**
おばけ　ghost　**84,**89
おばけやしき
　haunted house　**13**
おはよう　Good morning　**9,**127

オフィスビル
　office building　**242**
おぼえている　remember　**155**
おぼえる　learn　**112**
おむつ　diaper　**18**
おめでとう　congratulation　**48**
おめん　mask　**89,120**
おもい　heavy　**92,**114,240
おもいだす　remember　**155**
おもう　guess　**88**
　　　　think　**198**
おもさ　weight　**219**
おもさが〜ある　weigh　**219**
おもさをはかる　weigh　**219**
おもしろい　interesting　**29,102**
おもちゃ　toy　**204**
おもちゃのトラック
　toy truck　**204**
おもちゃのワゴン　wagon　**215**
おもちゃばこ　toy box　**204**
おもちゃや　toy shop　**185**
おもった　thought　**198**
おもてかうらか
　heads or tails　**238**
おや　parent　**142**
おやゆび　thumb　**75,199**
およいだ　swam　**191**
およぐ　swim　**191**
およぐひと　swimmer　**191**
およそ　about　**7**
オランウータン
　orangutan　**125**
おりがみのツルをつくる
　make paper cranes　**238**
おりヅル　paper crane　**141**
おる　break　**31**
　　　fold　**78**
オルガン　organ　**129**
オレンジ　orange　**81,139**
オレンジいろ
　orange　**47,139,**153
おわり　end　**65**
おわる　end　**65**
　　　　finish　**75**
おんがく　music　**129,**232
おんがくか　musician　**129**
おんしつ　greenhouse　**88**
おんしつこうか
　greenhouse effect　**88**
おんど　degree　**53**
おんどくする　read aloud　**154**
オンドリ　rooster　**71,**93
おんなのこ　girl　**30,**85
おんなのひと　lady　**83,110**
　　　　　　　woman　**119,224**

か
か＜可＞　Pass　**87**
か＜蚊＞　mosquito　**101**
ガ　moth　**101**
カア(カラスのなきごえ)
　caw　**26,**51,**71**
ガーガー(アヒルのなきごえ)
　quack　**61,**71
ガーガー(ガチョウのなきごえ)
　honk　**71,**87
ガーデニング　gardening　**95**
カーテン　curtain　**51,**116
カード　card　**37**
カードあつめ
　collecting cards　**95**
カーネーション　carnation　**77**
カーペット　carpet　**116**
かい＜回＞　time　**200**
かい＜貝＞　shellfish　**163,**168
かい＜階＞　floor　**77**
かいおうせい　Neptune　**179**
かいが　picture　**145**
かいがら　shell　**168**
かいかん　hall　**89**
がいこくご
　foreign language　**110**
がいこくの　foreign　**78**
がいこつ　skeleton　**28,**89
かいさつぐち　ticket gate　**183**
かいしゃ　office　**138**
かいしゃいん　office worker　**242**
かいそう　seaweed　**163**
かいぞく　pirate　**186**
かいた＜書いた＞　wrote　**226**
かいた＜描いた＞　drew　**60**
かいだん　stairs　**234**
かいぶつ　monster　**89**
かいもの　shopping　**169**
かいものかご
　shopping basket　**189**
かいものきゃく　shopper　**189**
かいものをする　shop　**169**
かいわ　conversation　**48**
かう　buy　**34,**165
　　　get　**84**
かえす　return　**156**
かえる＜変える＞　change　**40**
かえる＜帰る＞　return　**156**
カエル　frog　**80**
かお　face　**28,69**
かおをしかめる　frown　**80**
かがく　science　**162**
かがくしゃ　scientist　**162**

かかし scarecrow 71,**161**	かだん flower bed 77,142,227	ガム gum 36
かかと heel 78	カチッとおす click 45	カメ turtle 144,**208**
かがみ mirror 21,**124**	ガチョウ goose 71,**87**	カメラ camera 35
かがやく shine **168**	geese 87	カメレオン chameleon 144
かかる（びょうき に） catch 38	かつ win 117,**223**	かめん mask **120**
カキ oyster **140**	カツオ bonito 76	カモ duck 61
カキ＜柿＞ persimmon 81	がっかりした disappointed 73	かもく subject **188**,232
かぎ key **107**	がっき musical instrument 129	～かもしれない may **122**
かぎあな keyhole **107**	かっこいい cool 49	カモメ seagull 163
かきごおり shaved ice 21	がっこう school **162**,**232**	かようび Tuesday **207**,219
かきまぜる stir 48	がっこうかばん school bag 18	～から from 80
かく＜書く＞ write 57,**226**	かった＜買った＞ bought 34	since **172**
かく＜描く＞ draw **60**	かった＜勝った＞ won 223	からい hot **97**,193
かく（えのぐで） paint 141	カップ cup **51**,108	からかう kid **107**
かぐ furniture **82**	カップケーキ cupcake 35	カラス crow 26,**51**,71
かくしんして sure **190**	かてい＜家庭＞ home **96**,98	ガラス glass **85**,155
かくす hide 57,**94**	かてい＜課程＞ course 49	からだ body **28**
がくせい student **187**	かていか home economics 232	からだのふじゆうなひと
がくど degree **53**	かど corner 49	physically challenged people
がくねん grade **87**	かなしい sad 73,**160**	19
かくれる hide **94**	カナダ Canada **36**,244	からて karate 246
かくれんぼ hide-and-seek 238	カナダじん Canadian 36	からの empty **65**,81
かげ shadow **166**	かなづち hammer **90**,203,234	カリフラワー cauliflower 212
かけざん multiplication 121	かなり pretty **150**	かりる borrow **29**,112
かける hang **90**	カニ crab **50**,163	かるい light2 92,**114**,240
かける（でんわを） call 35	かね bell **24**	かるわざし acrobat 43
かご basket **20**	かねもちの rich **156**	カレイ flatfish 76
かこい fence **74**	かのじょに（を） her **94**	ガレージ garage **83**,234
かこ（の） past **143**	かのじょの her **94**	カレーライス curry and rice 55
かさ umbrella **209**	かのじょのもの hers **94**	かれに（を） him 92,**94**
かざぐるま pinwheel 146	かのじょは（が） she **168**	かれの his 92,**95**
かざん volcano 146,**214**	かのじょらに（を） them **196**	かれのもの his 92,**95**
かじ fire **75**	かのじょらの their **196**	かれは（が） he **92**
かしこい smart **175**,240	かのじょらのもの theirs **196**	かれらに（を） them **196**
かした lent 112	かのじょらは（が） they **197**	かれらの their **196**
かしとスナック	カバ hippo **94**	かれらのもの theirs **196**
candy and snacks **189**	hippopotamus **94**,248	かれらは（が） they **197**
ガシャン crash **178**	カバー cover **50**	カレンダー calendar 35
かしゅ singer **173**	かびん vase 116,**211**	かわ river 76,146,**157**
かしら wonder **224**	カブ turnip **208**,212	かわいい cute **51**
かす lend **29**,**112**	カブトムシ beetle 101	pretty **150**
かず number **136**	かべ wall **215**,234	かわいそう sorry **178**
カスタネット castanets 129	カボチャ pumpkin **151**,212	かわいそうな poor **148**
かぜ＜風＞ wind **218**,**223**	カボチャのランプ（ジャコランタン）	かわいた dry **61**,220,240
かぜ＜風邪＞ cold **46**	jack-o'-lantern 89,151	かわかす dry **61**,220
かせい Mars **179**	カマキリ mantis 101	かわる change **40**
かぜがつよい windy 218	かみ＜髪＞ hair 28,**89**	かん can2 **36**
かぞえる count **49**	かみ＜紙＞ paper 141,183	かんがえ idea **100**
かぞく family **70**	かみせいひん	かんがえる think **198**
ガソリンスタンド	paper products **189**	かんがえをつたえる
gas station **242**	かみなり thunder **199**,218	communicate **48**
かた shoulder **28**,**170**	かみぶくろ paper bag 18	かんかく sense **165**
かたい hard **90**,177,240	かむ chew 41	カンガルー kangaroo **107**,248
かたち shape **167**	bite **27**	かんげいする welcome **219**
カタツムリ snail 101,**176**	かむ（はなを） blow **27**	かんこく South Korea 109,244

かんこくご　Korean　109
かんこくじん　Korean　109
かんごし　nurse　136,171,242
かんごにん　nurse　136
かんしゃ　thank　196
かんじゃ　patient　58,171
かんしゃする　thank　196
かんじょう　feeling　73
かんしょく　touch　203
かんじる　feel　73
かんじた　felt　73
かんたんな　easy　55,63,90
かんたんふ
　exclamation mark　120
かんづめ　can2　36
　　　　　canned goods　189
かんどうする　move　128
カンニングをする　cheat　40
かんらんしゃ　Ferris wheel　13

き

き＜木＞　tree　142,205
　　　　　wood　224
き＜黄＞
　yellow　47,153,204,227
きいた　heard　92
キーボード　keyboard　48
きいろい　yellow　227
キーウィフルーツ　kiwi fruit　81
きかい　machine　119
ききゅう　balloon　19,213
キク　chrysanthemum　77
きく　hear　92
　　　listen　57,115
きけん　danger　52
　　　　Danger　172
きけんな　dangerous　160
きごう　mark　120
　　　　sign　172
きこえる　hear　92
キス　kiss　108
キスする　kiss　108
きずつく　hurt　99
きせつ　season　163
きそく　rule　159
きた＜北＞　north　62,134,179
きた＜来た＞　came　47
ギター　guitar　88,129
きたアメリカ
　North America　244
きたかぜ　north wind　234
きたちょうせん
　North Korea　109,244
きたない　dirty　44,56,240

きちょう　captain　37
きちんとした　neat　123,132
きつい　tight　117,200
きつく　tight　117,200
キック　kick　107,176
キツツキ　woodpecker　26,224
きって　stamp　8,182
きってあつめ
　collecting stamps　95
キツネ　fox　71,79
きっぷ　ticket　199
きて（てまねき）　beckon　84
きている　wear　218
きどう　orbit　179
きにする　care　38
　　　　　mind　123
きのう　yesterday　201,202,228
キノコ　mushroom　212
きのみ　nut　136
きびしい　strict　187
きみどり　yellow green　47
きみょうな　strange　187
きめる　decide　53
きもち　mind　123
きもの　kimono　246
ぎもんふ
　question mark　120,152
きゃく　guest　88
きゃくしつじょうむいん
　flight attendant　10,242
きゃくしゃ　passenger car　205
キャッチボール　catch　38
キャッチボールをする
　play catch　147,238
キャッチャー　catcher　20,38
キャプテン　captain　37
キャベツ　cabbage　35,212
キャンディー　candy　36
キャンディーケイン
　candy cane　42
キャンピングカー　camper　36
キャンプ　camp　36
キャンプじょう　campsite　36
キャンベラ　Canberra　244
きゅう（の）＜九＞　nine　134,136
きゅう＜球＞　sphere　167
きゅうか　vacation　211
きゅうかく　smelling　165
きゅうきゅうしゃ
　ambulance　12,213
きゅうけい　rest　156
きゅうじつ　holiday　96
きゅうじゅう（の）
　ninety　134,136
きゅうでん　palace　141,186

ぎゅうにく　beef　122
ぎゅうにゅう　milk　31,123
ぎゅうにゅうパック
　milk carton　155
きゅうばんめ（の）
　ninth　134,136
キュウリ　cucumber　51,212
きょう　today　201,202,228
きょうかしょ　textbook　44,195
ぎょうぎ　manner(s)　120
きょうぎじょう　field　74
きょうぎするひと　player　147
きょうし　teacher　194
きょうしつ　classroom　44,232
きょうそう　race　153
きょうだい　brother　32,70,173
きょうみがある　interested　102
きょうりゅう　dinosaur　56
きょうりょくする　cooperate　49
ぎょかいるい　seafood　189
　　　　　　　fish and shellfish
　　　　　　　76
きょく　pole　248
きょくげいし　juggler　43
きょくせん　curved line　167
きょじん　giant　186
きょだいな　huge　99
ぎょにく　fish　76
きょねん　last year　227
きらい　hate　91
きり　drill　203
きりがこい　foggy　218
キリギリス　grasshopper　101
キリン　giraffe　85,248
きる＜切る＞　cut　48,51
きる＜着る＞　put on　218
きる（でんわを）　hang up　194
キルト　quilt　152
きれいな　clean　44,56,240
きれいにする　clean　44
きれて　off　137
キログラム　kilogram　121
キロメートル　kilometer　121
きをつけて　take care　192
きん　gold　47,86
ぎん　silver　47,172
きんえん　No smoking　175
きんぎょ　goldfish　144
キング　king　37
キング（トランプの）　king　108
きんこ　safe　160
ぎんこう　bank　19,242
キンコン　ding-dong　24
きんじょのひと　neighbor　132
きんせい　Venus　179

きんちょうした　nervous　132
きんこ　gold　86
ぎんこ　silver　172
きんようび　Friday　80,219

クイーン　queen　37
クイーン（トランプの）
　　queen　152
クイズ　quiz　152
クイズショー　quiz show　152
くうかん　space　179
くうき　air　10
グーグー　zzz　178
くうこう　airport　10
クオーター（25セント）
　　quarter　39
くかく　block　27
くがつ　September　126,165
くき　stem　147
くぎ　nail　131,203
くさ　grass　87
くし　comb　89
クジャク　peacock　26,248
くしゃみ　sneeze　176
クジラ　whale　163,220
くすぐる　tickle　200
くすり　medicine　123,171
くすりや　drugstore　185
くすりゆび　ring finger　75
くだもの　fruit(s)　81,189
くち　mouth　28,69,128
くちげんか　quarrel　74
くちひげ　mustache　22,69,130
くちびる　lips　69,128
くちぶえ　whistle　221
くつ　shoe(s)　169,236
クッキー　cookie　49
くつした（みじかい）
　　sock(s)　177,236
くつした（ながい）
　　stocking　42,177
クッション　cushion　116
くつひも　shoelace　169
くに　country　49,244
くび　neck　28,132
クマ　bear　22,248
くま　rake　227,234
グミ　gummy　36
くむ　fold　78
くも　cloud　45,218
クモ　spider　101,181
クモのす　web　181,218
くもり　cloudy　45

くらい　dark　32,52
クラゲ　jellyfish　105,163
クラシックおんがく
　　classical music　129
クラス　class　43
グラス　glass　85,108
クラスメート　classmate　43,232
クラブ　club　37,46
クラブかつどう　club activity　46
グラム　gram　121
クラリネット　clarinet　129
クリーニングてん　cleaner's　44
クリーム　cream　35,50
くりかえす　repeat　155
クリスマス　Christmas　42,96
　　　　　　Xmas　42,226
クリスマスカード
　　Christmas card　42
クリスマスツリー
　　Christmas tree　42
クリスマスプレゼント
　　Christmas present　42
クリックする　click　45
グリンピース　green peas　22
くる　come　47,86
クルー（ハトのなきごえ）
　　croo　26
グループ　group　88
くるまいす
　　wheelchair　19,40,221
グレープフルーツ
　　grapefruit　31,81,87
クレヨン　crayon　50,183
くれる　give　85
くろ　black　27,47
くろい　black　27
グローブ　glove　20,85
クロール　crawl　50
クロスワードパズル
　　crossword puzzle　238
クロゼット　closet　23
くろネコ　black cat　89
クロワッサン　croissant　31

け

けいかく　plan　147
けいこ　lesson　112
けいさつ　police　148
けいさつかん
　　police officer　148,242
けいさつしょ
　　police station　148,183,242
けいじばん　bulletin board　44

けいたいでんわ
　　cellular phone　39
ケーキ　cake　35,54
ケーッコココッ（メンドリのなきご
　　え）　cluck　71,93
ゲート　gate　83
ケーブルカー　cable car　213
ゲーム　game　83,238
けがする　hurt　99
げきじょう　theater　196,242
けしゴム　eraser　66,183
ケチャップ　ketchup　118
けっこんする　marry　120
けっして～ない　never　133
けっせきしている　absent　7,149
げつようび　Monday　124,219
ケニア　Kenya　107,244
ケニアじん　Kenyan　107
けむし　caterpillar　38
けむり　smoke　175
げり　diarrhea　171
ける　kick　57,107
げん　yuan　125
けんか　fight　74
げんかん　hall　89
　　　　　the front door　234
けんこうで　well　219
けんこつな　fine　75
げんしりょく
　　nuclear power　149
けんどう　kendo　246
けんびきょう　microscope　194

ご（の）　five　76,136
コアラ　koala　109,248
コイ　carp　38
こい　dark　52
コイヌ　puppy　58,151
こいのぼり　carp streamer　246
コイン　coin　46
こうえん　park　142
こうか　coin　46,125
こうかいする　sail　160
こうこう
　　senior high school　232
こうさする　cross　50
こうそく　school rules　159
コウシ　calf　50
こうじょう　factory　69
こうせいな　fair　69
こうちょうせんせい
　　principal　194
こうつう（りょう）　traffic　204

こうてい	playground	**147**,232	こども	child	**41**	
こうふんした	excited	**68**,73		kid	**107**	
こウマ	pony	**71**	こどもたち	children	**41**	
コウモリ	bat2	**20**	こどものひ	Children's Day	**246**	
こえ	voice	**214**	こネコ	kitten	**38**,**109**	
こえて（～のうえを）	over	**140**	この	this	**196**,**198**	
こえをだして	aloud	**11**	このは	leaf	**111**	
コース（りょうりの）	course	**49**	このまえの	last	**111**,**133**	
コート	coat	**46**,**236**	ごはん	rice	**55**,**156**	
こおに	goblin	**186**	ごばんめ（の）	fifth	**76**,**136**	
コーヒー	coffee	**46**	こヒツジ	lamb	**71**,**110**,**168**	
コーヒーカップ			こびと（おとぎばなしの）			
	whirling teacups	**13**		dwarf	**186**	
コーラ	cola	**118**	こブタ	piglet	**146**	
コーラス	chorus	**129**	こま	marker	**238**	
こおり	ice	**100**	ごみ	litter	**115**	
	ice cube	**100**		trash	**205**	
ゴール	goal	**176**	ごみ（なま）	garbage	**83**	
ゴールキーパー			ごみすてきんし	No littering	**115**	
	goalkeeper	**176**		Do not litter	**172**	
コオロギ	cricket	**101**	ごみばこ	trash can	**44**,**205**	
ゴーン	bong	**24**	コミュニケーションをとる			
コーンフレーク	cornflakes	**39**		communicate	**48**	
ごかくけい	pentagon	**167**	ゴム	rubber	**159**	
ごがつ	May	**121**,**126**	こむぎこ	flour	**77**	
ごかん	five senses(the)	**165**	こめ	rice	**156**,**246**	
ゴキブリ	cockroach	**101**	こヤギ	kid	**86**,**107**	
こぐ（ふねを）	row2	**159**	こゆび	little finger	**75**	
こくご	Japanese	**104**,**232**	ゴリラ	gorilla	**87**,**125**,**248**	
ゴクゴク	gulp	**178**	これは（が）	this	**196**,**198**	
こくさいくうこう			これらは	these	**197**,**199**	
	international airport	**102**	これらは（が）	these	**197**,**199**	
こくさいてきな			ころがす	roll	**158**	
	international	**102**	ころがる	roll	**158**	
こくばん	blackboard	**27**,**44**	ゴロゴロ（シチメンチョウのなきごえ）			
こくばんふき	eraser	**27**,**66**		gobble	**71**	
コケコッコー（オンドリのなきごえ）			ころす	kill	**108**	
	cock-a-doodle-do	**71**,**93**	ころぶ	fall	**69**	
ごご	afternoon	**9**,**134**	こわい	scared	**73**	
こごえる	freeze	**80**	こわがって	afraid	**9**	
ここに	here	**94**,**197**,**240**		scared	**162**	
こころ	heart	**92**	こわす	break	**31**	
ごじゅう（の）	fifty	**76**,**136**	こんいろ	dark blue	**47**	
コショウ	pepper	**160**	こんちゅう	bug	**33**	
コスモス	cosmos	**77**	こんにちは	Good afternoon	**9**	
こぜにいれ	purse	**151**,**215**		hello	**93**	
ごぜん	morning	**127**	コンパス	compasses	**183**	
こたえ	answer	**14**,**152**	こんばん	tonight	**202**	
こたえる	answer	**14**	こんばんは	Good evening	**9**,**67**	
コックさん	cook	**48**,**242**	コンビニエンスストア			
こていする	fix	**76**		convenience store	**185**	
こと	matter	**121**	コンピュータ	computer	**44**,**48**	
	thing	**198**	コンピュータ・プログラマー			
ことし	this year	**227**		computer programmer	**242**	
ことば	language	**110**	コンピュータゲーム			

	computer game	**238**

さあ	here	**94**
	now	**135**
サーカス	circus	**43**
サイ	rhinoceros	**248**
さい	year	**227**
さいごの	last	**75**,**111**,**240**
さいころ	dice	**54**,**238**
さいしょに	first	**75**
さいしょの	first	**111**
サイズ	size	**173**
さいふ（こぜにいれ）	purse	**151**
さいふ（さついれ）	wallet	**215**
さいりようする	recycle	**155**
	reuse	**155**
サインペン	felt pen	**143**
サウジアラビア		
	Saudi Arabia	**244**
さかさまに	upside down	**210**
さかだちをする		
	stand on my hands	**182**
さかな	fish	**76**
さかなつり	fishing	**76**
さかなや	fish shop	**185**
さき	point	**148**
さく	fence	**71**,**74**,**227**
さくぶん（がっこうの）		
	essay	**105**
さくや	last night	**111**
サクラ	cherry blossoms	**77**
サクラのき	cherry tree	**41**
サクラのはな		
	cherry blossoms	**41**,**41**
サクランボ	cherry	**41**,**81**
サケ	salmon	**76**
さけぶ	cry	**51**
	shout	**170**
	yell	**227**
さしみ	(sliced)raw fish	**246**
さす	point	**148**
させる	let	**113**
さつ	bill	**125**
さついれ	wallet	**151**,**215**
さっか	author	**29**
	writer	**226**
サッカー	soccer	**176**,**181**
	football	**176**
サッカーじょう		
	soccer field	**176**
サッカーせんしゅ		
	soccer player	**176**
サッカーのしあい		

soccer match	176	じ	o'clock	137	したがう follow 78
サッカーボール soccer ball	176		hour	124	したぎ underwear 236
ざっし magazine	119	しあい	game	83,238	したしみのある friendly 80
ざつだんする chat	40	しあわせな	happy	90	したに below 7,24
サツマイモ sweet potato	212	シーソー	seesaw	142,164	down 59,210
さとう sugar	160,188	シーツ	sheet	23,168	したに（を） under 209
さどう tea ceremony	246	シーディー	CD	39	したのかい
サナギ chrysalis	34		compact disk	39	downstairs 59,210,234
さばく desert	53,248	シーディープレーヤー			したほうがよい should 170
さびしい lonely	73	CD player	44		しち seven 136,166
サボテン cactus	35	シーディーロム	CD-ROM	48	しちがつ July 105,126
～さま＜様＞ Dear	53	シール	sticker	184	シチメンチョウ turkey 71,96
さむい cold	46,218	ジーンズ	jeans	104,236	しっかり tight 200
さむけ chilly	171	ジェイポップ	J-pop music	129	しっけのある humid 218
サメ shark	163	ジェスチャー	gesture	84	しった knew 109
サヤインゲン		ジェットコースター			じっとみる watch 217
string beans	22,212	roller coaster	13		ジッパー zipper 230
さようなら goodbye	86	しお	salt	160	しっぽ tail 192
See you	86	しおとコショウ			しつもん question 152
さら dish	56,108	salt and pepper	160		していただけますか could 49
plate	147	シカ	deer	248	～してくれませんか will 222
サラダ salad	55,160	しかいいん	dentist's office	53	～してもよい can1 36
ザリガニ crayfish	144	しかく	seeing	165	may 122
さる leave	112	しかくけい	square	158,182	じてんしゃ bicycle 25,213
サル monkey	125,248	しかし	but	33	bike 25,213
さわる touch	203	しがつ	April	15,126	じどう children 41
～さん（じょせい） Miss	128	しかる	scold	162	じどうしゃ car 37,213
Mrs., Mrs	128	じかん	hour	97	じどっはんはいき
Ms., Ms	128		time	200	vending machine 119,242
～さん（だんせい） Mr., Mr	128	じかんわり	class schedule	162	シドニー Sydney 244
さん（の） three	136,199	しき	ceremony	39	しない not 135
さんかくけい triangle	167,205	しきもの	rug	116	しなければならない
さんかする join	105	ジグザグ（の）	zigzag	230	have to 130
さんがつ March	120,126	ジグザグせん			must 130
サングラス sunglasses	236	zigzag line	167,230		しぬ die 55
サンゴ coral	163	ジグソーパズル			しばしば often 12,138
さんじゅう（の） thirty	136,199	jigsaw puzzle	204		しばふ grass 87
さんすう math	121,232	しけん	exam	67	lawn 227
さんせいする agree	9		examination	67,232	しばふたちいりきんし
サンタクロース Santa Claus	42		test	195	Keep off the grass 172
サンデー sundae	118	じこ	accident	8	しはらう pay 143
サンドイッチ		しごと	job	105	じぶんじしんの own 140
sandwich	118,161		work	225	しま island 103
さんばんめ（の） third	136,199	じしょ	dictionary	54	しまい sister 32,70,173
さんぽ walk	215	じしん	earthquake	62	シマウマ zebra 230,248
さんぽする		しずかな	quiet	134,152	～しましょうか shall 166
take a walk	192,215		silent	172	しまる shut 170
さんりんしゃ tricycle	25	しずく（がた）	drop	61,167	じむしょ office 138
さんるいしゅ third baseman	20	しずむ（たいようなどが）			しめる close1 45,170
		set	166		fasten 72
し		しぜん	nature	132	shut 170
		しそこなう	miss	124	じめん earth 62
～し＜氏＞ Mr., Mr	128	した	did	54,56	ground 88
し＜市＞ city	43	した＜舌＞	tongue	128,202	ジャーナリスト journalist 105
し＜詩＞ poem	148	したい	want	216	シャープペンシル

mechanical pencil 144
ジャガー　jaguar 248
しゃかいか　social studies 232
ジャガイモ　potato 149,212
しやくしょ　city hall 89
じゃぐち　faucet 21
ジャケット　jacket 104
ジャコランタン（かぼちゃのランプ）
　jack-o'-lantern 89,104
しゃしん　photo 35,145
　　　　　photograph 145
　　　　　picture 145
しゃしんか　photographer 145
しゃしんをとる
　take a picture 145,192
しゃしんをとること
　taking picture 95
ジャズ　jazz 129
しゃせん　diagonal 167
シャツ　shirt 168,236
ジャック　jack 37
シャッター　shutter 35
シャベル　shovel 21
シャボン　bubble 33
ジャム　jam 31,104
しゃりん　wheel 37,220
シャワー　shower 21,170
ジャングル　jungle 106,248
ジャングルジム　jungle gym 142
ジャンケン　rock,scissors,paper
　158,192,238
シャンプー　shampoo 21
しゅう　week 219
じゅう　during 61
じゅう（の）　ten 136,195
じゅうい　vet 242
じゅういち（の）　eleven 65,136
じゅういちがつ
　November 126,135
じゅういちばんめ（の）
　eleventh 136
じゅうおく（の）　billion 136
しゅうかくさい
　Thanksgiving Day 96
じゆうがた　freestyle 191
じゅうがつ　October 126,137
じゅうく（の）　nineteen 134,136
じゅうご（の）　fifteen 76,136
じゅうごふん　quarter 152
じゅうさん（の）
　thirteen 136,199
じゅうじ　calligraphy 246
じゅうしち（の）
　seventeen 136,166
じゅうしょ　address 8

ジュース　juice 105
じゅうどう　judo 246
シュートする　shoot 169
じゆうな　free 79
じゅうに（の）　twelve 136,208
じゅうにがつ
　December 53,126
じゅうにばんめ（の）　twelfth 136
じゅうはち（の）
　eighteen 64,136
じゅうばんめ（の）
　tenth 136,195
じゅうぶんな　enough 66
じゅうぶんに　enough 66
しゅうまつ　weekend 219
じゅうような　capital 37
じゅうよん（の）
　fourteen 79,136
じゅうろく（の）
　sixteen 136,173
じゅぎょう　class 43
　　　　　　lesson 112
しゅくじつ　holiday 96
しゅくじょ　lady 83,110
しゅくだい　homework 97
しゅっせきしている
　present1 7,149
しゅつにゅうこくかんり
　immigration 206
しゅっぱつぐち　departure 206
しゅっぱつする　start 183
しゅっぱつロビー
　departure lobby 206
しゅと　capital 37,244
シュノーケル　snorkel 21
しゅみ　hobby 95
しゅるい　kind2 108
しゅわ　sign language 110
じゅんばん　order 140
　　　　　　turn 207
じゅんびする　prepare 149
しょ　station 183
しよう　let's 113
しょう＜小＞　small 173
しょう＜賞＞　prize 150
しょうかいする　introduce 102
しょうがいのない
　barrier-free 19
しょうがつ
　New Year's Day 96,246
しょうがっこう
　elementary school 232
じょうぎ　ruler 159,183
じょうきゃく
　passenger 10,206

しょうご　noon 9,134
しょうじきな　honest 97
じょうずな　good 86
じょうずに　well 219
しょうたいする　invite 103
しようとする　try 207
しょうひん　prize 150
しょうぼうし　fire fighter 75,242
しょうぼうしゃ
　fire engine 75,213
しょうぼうしょ
　fire station 75,183,242
じょうまえ　lock 107
しょうゆ　soy sauce 246
ショー　show 170
ショーアンドテル
　show and tell 170
じょおう　queen 152,186
ジョーカー　joker 37
ショート　shortstop 20
しょくいんしつ
　teachers' room 232
しょくぎょう　job 105,242
しょくじ　meal 122
しょくたく　table 192
しょくぶつ　plant 147,147
しょくりょうひんてん
　grocery store 185
じょせい　Women 172
しょぞくする　belong 24
しょっかく　touching 165
しょっきだな　cupboard 82,108
ショッピングカート
　shopping cart 189
しょめい＜書名＞　title 29
しょめい＜署名＞
　signature 113
しり　hip 28
シリアル　cereal(s) 31,39,189
しりょく　sight 171
しる　know 109
しるし　mark 120
しろ＜白＞　white 47,221
しろ＜城＞　castle 186
しろい　white 221
しわ　wrinkle 69
しんあいなる（てがみのかきだしで）
　Dear 53
しんごう
　traffic light 114,204,242
しんし　gentleman 83,110
しんしつ　bedroom 23,234
じんじゃ　shrine 246
ジンジャーブレッドマン
　gingerbread man 42

しんじる believe **24**	スケートのくつ skate **174**	スポーツ sport **181**
じんせい life **114**	スケートボード	スポーツカー sports car **213**
しんせつな kind1 **108**	skateboarding **174**	ズボン pants **141**,**236**
nice **133**	スケートボードをする	すまなくおもって sorry **178**
しんぞう heart **92**	skateboard **174**	すみ corner **49**
しんでいる dead 10,**53**	スケートをする skate **174**	スミレ violet **77**
しんぱい trouble **207**	スケジュール schedule **162**	すむ live **115**
worry **225**	スコアボード scoreboard **162**	すもう sumo **246**
しんぱいする worry **225**	すこししかない a few **74**	sumo wrestling **246**
しんぱんいん umpire **20**	すこしも〜ない any **14**	する do **56**
しんぶん journal **105**	すごす(じかんを) spend **180**	does **56**,**58**
newspaper **133**	すし sushi **246**	play **147**
paper **141**	すず bell(s) **24**,**42**,**129**	するどい sharp **167**
しんぶんし newspaper **155**	すずしい cool **49**,**218**	するとき when **221**
しんりん forest **79**,**146**	すすめ Walk **172**	スロープ ramp **19**
しんろ course **49**	スズメ sparrow **26**,**180**	すわった sat **173**
	スズラン lily of the valley **77**	すわる sit **173**,**182**
	スチールかん steel can **155**	
	スツール stool **40**	
す<巣> nest **26**,**132**	すっかり quite **152**	
すいえい swimming **181**,**191**	すっぱい sour **193**	せいかつ life **114**
スイカ watermelon **81**,**217**	ステーキ steak **55**	ぜいかん customs **206**
すいせい<水星> Mercury **179**	すてきな neat **132**	せいき century **39**
すいせい<彗星> comet **179**	nice **133**	せいげんそくど
スイセン daffodil **77**	すでに already **11**	Speed limit **172**
すいぞくかん aquarium **15**	ストッキング stocking **177**	せいざ constellation **179**
スイッチ(でんきの) switch **191**	ストライク strike **187**	せいせき grade **87**
すいようび	ストロベリー strawberry **100**	せいちょうする grow **88**
Wednesday **218**,**219**	すな sand **161**	せいと student **187**,**194**
スウェットシャツ	すなのしろ sand castle **21**,**161**	せいふく uniform **209**
sweat shirt **190**,**236**	すなば sandbox **142**,**161**	せいほうけい square **167**,**182**
スウェットパンツ	スニーカー sneakers **236**	セーター sweater **190**,**236**
sweat pants **190**,**236**	スノーボード snowboard **176**	せおよぎ backstroke **191**
すうがく math **121**	スパゲッティ spaghetti **55**	せかい world **225**
スーツ suit **236**	すばらしい beautiful **22**	せかいちず world map **120**,**225**
スーパーマーケット	excellent **67**	せがたかい tall **170**,**193**,**240**
supermarket **189**	good job **67**	せがひくい short **170**,**193**,**240**
スープ soup **55**,**179**	great **88**	せき seat **163**
スカート skirt **174**,**236**	terrific **67**	せきがひどい bad cough **171**
スカーフ scarf **7**,**162**	well done **67**	せっけん soap **21**,**176**
すき like1 **114**	wonderful **224**	せっして(〜に) on **137**,**138**
〜すぎて past **143**	スプーン spoon **56**,**181**	せっちゃくざい glue **85**
スキー skiing **174**,**181**	スプーンきょうそう	せつめいする explain **68**
スキーのいた ski **174**	egg and spoon race **63**	ぜつめつきのどうぶつ
スキーをする ski **174**	スペイン Spain **180**,**244**	endangered animals **65**
スキップする skip **57**,**174**	スペインご Spanish **93**,**180**	ぜつめつしそうな
すきな favorite **72**	スペインじん Spanish **180**	endangered **65**
すくう save **161**	スペースシャトル space shuttle	ぜつめつどうぶつ extinct
スクールバス	**179**	animals **65**
school bus **33**,**232**	スペード spade **37**	せなか back **18**,**28**
すくない little **115**,**128**	すべて everything **67**	せのたかさが〜で tall **193**
すぐに soon **178**	すべて(の) all **10**	せまい narrow **131**,**222**,**240**
スクランブルエッグ	すべりだい slide **142**	セミ cicada **101**
scrambled egg **64**	スペリングコンテスト	セール sale **185**
スケート skating **174**,**181**	spelling bee **180**	ゼリー jelly **54**,**55**,**105**

ゼリービーンズ
　jelly beans　22,36,105
ゼロ　nothing　135
ゼロ（の）　zero　136,**230**
セロハンテープ
　Scotch tape　183
セロリ　celery　212
せわ　care　38
せん　line　115
せん（の）　thousand　136,**199**
せんげつ　last month　111,126
せんざい　detergent　108,189
せんす　folding fan　246
せんすい　diving　191
せんすいかん　submarine　213
せんせい　teacher　44,**194**
〜せんせい（じょせい）
　Miss　128
　Mrs., Mrs　128
　Ms., Ms　128
〜せんせい（だんせい）
　Mr., Mr　128
せんそう　war　143,**216**
センター　center fielder　20
ぜんたい　whole　142
せんたくき
　washing machine　119,234
センチメートル
　centimeter(cm)　121
せんちょう　captain　37,168
セント（¢）　cent　**39**,58
ぜんぶ　everything　**67**
せんぷうき　fan1　**70**
せんめんだい　sink　21
ぜんめん　front side　171
せんろ　railroad　242
　　　track　183

ゾウ　elephant　**64**,248
そうげんちたい　grassland　248
そうじき　vacuum cleaner　234
そうしゃ　runner　159
ソウル　Seoul　244
ソーセージ　sausage　**161**
そこ　bottom　30,**203**
そこに　there　**197**,240
そして　and　13
そそぐ　pour　149
そだてた　grew　88
そだてる　grow　88
そつぎょうしき
　graduation ceremony　39,232
そって　along　11

そとがわ（に）　outside　102,**140**
そとに　out　101,**140**
そとへ　out of　102
その　the　196
そのとき　then　135,**197**
そのほかに　else　65
そのような　such　188
そのように　so　176
そばかす　freckles　69
そばに　by　34
そふ　grandfather　70,**87**
ソファー　sofa　40,82,116
そぼ　grandmother　70,**87**,87
そら　air　**10**,213
　　　sky　174
そり　sleigh　42
それから　then　197
それぞれ（の）　each　62
それでは　then　197
それとも　or　139
それに（を）　it　103
それは（が）　it　103
それらに（を）　them　196
それらの　their　196
それらのもの　theirs　196
それらは（が）　they　197
そんなに　so　176

タートルネック　turtleneck　208
ターミナル
　terminal building　206
タイ＜鯛＞　sea bream　76
タイ　Thailand　244
だい　large　173
たいいく　PE　232
たいいくかん　gym　232
たいおんけい　thermometer　171
たいかくせん　diagonal　167
だいがく　university　210,232
だいく　carpenter　242
たいくつした　bored　**29**
たいくつな　boring　**29**,102
たいこ　drum　129
たいざい　stay　184
たいざいする　stay　184
だいすき　love　118
たいせいよう
　Atlantic Ocean(the)　137,244
たいせつな　important　**101**
たいそう　gymnastics　181
だいていたく　mansion　14
だいどころ　kitchen　108,**234**
ダイニングルーム

dining room　234
ダイバー　diver　56
たいふう　typhoon　208
だいブリテン（とう）
　Great Britain　209
たいへいよう
　Pacific Ocean(the)　137,244
ダイム（10セント）　dime　39
タイヤ　tire　37,**201**
ダイヤ（トランプの）
　diamond　37,**54**
ダイヤモンド　diamond　54
たいよう＜大洋＞
　ocean　**137**,248
たいよう＜太陽＞
　sun　179,**188**,218
たいようエネルギー
　solar power　149
たいりく　continent　**48**,244
だえんけい　oval　**140**,167
タオル　towel　21,**203**
だが　but　33
たかい　high　**94**,118,240
たかい（せが）　tall　170,**193**,240
たかい（ねだんが）
　expensive　40,**68**
たかいいす（こどもようの）
　highchair　40
たかく　high　**94**,118
たかさ　height　167
だから　because　**22**
　　　　so　176
たからもの　treasure　**205**
たき　falls　**69**,146
だきしめる　hug　99
たくさん（の）　many　74,117,**120**
　　　　　　much　115,117,
　　　　　　　　　　120,**128**
たくさんの　a lot of　120
　　　　　lot　117
タクシー　taxi　**193**,213
タクシーうんてんしゅ
　taxi driver　193
たけ　bamboo　**19**
たこ　kite　**109**,204
タコ　octopus　76,**137**
タコス　taco　31
たしかに　sure　**190**
たしざん　addition　121
たす　plus　121,**148**
たすけ　help　93
たすける　help　93
たずねる　ask　16
ただ　just　**106**
たたかう　fight　74

たたく	hit	95
たたく	pat	143
たたく(てを)	clap	43
ただしい	right	157,226
たたみ	tatami mat	246
たたむ	fold	78
ダチョウ	ostrich	248
たつ	stand	182
たっきゅう	table tennis	181
たった	only	139
たった＜立った＞	stood	182
ただひとつの	only	139
タツノオトシゴ	seahorse	163
たて	built	33
たてもの	building	33
たてる	build	33
たな	shelf	44,168
たなばたまつり		
Star Festival	246	
たに	valley	211
たね	seed(s)	81,164
たのしい	happy	90
たのしみ	fun	82
たのしむ	enjoy	66
たのむ	ask	16
たばこをすう	smoke	175
たび	trip	206
たびたび	often	138
たぶん	maybe	122
たべさせる	feed	73
たべた	ate	63
たべもの	food	78
たべる	eat	57,63
たまご	egg(s)	26,34,64,80
たまごさがしゲーム		
Easter egg hunt	63	
だます	cheat	40
だまった	silent	172
タマネギ	onion	139,212
ためす	try	207
ために	for	78
ためる	save	161
だれ	who	220,221
だれか	anybody	14
	anyone	14
	somebody	177
	someone	177
だれでも	everybody	67
	everyone	67
だれの	whose	220
だれの(もの)	whose	222
だれも〜ない	no	134
	none	134
だろう	will	222
	would	225

タワー	tower	203
たんきだいがく		
junior college	232	
たんご	word	224
たんじょうかい		
birthday party	26	
たんじょうび	birthday	26
たんしん	hour hand	45
ダンス	dance	52
だんせい	Men	172
タンバリン	tambourine	129
たんパン	shorts	236
だんぺん	piece	145
たんぼ	rice field	74
タンポポ	dandelion	77
だんろ	fireplace	116

ち	blood	27
ちいさい	little	25,115,201
	small	110,175,240
チーズ	cheese	31,40
チーム	team	194
ちかい	close2	45
	near	45,70,132,240
ちがいない	must	130
ちがう	different	161,240
ちかく	close2	45
ちかくに	near	70,132
ちかしつ	basement	234
ちがった	different	55
ちかてつ	subway	188,213,242
	underground	188
	tube	188
ちから	energy	65
	power	65,149
ちきゅう	earth	62,85
	Earth	179
	globe	85
ちきゅうぎ	globe	44,85,120
ちきゅうしみん		
global citizen	85	
ちきゅうのひ(4月22日)		
Earth Day	62	
チクタク	tick-tock	178
チケット	ticket	199
ちず	map	44,120
ちずちょう	atlas	120
ちち	father	70,72,127
ちちのひ	Father's Day	96
ちっちゃな	tiny	201
ちゃ	tea	193
ちゃいろ	brown	32,47
ちゃいろい	brown	32

ちゃくりくする	land	110
ちゃわん	cup	51
ちゅう	medium	173
〜ちゅう	during	61
ちゅうい	attention	17
	care	38
ちゅういぶかい	careful	38
ちゅうがっこう		
junior high school	232	
ちゅうかりょうり		
Chinese food	78	
ちゅうごく	China	41,244
ちゅうごくご	Chinese	41,93
ちゅうごくじん	Chinese	41
ちゅうしゃ	shot	171
ちゅうしゃきんし		
No parking	172	
ちゅうしゃじょう		
parking lot	242	
ちゅうしゃじょう	park	142
ちゅうしょく	lunch	118,122
ちゅうしょくのじかん		
lunchtime	232	
ちゅうしん	center	39
ちゅうもく	attention	17
ちゅうもん	order	140
チューリップ	tulip	77,207
チュンチュン(すずめのなきごえ)		
chirp	26	
チョウ	butterfly	34,101
ちょうかく	hearing	165
ちょうかん	morning paper	141
ちょうしょく	breakfast	31,122
ちょうしん	minute hand	45
ちょうせん	Korea	109,244
ちょうせんご	Korean	93,109
ちょうせんじん	Korean	109
ちょうど	just	106
ちょうほうけい	rectangle	167
チョーク	chalk	27,40,44
ちょくせん	straight line	167
チョコレート		
chocolate	36,41,100	
ちょっけい	diameter	167
ちらかった	messy	123,132
ちりとり	dustpan	44
チリンチリン	ting-a-ling	24,178
チンパンジー		
chimpanzee	125,248	

ついて	about	7
ついていく	follow	78
つうちひょう	report card	155

つかう	use	210	ていきけん　pass　**142**	microwave oven　108
つかう（おかねを）　spend　**180**	ていし　stop　**184**	てんすう　mark　**120**
つかった　spent　180	Stop　172	score　**162**
つかって　with　**224**	デート　date　**52**	テント　tent　36,**195**
つかまえる　catch　**38**	テーブル　table　54,82,116,**192**	テントウムシ　ladybug　101,**110**
つかれた　tired　73,**201**	テーブルクロス　tablecloth　192	てんのうせい　Uranus　179
つき　month　**126**	テーマ　subject　**188**	でんわ　telephone　116,**194**
moon　**127**,179	てがみ　letter　**113**	
つきさす　stick　**184**	てがみをかく　write　**226**	
つぎに　next　**133**	できた　could　36,**49**	
つぎの　next　**133**	できる　able　**7**	(〜)と(〜)　and　**13**
つく　reach　**154**	can1　7,**36**	ドア　door　37,**59**,234
つくえ　desk　44,**54**	でぐち　exit　66,**68**	ドイツ　Germany　**84**,244
つくった　made　119	てくび　wrist　15,28	ドイツご　German　84,93
つくる　make　**119**	でこぼこした	ドイツじん　German　84
つづける　keep　**107**	rough　158,175,240	トイレ　bathroom　**21**
ツツジ　azalea　77	デザート　dessert　**54**	rest room　156
つづりじテスト	デジタルカメラ	どうい（サイン）
spelling quiz　152	digital camera　35	thumbs up　199
つづる　spell　**180**	デシリットル　deciliter　121	とうきょう　Tokyo　**202**,244
つなひき　tug of war　238	テスト　quiz　**152**	とうきょうタワー
つばさ　wing　26,**223**	test　**195**	Tokyo Tower　203
ツバメ　swallow　26	でた　left　112	どうぐ　tool　**203**
つぼ　jar　**104**	てつ　iron　**103**	どうくつ　cave　146
つま　wife　99,**222**	てつだう　help　**93**	どうぞ　please　**147**
つまさき　toe　78,**201**	てつどう　railroad　242	とうちゃくする　arrive　**16**
つみき　block(s)　27,**204**	てっぺん（の）　top　**203**	とうちゃくロビー
つむ（はななどを）　pick　**145**	てにいれた　got　84	arrival lobby　206
つむぐ（いとを）　spin　**181**	てにいれる　get　**84**	どうぶつ　animal　**13**,248
つめ　nail　75,**131**	テニス　tennis　181,**195**	どうぶつえん　zoo　**230**
つめきり　nail clippers　131	てにもつ　baggage　206	どうもありがとう
つめたい　cold　**46**,97	てにもつうけとりじょう	Many thanks　196
cool　**49**	baggage claim　206	トウモロコシ　corn　**49**,212
つよい　strong　**187**,218,240	デパート	どうろひょうしき
つりざお　fishing rod　76	department store　53,185,242	road sign　157
つりびと　fisher　76	てぶくろ　glove　**85**	トースト　toast　31
つりぶね　fishing boat　76	gloves　236	とおい　far　**70**,132,240
つる＜蔓＞　vine　147,**214**	てら　temple　246	とおくに　far　**70**,132
ツル＜鶴＞　crane　**50**,248	テレビ　television　116,**194**,208	とおって　through　199
つれていく　take　32,**192**	TV　44,194,**208**	ドードーどり　dodo　65
つれてくる　bring　32,**192**	てわたす　hand　**90**	ドーナッツ　doughnut　**59**,118
	てをたたく　clap　**43**	とおり　street　**187**,242
	てをのばしてとる　reach　**154**	とおりすぎる　pass　**142**
	てをふる　wave　**217**	トカゲ　lizard　248
て　hand　15,28,**90**	てん　point　**148**	ときどき　sometimes　12,**177**
〜で　at　**16**	てんいん　clerk　189,242	どくしょ　reading　95
〜であった（だった）　been　21	てんき　weather　**218**	どくしょかんそうぶん
was　**216**	てんきがいい　sunny　218	book report　29
were　**220**	でんきや	とくてん　score　**162**
〜である　am　**12**	electric appliance store　185	とくべつな　special　**180**
are　**15**	てんし　angel　42	とけい（おきどけい、かけどけい）
be　**21**	てんじ　Braille　19	clock　44,**45**,116,217
is　**103**	でんしゃ　train　**205**,213	とけい（うでどけい）
ティーシャツ　T-shirt　236	てんじょう　ceiling　39,77,234	watch　**45**,**217**
ていえん　garden　**83**	でんしレンジ	とけいのはり　hand　**90**

どこに	where	220,**221**
とこやさん	barber	242
とし＜年＞	year	**227**
とし＜都市＞	city	**43**,214
としうえの	senior	**165**
とししたの	junior	**106**
としとった	old	**138**,229,240
としょかん	library	**114**
としょしつ	library	**114**,232
とじる	close1	**45**
ドスン	bump	**178**
ドスンとふむ	stamp	**182**
どせい	Saturn	**179**
とち	land	**110**
どちらが	which	**220**
どちらか（の）	either	**64**
どちらが（の）	which	**221**
ドッジボール	dodge ball	**238**
とつぜん	suddenly	**188**
とった	caught	**38**
	took	**192**
とっておいた	kept	**107**
とっておく	keep	**107**
とても	very	**214**
とてもおこった	mad	**73**
トナカイ	reindeer	**42**
となりのひと	neighbor	**132**
どなる	yell	**227**
とにかく	anyway	**14**
どの～も	every	**67**
どのように	how	**98**
とばす	fly1	**78**
とびこみ	diving	**191**
とびこむ（みずのなかに）		
	dive	**56**
とぶ＜飛ぶ＞	fly1	57,**78**
とぶ＜跳ぶ＞	jump	57,**105**
トマト	tomato	**202**
とまる	stop	**184**
とまれ	Freeze!	**80**
	Don't stop	**172**
とめる	fasten	**72**
ともだち	friend	**80**
どようび	Saturday	**161**,219
トラ	tiger	65,**200**,248
トライアングル		
	triangle	129,**205**
トラクター	tractor	**71**
ドラゴン	dragon	59,**186**
トラック	truck	**207**,213
ドラム	drum	**129**
トランク（くるまの）	trunk	**37**
トランプ	cards	**37**,204,238
トランペット	trumpet	**129**
とり	bird	**26**

とりかご	cage	**35**
とりにく	chicken	**41**,122
	poultry	**189**
ドリブル	dribble	**176**
とる	catch	**38**,199
	take	32,**192**
とる（てをのばして）	reach	**154**
ドル（$）	dollar	39,**58**,125
トルティーヤ	tortilla	**31**
どれくらい	how	**98**
ドレス	dress	**60**,236
どれでも	any	**14**
どろ	mud	**129**
ドングリ	acorn	**8**
とんだ	flew	**78**
トントン（キツツキのおと）		
	rat-a-tat	**26**
どんな	how	**98**
トンネル	tunnel	**207**
トンボ	dragonfly	59,**101**

な

ナーサリーライム		
	nursery rhyme	**127**
ない	aren't	**15**
	not	**135**
ナイフ	knife	56,**109**
なおす	fix	**76**
ながい	long	**116**,170,240
ながく	long	**116**
ながぐつ	boot	**29**
ながしだい	sink	**108**
なかに	in	**101**,140
なかへ	into	**102**
ながめ	sight	**171**
なかゆび	middle finger	**75**
ながれぼし	shooting star	**169**
なく	cry	**51**,57
なくした	lost	**117**
なくす	lose	**117**
なぐる	strike	**187**
なげる	throw	**199**
なしで	without	**224**,224
なぜ	why	220,**222**
なぞなぞ	riddle	**156**
なつ	summer	126,163,**188**
なづける	name	**131**
なった	became	**22**
ナッツ	nut	**136**
なっとう		
	fermented soybeans	**246**
ななじゅう（の）		
	seventy	136,166
ななばんめ（の）		

	seventh	136,166
なにか	anything	**14**
	something	**177**
なにが	what	**220**,220
なにの	what	**220**
なにも～ない	nothing	**135**
	none	**134**
なにもない	no	**134**
なまえ	first name	**131**
	name	**131**
なまけものの	lazy	**111**
なまごみ	garbage	**83**
なまごみいれ	garbage can	**83**
なみ	wave	**217**
なみだ	tear(s)	**194**
なめらかな		
	smooth	158,**175**,240
なや	barn	**71**
なやます	trouble	**207**
ならう	learn	**112**
なる	become	**22**
	make	**119**
なる＜鳴る＞	sound	**178**
なる（ベル、すずが）	ring2	**157**
なわとび	jump rope	**106**,238
ナン	nan	**31**
なんきょくたいりく		
	Antarctica	**244**
なんて	what	**220**

に

～に	at	**16**
	to	**201**
に（の）	two	136,**208**
に、さんの	few	**74**
におい	smell	**175**
においがする	smell	**175**
にかい	upstairs	**210**,234
にがい	bitter	190,193
にかいだてのいえ		
	two-story house	**98**
にがつ	February	**72**,126
にぎる	hold	**95**
にく	meat	**122**
にくや	meat shop	**185**
にくるい	meat	**189**
にぐるま	wagon	**215**
にし	west	62,**220**
にじ	rainbow	153,**153**
にじゅういっせいき		
	twenty-first century(the)	**39**
にじゅう（の）		
	twenty	136,**208**,208
にちようび	Sunday	**188**,219

にっき　diary　**54**,105
ニッケル(5セント)　nickel　39
にっこう　sunshine　188
にっし　journal　105
にっぽん　Japan　**104**,244
にっぽんじん
　　Japanese　104,**104**
にど　twice　**208**
にばい　twice　**208**
にばんめ(の)
　　second1　136,**163**,208
にほんかい
　　Sea of Japan(the)　104
にほんご　Japanese　104,**104**
ニャア(ネコのなきごえ)
　　meow　38
にゅうがくしき
　　entrance ceremony　39,232
ニュージーランド
　　New Zealand　244
ニュース　news　**133**
にゅうせいひん
　　dairy products　189
ニューヨーク　New York　244
にる　boil　**28**
にるいしゅ
　　second baseman　20
にわ　garden　**83**
　　yard　**227**
にわかあめ　shower　**170**
にわとり　chicken　**41**
にんきのある　popular　**149**
にんぎょう　doll　**58**,204
にんぎょうのいえ
　　doll house　58,204
にんぎょひめ
　　Little Mermaid(The)　186
にんげん　man　**119**
ニンジン　carrot　**38**,212

ぬう　sew　**166**
ヌードル　noodle(s)　118,**134**
ぬかす　skip　**174**
ぬらす　wet　**220**
ぬれた　wet　61,**220**,240

ね＜根＞　root　205
ねがいごとをする
　　make a wish　119
ねがう　wish　**223**
ネクタイ　tie　**200**,236

ネコ　cat　**38**,71,109,144
ねじ　screw　203
ねじまわし　screwdriver　203
ネズミ　rat　128
ねだんがたかい
　　expensive　40,**68**
ねつ　fever　**74**
ねつがある　fever　171
ネックレス　necklace　7
ねったいうりん
　　rain forest　79,248
ねったいぎょ　tropical fish　144
ねぶくろ　sleeping bag　36,**174**
ねむい　sleepy　**174**
ねむった　slept　174
ねむって　asleep　16,17
ねむり　sleep　**174**
ねむる　sleep　57,**174**
ねる　go to bed　22,174
　　lie　**114**
ねんがじょう
　　New Year's card　246
ねんど　clay　44

の

〜の　of　**137**
〜のあいだ　during　**61**
　　for　**78**
のう　brain　**30**
のうか　farmhouse　**71**
のウサギ　hare　**91**,153
のうじょう　farm　**71**
のうふ　farmer　71,**72**
ノート　notebook　**135**,183
のこぎり　saw　203
のぞみ　hope　**97**
のぞむ　hope　**97**
ノックする　knock　**109**
のった　rode　157
のどがいたい　sore throat　171
のどがかわいた　thirsty　**198**
のはら　field　**74**
のぼった　rose　157
のぼる　climb　**45**,57
　　rise　157
のみもの　beverages　189
　　drink　**60**
のむ　drink　**60**
のり＜海苔＞
　　dried seaweed　246
のり＜糊＞　glue　**85**,183
のりもの　vehicle　**213**
のる　ride　**157**
　　take　**192**

のんだ　drank　60

は

は＜葉＞　leaf　147,205
は＜歯＞　tooth　128,**203**
　　　　teeth　128,**194**,203
バースデーカード
　　birthday card　26
バースデーケーキ
　　birthday cake　26,35
バースデープレゼント
　　birthday present　26
パーツ　baht　125
パーティー　party　**142**
ハート(がた)
　　heart　37,**92**,167,211
ハート(トランプの)　heart　**92**
ハーモニカ　harmonica　129
はい　yeah　228
　　yes　134,**228**
〜ばい　time　**200**
パイ　pie　54,55,**145**
はいいろ　gray　47,**87**
バイオリニスト　violinist　214
バイオリン　violin　129,**214**
ハイキング　hiking　**94**
はいしゃ　dentist　**53**,242
ばいてん　stand　13,**182**
パイナップル　pineapple　81
はいめん　back side　171
はいゆう　actor　8,242
はいる　enter　**66**
パイロット　pilot　10
はう　crawl　**50**
ハエ　fly　101
はがいたい　toothache　171,203
ハガキ　card　**37**
　　postcard　**149**
ばかな　silly　**172**
　　stupid　240
はかり　scale　**161**
はく　sweep　**190**
はくしゅする　clap　**43**
ハクション　ahchoo　178
ハクチョウ　swan　26,**190**
はくぶつかん　museum　**129**,242
はけ　brush　**32**
バケツ　pail　21
はこ　box　**30**
はこがたのくるま　van　**211**
はこぶ　carry　**38**
はさみ　scissors　**162**,183
はし＜箸＞　chopsticks　246
はし＜橋＞　bridge　**32**

two hundred and ninety-five　**295**

はしった	ran 159	はなした	spoke 180	バレンタインカード	
はじまる	begin 23	はなす	speak 180		valentine card 211
	start 183		talk 40,57,**193**	バレンタインデー	
はじめる	begin 23	はなぢ	nosebleed 171		Valentine's Day 96,**211**
はじめた	began 23	バナナ	banana **19**,81	ハロウィーン	Halloween **89**,96
パシャ	splash 178	はなび	fireworks 75	バン（というおと）	bang 178
パジャマ	pajamas 23,236	はなや	flower shop 185,242	バン	bun 31
ばしょ	place 146	はなやさん	florist 242	ばん	evening 67
はしりさる	run away 17	はなれて	away 17	バン	van **211**,213
はしる	run 57,**159**		off **137**,138	パン	bread 31
はしるひと	runner 159	バニラ	vanilla 100	ハンカチ	handkerchief 236
バス	pass 176	はね（とりの）	feather 26,223	ハンカチおとし	
バス	bus **33**,213	はね（こんちゅうの）	wing 223		drop the handkerchief 238
はずかしい	shy 73	バネ	spring 182	パンケーキ	pancakes 31
バスケットボール		はねる	hop 57	はんげつ	half moon 127
	basketball **20**,181		jump 105	ばんごう	number 136
バスする	pass 142	はは	mother 70,72,**127**	パンジー	pansy 77
バスてい	bus stop 33,184	はば	width 167	ばんそうこう	
バスのうんてんしゅ		パパ	dad **52**,72,124		plastic bandage 171
	bus driver 33,242	パパ（ようじご）	daddy 52,72	パンダ	panda 65,**141**,248
パスポート	passport 206	ははが～ある	wide **222**	はんたいご	opposite **139**,**240**
はた	flag 76	ははがひろい	wide **222**	はんたいの	opposite **139**,**240**
バター	butter 31,**34**	ははのひ	Mother's Day 96	バンド	band 19
はだいろ	pale orange 47	はブラシ	toothbrush 21,203	ハンドバッグ	handbag 18,236
はたけ	field 71,**74**	ハマグリ	clam 76		purse **151**,236
	garden 83	はまべ	beach 21	ハンドル	steering wheel 37
バタフライ（すいえいの）		はみがきこ			wheel **220**
	butterfly **34**,191		toothpaste 21,203	ハンバーガー	
はたらく	work **225**	ハム	ham 31		hamburger 31,**90**,118
はち（の）	eight **64**,136	ハムエッグサンド		ハンバーグ	hamburger 90
ハチ	bee 101		ham and egg 161	パンプキンパイ	pumpkin pie
はちがつ	August **17**,126	ハムスター	hamster 144		96,145,151
はちじゅう（の）	eighty **64**,136	はやい	early **62**,111,240	はんぶん（の）	half 89
パチパチ	clap 178		fast **72**,175,240	ハンマー	hammer 90
はちばんめ	eighth **64**,136		quick 152	パンや	bakery 185,189,242
はちみつ	honey **97**	はやく	early **62**,111	パンやさん	baker 242
はっかくけい	octagon 167		fast **72**,175		
ハツカネズミ	mouse **128**		soon 178	**ひ**	
	mice 128	はやくちことば			
バッグ	bag **18**		tongue twister **202**	ひ＜日＞	day **52**
バックパック	backpack 18,36	はら	stomach 28	ひ＜火＞	fire **75**
バッタ	grasshopper 101	バラ	rose 77,**158**	ピアニスト	pianist 145
バッター	batter 20	はり	needle 132	ピアノ	piano 129,**145**
バット	bat1 20,**20**	パリ	Paris 244	ビーズ	beads 204
ハト（こがたの）	dove 26,**59**	はる＜春＞		ビーだま	marbles 204,238
ハト	pigeon 59		spring 126,163,**182**	ビーチパラソル	
バドミントン	badminton 181	はる＜貼る＞	stick 184		beach umbrella 21
パトロールカー		はるかに	far 70	ビーチボール	beach ball 21
	police car 148,213	バルコニー	balcony 234	ピー（というおと）	beep 178
バトントワラー		バレエ	ballet 19	ピーナッツ	peanut 143
	baton twirler 208	バレーボール	volleyball 181	ピーナッツバターとジャムサンド	
はな＜花＞	flower 77	バレーボールぶ			peanut butter and jelly 161
はな＜鼻＞	nose 69,**134**		volleyball team 46	ピーマン	green pepper 212
はなし	story 186	はれた	sunny 188	ビール	beer 55
	talk 193	はれの	fine 75	ピエロ	clown 43

296 two hundred and ninety-six

ひがし　east　62	an　13	ファッションデザイナー
ひかり　light1　**114**	ヒトデ　starfish　163	fashion designer　72
ヒキガエル　toad　80	ひとなつこい　friendly　80	ファン　fan2　**70**
ひきざん　subtraction　121	ひとびと　people　**144**	フィート（ながさのたんい）
ひきだし　drawer　54	ひとりで　alone　**11**	feet　**74**
ひく　draw　**60**	ひとりの　a　**7**	foot　74,**78**
minus　121	an　**13**	ふうせん　balloon　13,**19**
pull　**151**,151	ヒナギク　daisy　77	ふうせんガム　bubble gum　33
ひくい　low　94,**118**,240	ひなまつり　Doll Festival　246	ブーツ　boots　**29**,236
ひくい（せが）	ひのいり　sunset　188	ブーブー（ブタのなきごえ）
short　170,193,240	ひので　sunrise　188	oink　71,146
ひくく　low　94,**118**	ヒヒーン（ウマのなきごえ）	ふうりょく　wind power　149
ピクニック　picnic　**145**	neigh　71	プール　pool　**148**
ひげ　beard　**22**	ヒヒーン（ロバのなきごえ）	swimming pool
ひげ（くちひげ）	hee-haw　58,71	148,191,232
mustache　22,69	ひま　free　33,**79**	フェアな　fair　**69**
ひげ（どうぶつの）　whiskers　22	ヒマワリ　sunflower　77	フォーク　fork　56,**79**
ひこうき　airplane　10,147,213	ひみつ（の）　secret　**164**	ふか　Fail(F)　87
plane　**147**	ひも　band　**19**	ふかい　deep　**53**,166,240
ひこうせん　blimp　213	string　**187**	ふかなべ　pot　108
ひざ　knee　28,**109**	ひゃく（の）　hundred　**99**,136	ふく＜服＞　clothes　**45**,236
ピザ　pizza　31,118,**146**	ひゃくねん　century　**39**	ふく＜拭く＞　wipe　**223**
ひざのうえ　lap　28	ひゃくまん（の）　million　**123**,136	ふく（かぜが，ラッパを）
ひじ　elbow　15,28	びょう　second2　97,124,**163**	blow　**27**
ひじかけいす　armchair　40,116	びょういん	ふくろ　bag　**18**
ひしがた　diamond　**54**,167	beauty salon　185,242	フクロウ　owl　26,89
びじゅつ　arts and crafts　232	hospital　**97**,242	ふくをきる　dress　**60**
びじゅつかん　museum　**129**,242	びょうきの　sick　**171**	ふしぎのくにのアリス　Alice's
ひそひそばなしをする	びようし　hairdresser　242	Adventures in Wonderland　186
whisper　**221**	ひょうしき　sign　**172**	ふじさん　Mt. Fuji　128
ひたい　forehead　69	びょうしん　second hand　45	ふじん　Mrs., Mrs　128
ひだり（の）　left　**112**,157,240	ヒヨコ　chick　**41**,71,93	ふた（びんの）　cap　37
ひだりききの　left-handed　112	ひらおよぎ　breaststroke　191	ブタ　pig　71,**146**
ひだりへ　left1　**112**,157	ひらく　open　**139**	ふたご　twins　**208**
びっくりさせるもの	ひらざら　plate　56,**147**	ぶたにく　pork　122
surprise　**190**	ピラミッドがた　pyramid　167	ブタのちょきんばこ
びっくりばこ	ヒラメ　flatfish　76	piggy bank　19,146
jack-in-the-box　**104**,204	ひる　day　**52**	ふちゅういな　careless　38
ひづけ　date　**52**,113	ひるね　nap　**131**	ふつうは　usually　**210**
ひっこす　move　**128**	ひるねをする　nap　**131**	ふっくらした　chubby　72
ヒツジ　sheep　71,**168**	ひろい　wide　131,240	フットボール　football　176,181
ピッチャー　pitcher　20	ひろげる　spread　**182**	プディング　pudding　54,55,**151**
ひっぱる　pull　**151**	びん　bottle　30,155	ふでばこ　pencil case　144,183
ひつよう　need　**132**	jar　**104**	ブドウ　grapes　81
ひつようとする　need　**132**	ピン　pin　**146**	ブドウ（ひとつぶ）　grape　87
ビデオ　video　**214**	ピンク　pink　47,**146**	ふどうい（サイン）
ビデオデッキ　VCR　44,**214**	ピンクの　pink　**146**	thumbs down　199
ひと　person　**144**	ビンゴ　bingo　238	ブドウのき　vine　**214**
ひどい　terrible　**195**		ふとった　fat　**72**,198
ひときれ　piece　**145**	**ふ**	ふともも　thigh　28
ひとくみ　pair　**141**		ふなのり　sailor　160
set　**166**	ファスナー　zipper　**230**	ふね＜舟＞　boat　**27**
ひとさしゆび　forefinger　75	ファッション　fashion　**72**	ふね＜船＞　ship　**168**,213
ひとつ（の）　one　**139**	ファッションショー	ぶぶん　part　**142**
ひとつの　a　**7**	fashion show　72	ふゆ　winter　126,163,**223**

two hundred and ninety-seven　**297**

フライドポテト	ぺきん　Beijing　244	ほえる　bark　19
French fries　118	ベスト　vest　236	ほお　cheek　69
フライパン　frying pan　108	へそ　navel　28	ポーク　pork　122
ブラウス　blouse　236	ペソ　peso　125	ホース　hose　227,234
ぶらさがる　hang　90	ペット　pet　144	ボート　boat　27,168
ブラシ　brush　32	pet animals　13	rowboat　27,159,213
ブラジル　Brazil　244	ベッド　bed　22,23,234	ボードゲーム
プラス　plus　148	ペットショップ　pet shop　185	board game　204,238
プラスチック　plastic　155	ペットボトル　PET bottle　155	ホームルーム　homeroom　232
ブラスバンド（ぶ）	ペットようひん	ボール　ball　18,20
brass band　19,46	pet supplies　189	ボールがみ　cardboard　155
フラッシュ　flash　35	ヘッドライト　headlight　37	ボールペン　ballpoint pen　143
プラットホーム　platform　183	べつの　other　140	ほかの　other　140
フラン　franc　125	ペニー（1セント）　penny　39	ほかのもの　other　140
ブランコ　swing　142,191	ヘビ　snake　144,176,248	ボクシング　boxing　30
フランス　France　79,244	ベビーカー　stroller　18	ぼくの　my　100,130
フランスご　French　79,93	へや　room　158	ぼくは（が）　I　100
ふりをする　pretend　150	へらす　reduce　155	ほくろ　mole　69
プリン　pudding　54,55,151	ベランダ　porch　234	ポケット　pocket　148
プリンター　printer　48	ヘリコプター	ほけんしつ　nurse's office　232
ふる　shake　166	helicopter　92,213	ほこり　dust　61,205
swing　191	ベル　bell　24	ほこりだらけの　dusty　61
ふる（てを）　wave　217	ベルト　belt　236	ほこりにおもっている
ふるい　old　133,138,240	ヘルメット　helmet　20	proud　73,150
フルート　flute　129	ベルリン　Berlin　244	ほし　star　182
ふるぎ　used clothes　155	ペン　pen　143,183	ほしい　want　216
ふるまう　act　8	へんか　change　40	ほしがた　star　167,182
ブレスレット　bracelet　7	べんき　toilet　21	ほしくさ　hay　71
プレゼント　present2　150	ペンキぬりたて　Wet paint　172	ホタル　firefly　101
ふろ　bath　20	べんきょうする　study　188	ボタン　button　34
ブロック　block　27	work　225	ほっきょく　the Arctic　244
ブロックたい　block letter　113	ペンギン　penguin　144,248	ホッキョクグマ　polar bear　248
ふろにはいる	べんごし　lawyer　242	ほっきょくせい
take a bath　20,192	ベンチ　bench　24,40,142	North Star(the)　134
ふろにはいること　bath　20	へんな　strange　187	ほっそりした　slim　72
ふん　minute　97,124		ホッチキス　stapler　182,183
ぶんかさい　school festival　232		ホットケーキ　pancakes　31
ブンブン（ハチのおと）	ほ＜帆＞　sail　160	ホットドッグ　hot dog　31,118
buzz　34,178	ほいくえん　nursery school　232	ポップコーン　popcorn　13,148
ぶんぼうぐ　stationery　183	ぼう　stick　184	ホテル　hotel　97,242
ぶんぼうぐや	ぼうえんきょう　telescope　194	ほどう　sidewalk　242
stationery store　185	ほうき　broom　44,89	ポニー（コウマ）　pony　43
	ぼうけん　adventure　8	ほにゅうびん
	ほうこく　report　155	baby bottle　18,30
～へ　to　201	ほうこくする　report　155	ほね　bone　28
へい　wall　215	ぼうし（ふちのない）	ポピュラーおんがく
へいじつ　weekday　219	cap　37,91,236	popular music　129
へいわ　peace　143,216	ぼうし（ふちのある）　hat　91,236	ほほえみ　smile　175
ベーコンエッグ	ほうたい　bandage　171	ほほえむ　smile　175
bacon and eggs　31	ぼうつきキャンディー	ボランティア　volunteer　214
ベーコンレタストマトサンド	lollipop　36	ポリぶくろ　plastic bag　155
BLT　161	ほうほう　way　217	ほる　dig　55
ページ　page　141	ほうもん　visit　214	ホルン　horn　129
ベース　base　20	ホウレンソウ　spinach　181,212	ホワイトボード　whiteboard　221
		ほん　book　29,44

ほんだな bookshelf 29	まど window 223,234	みそしる miso soup 246
ポンド pound 125	まないた cutting board 108	みた saw 164
ほんとうに really 154	マフラー scarf 162,236	みち road 157
ほんとうの real 154	まほう magic 186	way 217
true 207	まほうつかい(おとこの)	みちにまよう lose 117
ほんや bookstore 185	wizard 223	みつけた found 75
	まほうのつえ wand 186	みつける find 75

	ママ mom 52,124,127	ミット mitt 20
まあ wow 225	ママ(ようじご)	ミツバチ bee 23
マーカーペン marker 183	mommy 124,127	みどり green 47,88,153
マーケット market 120	ままごとをする	みどりいろの green 88
まい〜 every 67	play house 98,238	ミトン mittens 85,124,236
まいあさ every morning 67	まめ bean 22	みなみ south 62,134,179
まいしゅう every week 67	まゆげ eyebrow 68	みなみアメリカ
まいつき every month 126	まるい round 158	South America 244
マウス(コンピュータの)	まるた wood 224	みにくい ugly 22
mouse 48,128	まるばつゲーム	みにつけている wear 218
まえ(の) front 18,80	tic-tac-toe 238	みぶり gesture 84
まえに ago 9	まわす pass 142	みみ ear 62,69
before 9,23,240	まわす(コマを) spin 181	ミミズ earthworm 62
まえにわ front yard 227	まわす(くるくると) twirl 208	worm 101
まえへ forward 79	まわりに around 15	みょうじ family name 131
まがる turn 207	round 158	みらい future 82
まく roll 158	まわる turn 207	ミリメートル
まくら pillow 23	マンガ comic book 29	millimeter 121
マグロ tuna 76	まんげつ full moon 127	みる look 117
まける lose 117	マンション	see 164
マザーグース	apartment house 14,98,242	みること sight 171
Mother Goose 127	まんなか center 39	みんな everybody 67
まじめな serious 165	まんねんひつ fountain pen 143	everyone 67
まじょ witch 89,223	まん(の) ten thousand 136	
まずしい poor 148,156		

マスタード mustard 118	ミイラ mummy 89	
まぜる mix 124	みえる look 117	むかし once 139
また again 9	みえる(〜のように) seem 164	むこうがわ opposite 139
also 11	みかく tasting 165	むこうへ away 17
まだ still 184	みかづき(がた)	むし bug 33
まだ〜ない yet 228	crescent 50,127,167	insect 101
または or 139	ミカン	むずかしい difficult 55,63
まち town 146,203,214,242	mandarin orange 81,139	hard 90
まちがい mistake 124	みき trunk 205	むすこ son 52,177
まちがえる mistake 124	みぎ(の) right 112,157,240	むすぶ tie 200
まちがった false 207	みじかい short 116,170,240	むすめ daughter 52,177
wrong 157,226	ミシン	むね chest 28
まつ wait 215	sewing machine 119,166,234	むら village 214
まつ(でんわで) hold on 95,194	みず water 217	むらさき purple 47,151
まつげ eyelash 68	みずいろ light blue 47	violet 153
マッシュポテト	みずうみ lake 110,146	むらさきいろの purple 151
mashed potatoes 55	みずぎ swimsuit 21,191,236	むりょうの free 79
まっすぐな straight 187	みずたまり pool 148	
マツのき pine tree 205	みせ shop 169	
まったく quite 152	store 185	
〜まで till 200	みせる show 170	
until 200,210		

	め eye 68,69
	めい niece 132,133
	めいおうせい Pluto 179

めいれい　order　**140**
めいれいする　order　**140**
めウシ　cow　**50**,71
メェ（ヤギのなきごえ）
　maa　71,86
メェー（ヒツジのなきごえ）
　baa　71,168
メートル　meter　121
めがね　glasses　**85**,236
メキシコ　Mexico　**123**,244
メキシコじん　Mexican　123
めざましどけい
　alarm clock　23,45
めだまやき　sunny-side up　64
めまい　dizzy　171
メリーゴーランド
　merry-go-round　13
メロン　melon　81
めをさます　wake　**215**
めん　side　**171**
めんどうをみる　look after　117
メンドリ　hen　71,**93**
めんるい　noodle(s)　118,**134**

〜も　too　**202**
モア　moa　65
もう　already　**11**
もういちど　again　**9**
もうひとつの（もの）　another　**14**
もうひとりの（ひと）　another　**14**
もうふ　blanket　23
モー（ウシのなきごえ）
　moo　50,71
モーターボート
　motorboat　27,213
もくじ　content　29
もくせい　Jupiter　179
もくようび　Thursday　**199**,219
モグラ　mole　**124**
もぐる　dive　**56**
もけいじどうしゃづくり
　building model cars　95
もじ　letter　113
もし〜ならば　if　**101**
もしもし　hello　**93**
　　　　　 hi　93
モスクワ　Moscow　244
もち　rice cake　156,246
もちろん　of course　137
　　　　　 sure　**190**
もつ　has　91
もつ　hold　**95**
もっきん　xylophone　129,**226**

もった　had　91
もっている　has　**91**
　　　　　　 have　**91**
もってきた　brought　32
もってくる　bring　**32**,192
もっとおおい　more　120,**127**
もっとおそく　later　**111**
もっとよい　better　**25**,86,219
もっとわるい　worse　**225**
モニター　monitor　48
もの　one　**139**
　　　 thing　**198**
ものがたり　story　**186**
〜もまた　either　**64**
もめごと　trouble　**207**
モモ　peach　81,**143**
ももたろう
　Peach Boy(The)　186
もり　woods　224
もん　gate　74,**83**,234
もんだい　matter　**121**
　　　　　problem　**150**
　　　　　question　**152**

や＜矢＞　arrow　**16**
やあ　hi　93
やかん　kettle　108
ヤギ　goat　71,**86**
やきざかな　grilled fish　246
やきゅう　baseball　**20**,181
やきゅうぼう　cap　20
やく（オーブンで）　bake　**18**
やく（あみで）　grill　48
やく（にくなどを）　roast　48
やく＜役＞　part　**142**
やくそく　promise　**150**
やくそくする　promise　**150**
やくにたたない　useless　210
やくにたつ　useful　**210**
やさい　vegetable(s)　189,**212**
やさいばたけ
　vegetable garden　83,212,227
ヤシのき　palm tree　205
やじるし　arrow　**16**
やすい　cheap　**40**,68
やすみ　vacation　**211**
やすみじかん　recess　232
やすんで　absent　**7**
やせいどうぶつ
　wild animals　13,**222**,**248**
やせいの　wild　**222**
やせた　thin　72,**198**
やっきょく　drugstore　242

やね　roof　**158**,234
やねうらべや　attic　234
やま　mountain　**128**,146,248
　　　 Mt.　128
やめる　stop　**184**
やりかた　manner　**120**
やわらかい　soft　90,**177**,240

ゆ　boiled water　28
　　 hot water　217
ゆう　excellent　**67**
　　　 Excellent(A)　87
ゆううつな　blue　**27**
ゆうえんち　amusement park　**13**
ゆうがた　evening　**67**
ゆうぐれ　dark　**52**
ゆうしょく　dinner　**55**,122
　　　　　　 supper　**190**
ゆうびん　mail　**119**
ゆうびんきょく
　post office　**149**,242
ゆうびんはいたつにん
　mail carrier　119,242
ゆうびんばこ　mailbox　119
ゆうびんばんごう
　zip code　8,**230**
ゆうびんポスト
　mailbox　242
ゆうびんをだす　mail　**119**
ユーフォー　UFO　179
ゆうめいな　famous　**70**
ユーロ　Euro　125
ゆうれい　ghost　84
ゆか　floor　39,**77**,234
ゆき　snow　**176**,218
ゆきがふる　snow　**176**
ゆきだるま　snowman　176
ゆきの　snowy　218
ゆきのひとひら　snowflake　176
ゆたかな　rich　148,**156**
ゆっくりと　slowly　**175**
ゆったりした　relaxed　132
ゆでたまご　boiled egg　28,64
ゆでる　boil　**28**,48
ユニフォーム　uniform　**209**
ゆび（ての）　finger　**75**,90
ゆび（あしの）　toe　75
ゆびにんぎょう　puppet　151
ゆびわ　ring1　7,**157**
ゆみ　bow1　30
ゆめ　dream　**60**
ゆめをみる　dream　**60**
ユリ　lily　77,**114**

ゆるい	loose	**117**,200
ゆるい	loose	**117**,200
ゆるし	pardon	**142**
ゆるす	excuse	**68**
	pardon	**142**
ゆれる	shake	**166**

よい fine **75**
　　 good 18,**86**,240
よういができて ready **154**
よういする prepare **149**
ようこそ welcome **219**
ようせい fairy **186**
ようちえん kindergarten **232**
ような like2 **114**
ようナシ pear 81,**143**
ようふくだんす
　chest of drawers **82**
ヨーグルト yogurt 31,**228**
ヨーヨー yo-yo 204,**229**
ヨーロッパ Europe 66,**244**
よく well **219**
よくしつ bathroom 21,**234**
よくそう bathtub **21**
よくできました Good job **67**
　　　　　　　Terrific **67**
　　　　　　　Well done **67**
よこ side **171**
よこぎって across **8**
よこせんをひく cross **50**
よこになる lie1 **114**
　　　　 lie down **114**
よごれた messy **123**
よだれかけ bib **18**
よって by **34**
ヨット sailboat 27,160,**213**
よてい plan **147**
よていひょう schedule **162**
よぶ call **35**
よふかしする stay up late **184**
よぶんの extra **68**
よむ read 57,**154**
〜より than **195**
よる night 52,**133**
よわい weak 187,**218**,240
よん(の) four **79**,136
よんじゅう(の) forty **79**,136
よんだ read **154**
よんばんめ(の) fourth **79**,136
よんぶんのいち quarter **152**

ライオン lion **115**,248
らいげつ next month **126**
ライス rice **156**
ライト right fielder **20**
らいねん next year **227**
ライム(いん) rhyme **156**
ラクダ camel **35**,248
ラグビー rugby **181**
ラケット racket **153**
ラジオ radio **153**
らせん spiral **167**
ランナー runner **159**
ランプ lamp **116**

り

リース wreath **42**
リーダー leader **111**
りか science **162**,232
りかいする get **84**
　　　　 understand **209**
りく land **110**,213
リクガメ tortoise **208**
りくじょうきょうぎ
　track and field **181**
リコーダー recorder **129**
リサイクルする recycle **155**
リス squirrel **182**
リットル liter **121**
りっぽうたい cube **167**
りはつてん
　barbershop 185,**242**
リボン ribbon 7,**236**
りゆう reason **154**
りゅう dragon **59**
りゅうで because **22**
りょう Good(B) **87**
りょうしん parents **142**
りょうほう(の) both **29**
りょうりする cook **48**
りょくちゃ green tea **193**
りょこう travel **205**,206
りょこうする travel **205**
リンゴ apple **15**,81
リンゴとりきょうそう
　apple bobbing **89**
リンリン ring2 24,**157**,178

るいじんえん ape **125**
ルール rule **159**

ルピー rupee **125**

れい<例> example **67**
れいぎただしい polite **148**
れいぞうこ refrigerator 108,**155**
れいとうこ freezer **108**
れいとうしょくひん
　frozen foods **189**
レインコート raincoat **236**
レーシングカー racing car **213**
レース race **153**
レジがかり cashier **189**
レストラン
　restaurant **156**,185,242
レタス lettuce **212**
れつ line **115**
　　 row1 **159**
レフト left fielder **20**
レポート paper **141**
レモン lemon 81,**112**
れんごうおうこく
　United Kingdom(The) **209**
レンジ stove **108**
れんしゅう exercise **68**
　　　　 practice **149**
れんしゅうする practice **149**
レンズ lens **35**
レントゲンしゃしん X-ray **226**

ろうそく candle 26,**36**
ローストビーフ roast beef **55**
ロープ rope **158**
ロープウェー cable car **213**
ローマ Rome **244**
ロールパン roll 31,**55**
ろく(の) six 136,**173**
ろくがつ June **106**,126
ろくじゅう(の) sixty 136,173
ろくばんめ(の) sixth 136,173
ロシア Russia **159**,244
ロシアご Russian **159**
ロシアじん Russian **159**
ろっかくけい hexagon **167**
ロックバンド rock band **19**
ロックミュージック
　rock music **129**
ロバ donkey **58**,71
ロバのしっぽをピンでとめる
　ゲーム
　pin the tail on the donkey **58**
ロブスター lobster **76**

ロボット robot **157**	わくせい planet 179	わたしの my 100,**130**
ロンドン London 244	わける share **167**	わたしのもの mine 100,**123**
	わゴム rubber band 159	わたしは(が) I **100**
	ワシ eagle 26,**62**	わたる cross **50**
	わしょく(にっぽんのたべもの)	わった(こわした) broke 31
わ<輪> ring1 **157**	Japanese food(s) 78,**246**	ワニ alligator **10**,248
わあ wow **225**	ワシントン	crocodile 10,248
ワークブック workbook 225	Washington, D.C. 244	わらう(こえをだして)
ワープロ word processor 224	わすれず～する remember 155	laugh 57,**111**,175
ワールド ワイド ウェブ(www)	わすれた forgot 79	わらう(くすくすと)
web **218**	わすれる forget **79**,155	giggle 111,175
ワイパー wiper 37,**223**	わたあめ cotton candy 13	わらう(にっこりと) smile 111
ワイン wine 55,**223**	わたし I(me) 70	わりざん division 121
わかい young 138,**229**,340	Me 84	わりびき discount 185
わかす boil **28**	わたしじしん myself **130**	わるい bad **18**,86,240
わかった got 84	わたしたちに(を) us **210**	wrong **226**
I see 164	わたしたちの our **140**	ワンワン(イヌのなきごえ)
understood 209	わたしたちのもの ours **140**	bowwow 58
わがままな selfish **164**	わたしたちは(が) we **217**	
わかる understand **209**	わたしに(を) me 100,**122**	

2003年4月1日 初 版 発 行
2017年5月10日 初版新装版発行

キッズクラウン英和辞典　新装版

2017年5月10日　第1刷発行

編　者　下　薫（しも・かおる）
　　　　三省堂編修所
発行者　株式会社 三省堂　代表者　北口克彦
発行所　株式会社 三省堂
　　　　〒101-8371
　　　　東京都千代田区三崎町二丁目22番14号
　　　　電話　編集（03）3230-9411
　　　　　　　営業（03）3230-9412
　　　　http://www.sanseido.co.jp/
　　　　商標登録番号　4672689・4672690
印刷所　三省堂印刷株式会社
CD製作　株式会社音研

落丁本・乱丁本はお取り替えいたします。
ISBN 978-4-385-10547-5
〈新装キッズクラウン英和・304pp.〉

本書を無断で複写複製することは，著作権法上の例外を除き，禁じられています。また，本書を請負業者等の第三者に依頼してスキャン等によってデジタル化することは，たとえ個人や家庭内での利用であっても一切認められておりません。

SANSEIDO　児童英語教材

英語のゲーム　音であそぼう
下 薫・著
AB判　64頁　◆幼児～小学校全般
★CD1枚付き（会話・歌・チャンツ収録）
めいろ・絵かきうた・まちがいさがしなどが、歌・チャンツとともに楽しめる。

英語のゲーム　文字であそぼう
下 薫・著
AB判　64頁　◆幼児～小学校全般
★CD1枚付き（会話・歌・チャンツ収録）
ぬり絵・点つなぎ・クロスワードパズルなどが、歌・チャンツとともに楽しめる。

親子ではじめる 英会話絵じてん① らくらくひとこと編
三省堂編修所・編／A.G.ウェインライト・監修
AB判　64頁　◆小学校中学年以上
「お礼をいう」「たのむ」など、ことばの機能別に基本的な会話表現を収録。

親子ではじめる 英会話絵じてん② ふだんの場面編
三省堂編修所・編／A.G.ウェインライト・監修
AB判　64頁　◆小学校中学年以上
「教室で」「ファーストフード店で」など、場面別に典型的な英会話表現を収録。

英語で読み聞かせ せかいのおはなし 1
三省堂編修所・編／ジェリー＝ソーレス＋久野レイ・文
AB判　80頁　◆幼児～小学校中学年
だれでも知っている世界のむかし話を、付属CDの英語で読み聞かせできる絵本。
「ブレーメンの音楽隊」「北風と太陽」「はだかの王さま」ほか、全5編を収録。

英語で読み聞かせ せかいのおはなし 2
三省堂編修所・編／ジェリー＝ソーレス＋久野レイ・文
AB判　80頁　◆幼児～小学校中学年
「3びきのくま」「金のおのと銀のおの」「おおかみと7ひきの子やぎ」
「いなかのねずみと町のねずみ」「ジャックと豆の木」の全5編を収録。

24辞書タイトル227万語＋漢字検索
三省堂 Web Dictionary
http://www.sanseido.net/

CDインデックス

《 》はCDのトラック番号
（ ）内は音源をふくむ本文の見出し語

【1】歌とチャンツ

- 《01》 ABC Song
- 《02》 London Bridge
- 《03》 Make a Circle
- 《04》 Hot Cross Buns
- 《05》 Humpty Dumpty
- 《06》 Let's Make a Face
- 《07》 Old MacDonald Had a Farm
- 《08》 Eenie, Meenie, Minie, Moe
- 《09》 Head, Shoulders, Knees and Toes
- 《10》 Hello
- 《11》 Pease Porridge Hot
- 《12》 I Scream for Ice Cream
- 《13》 Jelly in the Bowl
- 《14》 Teddy Bear
- 《15》 Mary Had a Little Lamb
- 《16》 I Love Coffee
- 《17》 Five Little Monkeys
- 《18》 Apples, Peaches, Pears and Plums
- 《19》 Bingo
- 《20》 Seven Steps
- 《21》 Pat-a-Cake
- 《22》 This Little Pig Went to Market
- 《23》 Rain Rain Go Away
- 《24》 Ring-a-Ring o'Roses
- 《25》 The Eency Weency Spider
- 《26》 Twinkle, Twinkle, Little Star
- 《27》 Tongue Twister
- 《28》 Roses are Red
- 《29》 Mulberry Bush
- 《30》 There are Seven Days

【2】会話

- 《31》 B (best, birthday, brother)
- 《32》 C (can, Christmas, class, color, congratulation, course, cry, cut)
- 《33》 D (date, did, do, does)
- 《34》 E (eat, egg, English, ever, excuse)
- 《35》 F (feel, from)
- 《36》 G (get, grade)
- 《37》 H (have, hello, how)
- 《38》 M (many, may)
- 《39》 O (o'clock, one)
- 《40》 P (please)
- 《41》 R (read, rock)
- 《42》 S (season, shall, shop, sneeze, sorry, speak, spell, sure)
- 《43》 T (tag, tall, telephone, thank, thirsty, time, trip, turn)
- 《44》 W (weather, week, what, when, where, which, who, whose, why, will, would, write)
- 《45》 Y (yes)

【3】リズム読み

- 《46》 A (again, around, away)
- 《47》 B (bag, ball, bed, big, blow, boat, box)
- 《48》 C (catch, close, come)
- 《49》 D (day, draw)
- 《50》 E (enjoy, every)
- 《51》 F (flower, fly)
- 《52》 G (get, go, guess)
- 《53》 H (home)
- 《54》 K (keep)
- 《55》 L (last, line, look)
- 《56》 M (make, milk, miss, morning)
- 《57》 O (on, open)
- 《58》 P (pair, pen, play)
- 《59》 R (read, ride)
- 《60》 S (sail, see, sick, sit, stand, stay, sun)
- 《61》 T (take, thank, that, this, today, tooth, turn)
- 《62》 W (wait, want, watch, water)
- 《63》 Y (year)

【4】テーマページ　リード文

- 《64》 School
- 《65》 House
- 《66》 Clothes
- 《67》 Games
- 《68》 Opposites
- 《69》 Town & Jobs
- 《70》 Countries & Continents
- 《71》 Japanese Culture
- 《72》 Wild Animals
- 《73》 Diary

【5】フォニックス

- 《74》 Alphabet